合格トレーニング

よくわかる簿記シリーズ

TRAINING

日商簿記 3級

はしがき

　日本商工会議所主催の簿記検定試験は，2021年4月より新しい出題区分で実施されますが，本書は，この出題区分に対応した検定試験の受験対策用問題集です。「合格力をつける」ことが本書の最大の目的ですから，ＴＡＣ簿記検定講座で培ってきた長年のノウハウをここに集約しました。

　本書は，特に次のような特徴をもっています。

1．本書は，テキストで学習した論点のアウトプット用トレーニング教材として最適です。本書は，姉妹書『合格テキスト』の各テーマに準拠した問題集ですから，ぜひ『合格テキスト』とあわせてご使用ください。

2．各問題には，出題頻度にもとづいた重要度を★マークで表示しました。学習計画に応じて重要度の高い問題を選びながら学習を進めていくことができます。

　　　★★★ … 必ず解いてほしい重要問題
　　　★★☆ … 重要問題を解いた後に可能なかぎり解いてほしい問題
　　　★☆☆ … 時間に余裕があれば解いてほしい問題

3．計算の過程や間違えやすい問題については，解答だけでなく「解答への道」として解説を付してあります。『合格テキスト』と併用することで理解の定着は万全となります。

4．繰り返し演習し，知識の定着をはかるために，解答用紙のダウンロードサービスをご利用いただけます。ＴＡＣ出版書籍販売サイト・サイバーブックストア（URL https://bookstore.tac-school.co.jp/）にアクセスしてください。

　こうした特徴をもっていますから，本書を活用すれば読者の皆さんが検定試験に合格できるだけの実力を必ず身につけられるものと確信しています。

　現在，日本の企業は国際競争の真っ只中にあり，いずれの企業でも実力のある人材，とりわけ簿記会計の知識を身につけた有用な人材を求めています。読者の皆さんが本書を活用することで，検定試験に合格し，将来の日本をになう人材として成長されることを心から願っています。

2021年2月

ＴＡＣ簿記検定講座

Ver.12.0への改訂について

　本書は，『合格トレーニング日商簿記3級』Ver.11.0について，2021年度からの新たな試験方式と出題区分表，出題傾向に基づき改訂を行ったものです。

CONTENTS

問題編

Theme 01	簿記の基礎	3
Theme 02	日常の手続き	6
Theme 03	商品売買Ⅰ	14
Theme 04	商品売買Ⅱ	21
Theme 05	現金・預金	33
Theme 06	小口現金	40
Theme 07	クレジット売掛金	43
Theme 08	手形取引	45
Theme 09	電子記録債権・債務	48
Theme 10	さまざまな帳簿の関係	50
Theme 11	その他の取引Ⅰ	60
Theme 12	その他の取引Ⅱ	64
Theme 13	その他の取引Ⅲ	68
Theme 14	訂正仕訳	75
Theme 15	試算表	77
Theme 16	決　算	82
Theme 17	決算整理Ⅰ（現金過不足）	88
Theme 18	決算整理Ⅱ（貯蔵品・当座借越）	95
Theme 19	決算整理Ⅲ（売上原価）	103
Theme 20	決算整理Ⅳ（貸倒れ）	106
Theme 21	決算整理Ⅴ（減価償却）	109
Theme 22	決算整理Ⅵ（経過勘定項目）	120
Theme 23	決算整理後残高試算表	134
Theme 24	精算表	142
Theme 25	帳簿の締め切り（英米式決算）	154
Theme 26	損益計算書と貸借対照表	166
Theme 27	株式の発行	178
Theme 28	剰余金の配当と処分	181
Theme 29	税　金	186
Theme 30	証ひょうと伝票	196

問 題 編

合格トレーニング

日商簿記 **3** 級

Theme **01** 簿記の基礎

問題1-1 ★★★

理解度チェック ☐☐☐

次の文章のカッコ内に当てはまる適切な語句を下記の〈**語群**〉から選びなさい。

簿記の目的は，企業の（　①　）状態と（　②　）成績を明らかにすることである。

企業の一会計期間における（　②　）成績を表す報告書を（　③　）といい，企業の期末における（　①　）状態を表す報告書を（　④　）という。

〈**語群**〉

貸借対照表　　　損益計算書　　　財　　政　　　経　　営

▼ 解答欄

①	②	③	④

解答〈3〉ページ

問題1-2 ★★★

理解度チェック ☐☐☐

次に示す貸借対照表と損益計算書のカッコ内に当てはまる適切な語句（簿記の5要素）を下記の〈**語群**〉から選び，記入しなさい。

〈**語群**〉

資　　産　　負　　債　　資　　本　　収　　益　　費　　用

▼ 解答欄

貸　借　対　照　表

（　　　　　）	（　　　　　）
	（　　　　　） （純資産）

損　益　計　算　書

（　　　　　）	（　　　　　）

解答〈3〉ページ

3

理解度チェック

問題1-3 ★★★

次の文章のカッコ内に当てはまる適切な語句を下記の〈語群〉から選び，記入しなさい。

簿記の手続きにおいては，記録や報告のために（　①　），（　②　），（　③　），（　④　），（　⑤　）の５つに分類される。これを簿記の5要素という。

（　①　）は，企業が活動のために所有するものをいい，現金や建物のような財貨と，貸付金のような債権（権利）がある。（　①　）は（　⑥　）の左側に表示する。

（　②　）は，借入金など，将来支払わなければならない債務（義務）をいい，（　⑥　）の右側に表示する。

（　③　）は，（　①　）から（　②　）を差し引いて求められるもので，元手，純資産ともよばれる。（　③　）は（　⑥　）の右側に表示する。

企業の活動に費やされたことがらを示す内容を（　⑤　）といい，その活動によって得られる収入などのことがらを示す内容を（　④　）という。（　④　）は（　⑦　）の右側に，（　⑤　）は左側に表示し，両者の差額として当期純損益を算定する。

〈語群〉

貸借対照表　　損益計算書　　資　　産　　負　　債　　資　　本
収　　益　　費　　用

▼ 解答欄

①	②	③	④

⑤	⑥	⑦	

解答〈3〉ページ

4

	理解度チェック

問題1-4 ★★★

次の文章のカッコ内に当てはまる適切な語句を下記の〈語群〉から選び，記入しなさい。

企業は継続して活動を行うため，通常１年間で区切って報告書を作成する。この区切られた期間を（ ① ）といい，株式会社の場合は，これを自由に定めることができる。

（ ① ）の開始の日を（ ② ），終わりの日を（ ③ ）といい，（ ② ）と（ ③ ）のあいだのことを（ ④ ）という。また，現在の（ ① ）を（ ⑤ ），ひとつ前の（ ① ）を（ ⑥ ），ひとつ後の（ ① ）を（ ⑦ ）または翌期という。

〈語群〉

会 計 期 間　　前　期　　当　期　　次　期　　期　首
期　中　　期　末

▼ 解答欄

①	②	③	④

⑤	⑥	⑦	

解答〈3〉ページ

5

Theme

02 日常の手続き

理解度チェック

問題2-1 ★★★

次の(1)～(8)について，簿記上の取引となるものには○で，簿記上の取引とならないものには×で答えなさい。

(1) 店舗の建物を1年間（1か月の家賃50,000円）借りる契約をした。

(2) 店頭に並べて置いた販売用の商品10,000円が盗まれた。

(3) 商品75,000円の購入を，電話で注文した。

(4) 商品60,000円を購入し，代金は現金で支払った。

(5) 金庫で現金10,000円を保管していたはずが，9,500円しかないことに気がついた。

(6) 従業員を1か月の給料100,000円の契約で雇い入れた。

(7) 給料日に1か月分の給料100,000円を現金で支払った。

(8) 銀行より現金50,000円を借り入れた。1か月後に返済する予定である。

▼ 解答欄

(1)	(2)	(3)	(4)
(5)	(6)	(7)	(8)

解答〈4〉ページ

6

問題2-2　★★★

理解度チェック

次の(1)〜(8)について，借方と貸方のどちらに記される内容かを答えなさい。

(1) 資産の増加
(2) 費用の増加（発生）
(3) 収益の増加（発生）
(4) 負債の減少
(5) 資本の増加
(6) 資産の減少
(7) 負債の増加
(8) 資本の減少

▼ 解答欄

(1)	(2)	(3)	(4)
(5)	**(6)**	**(7)**	**(8)**

解答〈4〉ページ

問題2-3　★★★

理解度チェック

次の各勘定（要素）について，増加ならば「＋」，減少ならば「－」の記号を，カッコ内に記入しなさい。

▼ 解答欄

```
        資      産              負      債              資      本
(       )|(       )      (       )|(       )      (       )|(       )


        収      益              費      用
(       )|(       )      (       )|(       )
```

解答〈4〉ページ

7

理解度チェック

問題2-4 ★★★

次の①～⑫の文章を意味する語句を，語群A～Sの中から選びなさい。
① 一定時点のすべての勘定科目とその金額（合計・残高等）を一覧表にしたもの
② 仕訳などの左側を指す用語
③ 簿記の5要素を勘定科目別に記録する場所
④ 取引を借方の要素と貸方の要素に分解し勘定記入の指示を出すこと
⑤ 仕訳を記録しておく帳簿
⑥ 仕訳などの右側を指す用語
⑦ 仕訳を勘定口座に書き移すこと
⑧ 企業の活動等により，5要素に増減変化をおこすことがら（記録することがら）
⑨ 簿記で最低限必要とされる帳簿，仕訳帳と総勘定元帳のこと
⑩ 期末に行う帳簿記録の整理や報告書作成の手続き
⑪ 仕訳帳・総勘定元帳以外に企業が任意で設ける帳簿
⑫ 貸借対照表と損益計算書などの報告書のこと

〈語群〉

A．借　　　方	B．契　　　約	C．勘定(口座)	D．仕　　　訳	E．総勘定元帳
F．損益計算書	G．転　　　記	H．試　算　表	I．貸　　　方	J．財務諸表
K．簿記上の取引	L．利害関係者	M．商品売買業	N．補　助　簿	O．仕　訳　帳
P．主　要　簿	Q．企　　　業	R．決　　　算	S．貸借対照表	

▼解答欄

①	②	③	④	⑤	⑥

⑦	⑧	⑨	⑩	⑪	⑫

解答〈4〉ページ

理解度チェック

問題2-5 ★★★

次の一連の取引について仕訳し，総勘定元帳の各勘定口座に転記しなさい。ただし，本問における転記は「日付と金額のみ」とし，相手勘定科目は省略する。なお，仕訳で用いる勘定科目は，下の勘定より選ぶこと。

4月1日　会社設立にあたり，株式を50,000円で発行し，銀行の普通預金口座に入金を受けた。
6月1日　銀行より現金100,000円を借り入れた。
8月1日　商品70,000円を仕入れ，代金は現金で支払った。
10月1日　商品を150,000円で売り上げ，代金は現金で受け取った。
12月1日　借入金のうち80,000円を現金で返済した。

▼ 解答欄

日　付	借 方 科 目	金　　額	貸 方 科 目	金　　額
4／1				
6／1				
8／1				
10／1				
12／1				

現　　　金

借　入　金

普　通　預　金

資　本　金

仕　　　入

売　　　上

解答〈4〉ページ

理解度チェック

問題2-6 ★★★

次の仕訳を，総勘定元帳の各勘定口座に転記しなさい。なお，4月1日の転記は解答欄に記入済みである（これにならって転記しなさい）。

日　付	借方科目	金　額	貸方科目	金　額
4月1日	普通預金	50,000	資本金	50,000
6月1日	現　　金	100,000	借入金	100,000
8月1日	仕　　入	70,000	現　金	70,000
10月1日	現　　金	150,000	売　上	150,000
12月1日	借入金	80,000	現　金	80,000

▼解答欄

現　　金

借　入　金

普　通　預　金

4/1 資本金　50,000

資　本　金

4/1 普通預金　50,000

仕　　入

売　　上

解答〈5〉ページ

10

問題2-7 ★★★

理解度チェック ☐☐☐

次の総勘定元帳の各勘定の記入にもとづいて，残高試算表を作成しなさい。なお，本日は期末（3月31日）である。

現 金			
6/1 借入金 100,000	8/1 仕 入 70,000
10/1 売 上 150,000	12/1 借入金 80,000

借 入 金			
12/1 現 金 80,000	6/1 現 金 100,000

普 通 預 金		
4/1 資本金 50,000	

資 本 金		
	4/1 普通預金 50,000

仕 入		
8/1 現 金 70,000	

売 上		
	10/1 現 金 150,000

▼解答欄

残 高 試 算 表
×2年3月31日

借 方	勘 定 科 目	貸 方
	現　　　　金	
	普 通 預 金	
	借 　入 　金	
	資 　本 　金	
	売　　　　上	
	仕　　　　入	

解答〈5〉ページ

理解度チェック

問題2-8 ★★★

次の残高試算表は，決算整理後の金額である。これにもとづいて，貸借対照表と損益計算書を作成しなさい。なお，仕入勘定は売上原価（売上高と引き換えに渡した商品の原価：費用）を表している。会計期間は1年である。

残 高 試 算 表

×2年3月31日

借　　方	勘 定 科 目	貸　　方
100,000	現　　　　金	
50,000	普 通 預 金	
	借 　入　 金	20,000
	資 　本　 金	50,000
	売　　　　上	150,000
70,000	仕　　　　入	
220,000		220,000

▼解答欄

貸 借 対 照 表

×2年3月31日

資　　　　産	金　　　額	負債及び純資産	金　　　額
現　　　　金		借 　入　 金	
普 通 預 金		資 　本　 金	
		繰 越 利 益 剰 余 金	

損 益 計 算 書

×1年4月1日～×2年3月31日

費　　　　用	金　　　額	収　　　　益	金　　　額
売 上 原 価		売 　上　 高	
当 期 純 利 益			

解答〈5〉ページ

理解度チェック

問題2-9 ★☆☆

次の解答欄の表の（　　　　）内に適当な金額を記入しなさい。なお，当期純損失は数字の前に△印を付しなさい。

▼解答欄

	期　　首			期　　末			収　　益	費　　用	純損益
	資　産	負　　債	資　　本	資　　産	負　　債	資　　本			
1	25,000	（　　　）	（　　　）	30,000	（　　　）	25,000	9,000	（　　　）	1,000
2	60,000	（　　　）	45,000	55,000	12,000	（　　　）	（　　　）	22,000	（　　　）
3	（　　　）	26,000	17,000	（　　　）	20,000	（　　　）	（　　　）	14,000	2,000

解答〈6〉ページ

Theme

03 商品売買 I

理解度チェック

問題3-1 ★★★

次の一連の取引について分記法により仕訳するとともに，与えられた勘定に転記しなさい。なお，転記にあたっては日付，相手科目，金額を記入すること。

〈指定勘定科目〉

現　　金　　商　　品　　商品売買益

4月2日　商品30,000円を仕入れ，代金は現金で支払った。
　　5日　商品を41,000円（原価25,000円）で販売し，代金は現金で受け取った。

▼ 解答欄

日　付	借　方　科　目	金　　　　額	貸　方　科　目	金　　　　額
4/2				
5				

商　　　品　　　　　　　　　　　　商　品　売　買　益

解答〈7〉ページ

14

理解度チェック

問題3-2 ★★★

次の一連の取引について三分法により仕訳するとともに，与えられた勘定に転記しなさい。なお，転記にあたっては日付，相手科目，金額を記入すること。

〈指定勘定科目〉

　　現　　　金　　　売　　　　上　　　仕　　　入

　4月2日　商品30,000円を仕入れ，代金は現金で支払った。
　　　5日　商品を41,000円（原価25,000円）で販売し，代金は現金で受け取った。

▼ 解答欄

日　付	借 方 科 目	金　　　額	貸 方 科 目	金　　　額
4／2				
5				

仕　　　　　入	売　　　　　上

解答〈7〉ページ

Theme 03 商品売買Ⅰ

15

理解度チェック

問題3-3　★★★

次の一連の取引について仕訳し，解答欄の各勘定に転記しなさい。商品売買の記帳は三分法によること。また，転記にあたっては日付，相手科目，金額を記入すること。

〈指定勘定科目〉

　　現　　　　金　　　売　掛　金　　　買　掛　金　　　売　　　　上　　　仕　　　入

5月2日　商品50,000円を仕入れ，代金は掛けとした。

　　6日　商品を60,000円（原価40,000円）で販売し，代金は掛けとした。

　　15日　買掛金のうち30,000円を現金で支払った。

　　20日　売掛金のうち40,000円を現金で回収した。

▼ 解答欄

日　　付	借　方　科　目	金　　　　額	貸　方　科　目	金　　　　額
5／2				
6				
15				
20				

　　　　　　　　　現　　　　金　　　　　　　　　　　　　　　　買　掛　金

　　　　　　70,000 ┊

　　　　　　　　　売　掛　金　　　　　　　　　　　　　　　　売　　　　上

　　　　　　　　　仕　　　　入

解答〈7〉ページ

16

理解度チェック

問題3-4 ★★★

次の一連の取引について仕訳し，解答欄の各勘定に転記しなさい。商品売買の記帳は三分法によること。また，転記にあたっては日付，相手科目，金額を記入すること。なお，5月31日までの取引の残高については各勘定に記帳済みである。

〈指定勘定科目〉

現　　金　　売　掛　金　　買　掛　金　　売　　上　　仕　　入

6月2日　仕入先千葉㈱より商品100,000円を仕入れ，代金のうち30,000円は現金で支払い，残額は掛けとした。

　8日　得意先神奈川㈱へ商品を160,000円（原価90,000円）で販売し，代金のうち半額は現金で受け取り，残額は掛けとした。

　25日　千葉㈱に対する買掛金のうち50,000円を現金で支払った。

　30日　神奈川㈱に対する売掛金のうち60,000円を現金で回収した。

▼ 解答欄

日　　付	借　方　科　目	金　　　　額	貸　方　科　目	金　　　　額
6／2				
8				
25				
30				

現　　　　金
50,000	

買　　掛　　金
	40,000

売　　掛　　金
70,000	

売　　　　上

仕　　　　入

解答〈8〉ページ

17

理解度チェック

問題3-5 ★★★

次の一連の取引について各設問ごとに仕訳を示しなさい。なお，商品売買の記帳は三分法によること。

3月2日　仕入先福岡㈱より商品25,000円を購入し，代金のうち10,000円は現金で支払い，残額は掛けとした。

19日　仕入先福岡㈱に対する買掛金のうち10,000円を現金で支払った。

25日　得意先広島㈱に商品70,000円を販売し，代金のうち20,000円は現金で受け取り，残額は掛けとした。

30日　得意先広島㈱に対する売掛金のうち35,000円を現金で回収した。

〔設問1〕売掛金勘定および買掛金勘定を用いて仕訳する場合

　〈指定勘定科目〉　現金・売掛金・買掛金・売上・仕入

〔設問2〕人名勘定を用いて仕訳する場合

　〈指定勘定科目〉　現金・広島㈱・福岡㈱・売上・仕入

▼ 解答欄

〔設問1〕売掛金勘定および買掛金勘定を用いて仕訳する場合

日　　付	借　方　科　目	金　　　　額	貸　方　科　目	金　　　　額
3／2				
19				
25				
30				

〔設問2〕人名勘定を用いて仕訳する場合

日　　付	借　方　科　目	金　　　　額	貸　方　科　目	金　　　　額
3／2				
19				
25				
30				

解答〈8〉ページ

理解度チェック

問題3-6 ★★★

次の取引について仕訳し，解答欄の各勘定に転記しなさい。なお，商品売買の記帳は三分法によること。また，転記にあたっては日付，相手科目，金額を記入すること。

〈指定勘定科目〉

| 現 金 | 売 掛 金 | 前 払 金 | 買 掛 金 | 前 受 金 |
| 売 上 | 仕 入 | | | |

5月3日 商品800,000円を注文し，手付金として100,000円を現金で支払った。

15日 商品800,000円を仕入れ，代金のうち100,000円は注文時に支払った手付金と相殺し，残額は月末に支払うことにした。

20日 商品600,000円の注文を受け，手付金として60,000円を現金で受け取った。

26日 かねて注文を受けていた商品600,000円を本日発送し，さきに受け取っていた手付金60,000円を差し引き，残額は月末に受け取ることにした。

▼ 解答欄

日 付	借 方 科 目	金 額	貸 方 科 目	金 額
5／3				
15				
20				
26				

前 払 金

仕 入

前 受 金

売 上

解答〈8〉ページ

理解度チェック

問題3-7 ★★★

次の一連の取引について仕訳しなさい。商品売買の記帳は三分法によること。

〈指定勘定科目〉

　　現　　　金　　　受取商品券　　　売　　　　上

5月15日　商品45,000円を売り渡し，代金として他社が発行した商品券50,000円を受け取り，おつり5,000円を現金で支払った。

　　31日　上記5月15日に受け取った商品券の精算につき，取引銀行を通じて換金請求を行い，現金で受け取った。

▼ 解答欄

日　付	借　方　科　目	金　　額	貸　方　科　目	金　　額
5/15				
31				

解答〈9〉ページ

理解度チェック

問題3-8 ★★★

次の各取引について仕訳しなさい。商品売買の記帳は三分法によること。

〈指定勘定科目〉

　　現　　　金　　　受取商品券　　　売　　　　上

(1) 商品80,000円を売り上げ，代金のうち50,000円は共通商品券で受け取り，残額は現金で受け取った。

(2) かねて商品を販売した際に受け取っていた商品券20,000円について換金請求を行い，現金を受け取った。

▼ 解答欄

	借　方　科　目	金　　額	貸　方　科　目	金　　額
(1)				
(2)				

解答〈9〉ページ

Theme **04** 商品売買Ⅱ

問題4-1 ★★★

理解度チェック ☐☐☐

次の一連の取引について各設問ごとに仕訳し，解答欄の各勘定に転記しなさい。なお，転記にあたっては日付，相手科目，金額を記入すること。

4月2日　商品400,000円を仕入れ，代金は掛けとした。

　　10日　4月2日に掛けで仕入れた商品のうち30,000円を傷があったので返品した。

〔設問1〕三分法の場合

　〈指定勘定科目〉　買掛金・仕入

〔設問2〕分記法の場合

　〈指定勘定科目〉　商品・買掛金

▼ 解答欄

〔設問1〕三分法の場合

日　付	借　方　科　目	金　　　額	貸　方　科　目	金　　　額
4／2				
10				

```
        仕        入                          買    掛    金
_____|_____     _____|_____
 . . . . . . . .|. . . . . . . .    . . . . . . . .|. . . . . . . .
```

〔設問2〕分記法の場合

日　付	借　方　科　目	金　　　額	貸　方　科　目	金　　　額
4／2				
10				

```
        商        品                          買    掛    金
_____|_____     _____|_____
 . . . . . . . .|. . . . . . . .    . . . . . . . .|. . . . . . . .
```

解答〈10〉ページ

理解度チェック

問題4-2 ★★★

次の一連の取引について各設問ごとに仕訳し，解答欄の各勘定に転記しなさい。なお，転記にあたっては日付，相手科目，金額を記入すること。

4月8日　商品を700,000円（原価420,000円）で売り上げ，代金は掛けとした。

15日　4月8日に売り上げた商品のうち，15,000円（原価9,000円）が品違いのため返品された。

〔設問1〕三分法の場合

〈指定勘定科目〉　売掛金・売上

〔設問2〕分記法の場合

〈指定勘定科目〉　売掛金・商品・商品売買益

▼解答欄

〔設問1〕三分法の場合

日　付	借 方 科 目	金　　　額	貸 方 科 目	金　　　額
4／8				
15				

```
        売    掛    金                      売        上
--------------------|--------        --------------------|--------
```

〔設問2〕分記法の場合

日　付	借 方 科 目	金　　　額	貸 方 科 目	金　　　額
4／8				
15				

```
        売    掛    金                   商 品 売 買 益
--------------------|--------        --------------------|--------


        商        品
--------------------|--------
```

解答〈10〉ページ

理解度チェック

問題4-3 ★★★

次の各取引について仕訳しなさい。商品売買の記帳は三分法によること。

〈指定勘定科目〉

売　掛　金　　　買　掛　金　　　売　　　上　　　仕　　　入

(1) 旭川商店㈱から掛けで仕入れた商品100個（@10,000円）のうち，本日，5分の1を戻し，代金は掛け代金から控除した。

(2) 青森商店㈱へ掛けで販売した商品50個（原価@7,000円，売価@8,750円）のうち，5個が破損していたため，本日，返品された。

▼ 解答欄

	借　方　科　目	金　　　　額	貸　方　科　目	金　　　　額
(1)				
(2)				

解答〈10〉ページ

理解度チェック

問題4-4 ★★★

次の各取引について仕訳しなさい。なお，商品売買の記帳は三分法によること。

〈指定勘定科目〉

現　　　金　　　売　掛　金　　　買　掛　金　　　売　　　上　　　仕　　　入
発　送　費

(1) 商品400,000円を仕入れ，代金は掛けとした。なお，引取運賃30,000円を現金で支払った。

(2) 商品を700,000円で売り上げ，代金は掛けとした。なお，発送運賃40,000円を現金で支払った。

▼ 解答欄

	借　方　科　目	金　　　　額	貸　方　科　目	金　　　　額
(1)				
(2)				

解答〈11〉ページ

理解度チェック

問題4-5 ★★★

次の各取引について仕訳しなさい。なお，商品売買の記帳は三分法によること。

〈指定勘定科目〉

現　　　金　　　売　掛　金　　　買　掛　金　　　売　　　上　　　仕　　　入
発　送　費

(1) 仕入先岩手商店㈱から商品10個（@50,000円）を仕入れ，代金のうち200,000円については現金で支払い，残額は掛けとした。なお，引取運賃10,000円については現金で支払った。

(2) 得意先新潟商店㈱に商品600,000円を売り渡し，代金は掛けとした。なお，発送費4,500円については現金で支払った。

▼ 解答欄

	借　方　科　目	金　　　額	貸　方　科　目	金　　　額
(1)				
(2)				

解答〈11〉ページ

理解度チェック

問題4-6 ★★★

次の各取引について仕訳しなさい。なお，商品売買の記帳は三分法によること。

〈指定勘定科目〉

現　　金　　売　掛　金　　買　掛　金　　売　　　　上　　仕　　　　入
発　送　費

(1) 商品500,000円を仕入れ，代金は掛けとした。なお，引取運賃50,000円を現金で支払った。

(2) 商品500,000円を仕入れ，代金は掛けとした。なお，引取運賃50,000円を現金で立替払いしたが，掛け代金と相殺する。

(3) 商品800,000円を売り上げ，代金は掛けとした。なお，その際，発送運賃60,000円を現金で支払った。

(4) 商品800,000円を売り上げ，代金は掛けとした。なお，その際，発送運賃60,000円を現金で立替払いしたが，掛け代金に合算する。

▼ 解答欄

	借　方　科　目	金　　　額	貸　方　科　目	金　　　額
(1)				
(2)				
(3)				
(4)				

解答〈11〉ページ

理解度チェック

問題4-7 ★☆☆

次の各取引について仕訳しなさい。なお，商品売買の記帳は三分法により，諸掛りについては掛に加減算しない方法によること。

〈指定勘定科目〉

現　　金　　売　掛　金　　立　替　金　　買　掛　金　　売　　　上
仕　　入　　保　管　費

(1) 川崎商店㈱へ商品300,000円を販売し，代金は月末に受け取ることにした。なお，川崎商店㈱負担の発送運賃6,000円を現金で立替払いした。

(2) 横浜商店㈱から商品200,000円を仕入れ，代金は月末に支払うことにした。なお，横浜商店㈱負担の引取運賃5,000円を現金で立替払いした。

(3) 横浜商店㈱から仕入れた商品の保管を依頼していた茅ヶ崎物流㈱に対し，保管にかかった6,000円を現金で支払った。

▼解答欄

	借　方　科　目	金　　　額	貸　方　科　目	金　　　額
(1)				
(2)				
(3)				

解答〈11〉ページ

理解度チェック

問題4-8 ★☆☆

次に示す4月の取引を売掛金元帳（静岡商店㈱勘定）に記入し，4月30日付で締め切りなさい。

〈摘要欄の語句〉

返　品　売　上　回　収

4月1日　売掛金の前月繰越高　450,000円（内訳：静岡商店㈱300,000円，三重商店㈱150,000円）。

12日　静岡商店㈱に対して販売していた商品の中に不良品があり，25,000円が返品された。なお，代金は同社に対する売掛金から差し引いた。

24日　静岡商店㈱に商品90,000円，三重商店㈱に商品75,000円をそれぞれ売り渡し，代金は掛けとした。

30日　静岡商店㈱に対する売掛金100,000円，三重商店㈱に対する売掛金80,000円を，それぞれ現金で回収した。

▼ 解答欄

売　掛　金　元　帳
静　岡　商　店　㈱

×1 年		摘　　要	借　　方	貸　　方	借／貸	残　　高
4	1	前　月　繰　越				
		次　月　繰　越				
5	1	前　月　繰　越				

解答〈12〉ページ

27

理解度チェック

問題4-9 ★☆☆

次に示す5月の取引を買掛金元帳（長崎商店㈱勘定）に記入し，5月31日付で締め切りなさい。

〈摘要欄の語句〉
　　仕　　入　　　　　返　　品　　　　　支　　払

5月1日　買掛金の前月繰越高は750,000円である（内訳：長崎商店㈱450,000円，熊本商店㈱300,000円）。

　11日　熊本商店㈱および長崎商店㈱から商品をそれぞれ200,000円ずつ仕入れ，代金は掛けとした。

　18日　長崎商店㈱から11日に仕入れた商品のうち50,000円は不良品であったので返品した。なお，代金は同社に対する買掛金から差し引いた。

　28日　熊本商店㈱に対する買掛金のうち300,000円，長崎商店㈱に対する買掛金のうち400,000円をそれぞれ現金で支払った。

▼解答欄

買　掛　金　元　帳
長　崎　商　店　㈱

×1年		摘　　　要	借　　方	貸　　方	借／貸	残　　高
5	1	前　月　繰　越				
	31	次　月　繰　越				
6	1	前　月　繰　越				

解答〈12〉ページ

問題4-10 ★★★

次に示す6月中の取引について，(1)売掛金，(2)買掛金に関する，総勘定元帳（売掛金勘定・買掛金勘定）と補助元帳（売掛金元帳・買掛金元帳）の記入を示しなさい。ただし，各勘定への記入は日付と金額だけでよい。なお，6月20日までの取引については各勘定に合計額で示してある。

6月21日　京都商店㈱から400円，石川商店㈱から500円の商品を掛けで仕入れた。
　22日　京都商店㈱の買掛金300円，石川商店㈱の買掛金200円について，現金で支払った。
　23日　高知商店㈱へ400円，横浜商店㈱へ500円の商品を掛けで販売した。
　25日　高知商店㈱の売掛金200円，横浜商店㈱の売掛金300円について，現金で受け取った。
　27日　石川商店㈱に対し，買掛金のうち150円を現金で支払った。
　30日　高知商店㈱へ300円，横浜商店㈱へ200円の商品を掛けで販売した。

▼解答欄

(1) 売掛金

総 勘 定 元 帳
売 掛 金

1,200	

売 掛 金 元 帳

高 知 商 店 ㈱

400	

横 浜 商 店 ㈱

800	

(2) 買掛金

総 勘 定 元 帳
買 掛 金

	350

買 掛 金 元 帳

京 都 商 店 ㈱

	200

石 川 商 店 ㈱

	150

理解度チェック

問題4-11 ★★★

次に示す6月の取引のうち,「ハンカチ（婦人用）」について, 先入先出法により商品有高帳の記入を行い, 当該商品について6月中の売上高, 売上原価および売上総利益を計算しなさい。なお, 商品有高帳の締め切りを行う必要はない。

6月1日	前月繰越	：	ハンカチ（婦人用）	120枚	@150円	18,000円
			ハンカチ（紳士用）	180枚	@700円	126,000円
6日	仕　入	：	ハンカチ（婦人用）	230枚	@150円	34,500円
12日	売　上	：	ハンカチ（婦人用）	150枚	@200円（売価）	30,000円
18日	仕　入	：	ハンカチ（婦人用）	100枚	@165円	16,500円
			ハンカチ（紳士用）	170枚	@630円	107,100円
24日	売　上	：	ハンカチ（婦人用）	220枚	@200円（売価）	44,000円
			ハンカチ（紳士用）	290枚	@800円（売価）	232,000円
30日	仕　入	：	ハンカチ（婦人用）	40枚	@170円	6,800円
			ハンカチ（紳士用）	120枚	@660円	79,200円

▼ 解答欄

商 品 有 高 帳
（先入先出法）
ハンカチ（婦人用）

×1 年	摘　　要	受　入　高			払　出　高			残　　高		
		数量	単価	金額	数量	単価	金額	数量	単価	金額

売 上 原 価 の 計 算

月初商品棚卸高	円
当月商品仕入高	
合　計	円
月末商品棚卸高	
売 上 原 価	円

売 上 総 利 益 の 計 算

売　上　高	円
売 上 原 価	
売 上 総 利 益	円

解答〈13〉ページ

30

理解度チェック

問題4-12 ★★★

次に示す6月の取引のうち，「ハンカチ（婦人用）」について，移動平均法により商品有高帳の記入を行い，当該商品について6月中の売上高，売上原価および売上総利益を計算しなさい。なお，商品有高帳の締め切りを行う必要はない。

6月1日	前月繰越：ハンカチ（婦人用）120枚 @150円	18,000円
	ハンカチ（紳士用）180枚 @700円	126,000円
6日	仕　入：ハンカチ（婦人用）230枚 @150円	34,500円
12日	売　上：ハンカチ（婦人用）150枚 @200円（売価）	30,000円
18日	仕　入：ハンカチ（婦人用）100枚 @165円	16,500円
	ハンカチ（紳士用）170枚 @630円	107,100円
24日	売　上：ハンカチ（婦人用）220枚 @200円（売価）	44,000円
	ハンカチ（紳士用）290枚 @800円（売価）	232,000円
30日	仕　入：ハンカチ（婦人用）40枚 @170円	6,800円
	ハンカチ（紳士用）120枚 @660円	79,200円

▼ 解答欄

商 品 有 高 帳
（移動平均法）　　　　ハンカチ（婦人用）

×1年	摘　　要	受 入 高			払 出 高			残 高		
		数量	単価	金額	数量	単価	金額	数量	単価	金額

売 上 原 価 の 計 算

月初商品棚卸高	円
当月商品仕入高	
合　計	円
月末商品棚卸高	
売　上　原　価	円

売 上 総 利 益 の 計 算

売　上　高	円
売　上　原　価	
売 上 総 利 益	円

解答〈14〉ページ

31

理解度チェック

問題4-13 ★★★

次に示す1月中の商品売買取引の資料にもとづいて，先入先出法によって解答欄の商品有高帳に記入し（締切不要），1月中の売上高，売上原価および売上総利益を計算しなさい。

1．仕入取引

　　×1年1月7日　横浜商店㈱：ネクタイ 15本　@6,000円　　　　90,000円
　　　　　　21日　茨城商店㈱：ネクタイ 40本　@6,500円　　　 260,000円

2．売上取引

　　×1年1月14日　山口商店㈱：ネクタイ 20本　@8,600円　　　 172,000円
　　　　　　28日　山形商店㈱：ネクタイ 20本　@8,800円　　　 176,000円

▼解答欄

商 品 有 高 帳
ネ ク タ イ

（先入先出法）

×1年		摘　　　要	受 入 高			払 出 高			残 高		
			数 量	単 価	金 額	数 量	単 価	金 額	数 量	単 価	金 額
1	1	前 月 繰 越	15	6,000	90,000				15	6,000	90,000

売上原価の計算			売上総利益の計算	
月初商品棚卸高	円	売　　上　　高	円
当月商品仕入高		売　上　原　価	
合　　計	円	売 上 総 利 益	円
月末商品棚卸高			
売　上　原　価	円		

解答〈14〉ページ

Theme
05 現金・預金

理解度チェック

問題5-1 ★★★

次の各取引について仕訳しなさい。商品売買の記帳は三分法によること。

〈指定勘定科目〉

現　　　金　　　売　掛　金　　　売　　　上　　　仕　　　入

(1) 商品80,000円を売り上げ，代金として他社振出の小切手を受け取った。
(2) 商品50,000円を仕入れ，代金はかねて受け取っていた他社振出の小切手で支払った。
(3) 得意先より売掛金の回収として，郵便為替証書25,000円と送金小切手15,000円を受け取った。

▼ 解答欄

	借　方　科　目	金　　　額	貸　方　科　目	金　　　額
(1)				
(2)				
(3)				

解答〈15〉ページ

理解度チェック

問題5-2 ★★★

次の一連の取引について仕訳し，解答欄の各勘定に転記しなさい。なお，転記にあたっては日付，相手科目，金額を記入すること。

〈指定勘定科目〉

現　金　　当座預金　　売掛金　　買掛金

4月10日　全国銀行と当座取引契約を結び，現金100,000円を預け入れた。
5月3日　東京商店㈱に対する買掛金30,000円を支払うために，小切手を振り出した。
6月6日　横浜商店㈱に対する売掛金20,000円を同社振出の小切手で受け取り，ただちに当座預金へ預け入れた。

▼ 解答欄

日　　付	借　方　科　目	金　　　額	貸　方　科　目	金　　　額
4 /10				
5 / 3				
6 / 6				

<table>
<tr><td colspan="2" align="center">現　　　金</td><td colspan="2" align="center">当　座　預　金</td></tr>
<tr><td>4 / 1</td><td>200,000</td><td></td><td></td></tr>
</table>

<table>
<tr><td colspan="2" align="center">売　　掛　　金</td><td colspan="2" align="center">買　　掛　　金</td></tr>
<tr><td>4 / 1</td><td>70,000</td><td>4 / 1</td><td>50,000</td></tr>
</table>

解答〈15〉ページ

理解度チェック

問題5-3 ★★★

次の一連の取引について仕訳し，解答欄の各勘定に転記しなさい。商品売買の記帳は三分法によること。なお，転記にあたっては日付，相手科目，金額を記入すること。

〈指定勘定科目〉

現　　金　　　当 座 預 金　　　売 掛 金　　　売　　　上

4月5日　横浜㈱に商品500,000円を販売し，この代金のうち300,000円は当社振出の小切手で受け取り，残額は掛けとした。

　　10日　得意先神戸㈱から売掛金の回収として，80,000円の郵便為替証書と同社振出の小切手400,000円を受け取った。

　　15日　得意先福岡㈱に商品100,000円を売り上げ，代金のうち70,000円を送金小切手で受け取り，残額は現金で受け取った。

　　20日　得意先佐賀㈱から売掛金の回収として，同社振出の小切手50,000円を受け取った。

▼ 解答欄

日　付	借 方 科 目	金　　額	貸 方 科 目	金　　額
4／5				
10				
15				
20				

現　　　　金			
4／1	400,000		

当 座 預 金			
4／1	300,000		

売　掛　金			
4／1	500,000		

売　　　上			

解答〈16〉ページ

理解度チェック

問題5-4 ★★★

次の一連の取引について仕訳し，解答欄の勘定に転記しなさい。なお，商品売買の記帳は三分法によること。勘定への転記は日付および金額だけでよい。

〈指定勘定科目〉

| 現　　　　金 | 当 座 預 金 | 売 掛 金 | 買 掛 金 | 仕　　　　入 |
| 広 告 費 |

3月 1日　新たに当座預金口座を開設し，現金100,000円を当座預金に預け入れた。なお，あわせて当座借越契約（借越限度額500,000円）を結んだ。

　　 9日　愛媛㈱に対する買掛金70,000円を小切手を振り出して支払った。

　　10日　広告費50,000円を小切手を振り出して支払った。

　　15日　愛媛㈱より商品61,000円を仕入れ，代金は小切手を振り出して支払った。

　　17日　石川㈱より売掛金70,000円をかつて当社が振り出した小切手で受け取った。

▼ 解答欄

日　付	借 方 科 目	金　　額	貸 方 科 目	金　　額
3／1				
9				
10				
15				
17				

当 座 預 金

解答〈16〉ページ

理解度チェック

問題5-5 ★★☆

次の各取引について仕訳しなさい。なお，商品売買の記帳は三分法によること。

〈指定勘定科目〉

　当座預金　　　買掛金　　　仕　　入

(1) 京都㈱より商品500,000円を仕入れ，代金は小切手を振り出して支払った。なお，取引銀行と当座借越契約（借越限度額2,000,000円）を結んでおり，現在の当座預金残高は300,000円（借方残高）であった。

(2) 池袋㈱から商品300,000円を仕入れ，当社負担の引取運賃20,000円とともに小切手を振り出して支払った。なお，当座預金の残高は200,000円（借方残高）であったが，借越限度額2,000,000円の当座借越契約を結んでいる。

(3) 買掛金100,000円の支払いのため，同額の小切手を振り出して支払った。なお，取引銀行と借越限度額1,000,000円の当座借越契約を結んでおり，現在の当座預金残高は70,000円（貸方残高）である。

▼ 解答欄

	借　方　科　目	金　　　額	貸　方　科　目	金　　　額
(1)				
(2)				
(3)				

解答〈16〉ページ

37

理解度チェック ☐☐☐

問題5-6 ★★★

次の一連の取引について仕訳し，解答欄の各勘定に転記しなさい。なお，転記にあたっては日付，相手科目，金額を記入すること。

〈指定勘定科目〉

現　　金　　　　普 通 預 金　　　　定 期 預 金　　　　通 信 費

4月5日　現金50,000円を普通預金に預け入れた。

10日　電話料金12,000円が，普通預金口座より引き落とされた。

15日　現金40,000円と普通預金20,000円を定期預金とした。

20日　普通預金より現金15,000円を引き出した。

▼解答欄

日　付	借 方 科 目	金　　額	貸 方 科 目	金　　額
4 / 5				
10				
15				
20				

	現　　　　金	
4 / 1	100,000	

	普 通 預 金	

	定 期 預 金	

解答〈17〉ページ

理解度チェック

問題5-7 ★★★

次の一連の取引について仕訳しなさい。

〈指定勘定科目〉

現　　金　　　　普通預金A銀行　　　　普通預金C信用金庫　　　　当座預金B銀行

9月1日　現金120,000円をA銀行の普通預金口座に，50,000円をB銀行の当座預金口座に預け入れた。なお，当社は預金口座の勘定科目を金融機関ごとに設けている。

　　10日　取引銀行であるB銀行に依頼し，当座預金残高のうち14,000円をC信用金庫の普通預金に振り替えた。

　　20日　A銀行の普通預金口座より，現金20,000円を引き出した。

▼ 解答欄

日　付	借　方　科　目	金　　額	貸　方　科　目	金　　額
9 / 1				
10				
20				

解答〈17〉ページ

Theme

06 小口現金

理解度チェック

問題6-1 ★★★

次の一連の取引について仕訳しなさい。

〈指定勘定科目〉

　当座預金　　　小口現金　　　通信費　　　旅費交通費

4月1日　定額資金前渡制度（インプレスト・システム）を採用し，小口現金20,000円を小切手を振り出して用度係に前渡しした。

　　30日　用度係から次のような報告を受けた。通信費7,000円，旅費交通費2,000円。

5月1日　用度係に小切手9,000円を振り出して小口現金の補給をした。

▼ 解答欄

日　付	借 方 科 目	金　　額	貸 方 科 目	金　　額
4 / 1				
30				
5 / 1				

解答〈18〉ページ

理解度チェック

問題6-2 ★★★

次の一連の取引について仕訳しなさい。

〈指定勘定科目〉

| 当座預金 | 小口現金 | 通信費 | 旅費交通費 |

4月1日 定額資金前渡制度（インプレスト・システム）を採用し，小口現金20,000円を小切手を振り出して用度係に前渡しした。

30日 用度係から次のような報告を受け，ただちに小切手を振り出して小口現金の補給をした。通信費7,000円，旅費交通費2,000円。

Theme
06
小口現金

▼ 解答欄

日　付	借 方 科 目	金　額	貸 方 科 目	金　額
4／1				
30				

解答〈18〉ページ

41

理解度チェック

問題6-3 ★★★

次の一週間分の取引を(1)小口現金出納帳に記入し，あわせて週末における締め切りと資金の補給に関する記入を行いなさい。また，〈指定勘定科目〉を使用して(2)10月20日（土）の仕訳（小口現金勘定を用いない方法による）をしなさい。なお，小口現金係は毎週土曜日の営業時間の終了後にその週の支払いを会計係に報告し，ただちに小切手の振り出しによる資金の補給を受けることになっている。当社は，インプレスト・システムを採用している。

〈指定勘定科目〉
当座預金　　旅費交通費　　通信費　　光熱費　　雑費

10月15日（月）	郵 便 切 手	600円	18日（木）	電 気 代	5,000円
16日（火）	紅茶・コーヒー代	500円	19日（金）	新 聞 代	1,200円
17日（水）	バ ス 回 数 券	1,500円	20日（土）	ガ ス 代	4,000円

▼ 解答欄

(1)

小口現金出納帳

| 受　　入 | ×1年 | | 摘　　要 | 支　　払 | 内　　　　　訳 | | | |
					旅費交通費	通 信 費	光 熱 費	雑　　費
20,000	10	15	前 週 繰 越					
			合　　　　　計					
			本 日 補 給					
			次 週 繰 越					
	10	22	前 週 繰 越					

(2)

借 方 科 目	金　　額	貸 方 科 目	金　　額

解答〈18〉ページ

42

Theme
07 クレジット売掛金

問題7-1 ★★★

理解度チェック

次の一連の取引について仕訳しなさい。商品売買の記帳は三分法によること。

〈指定勘定科目〉

| 当 座 預 金 | クレジット売掛金 | 売 上 | 支払手数料 |

6月10日　商品30,000円を売り渡し，代金はクレジットカード決済によることとした。なお，信販会社へのクレジット手数料は販売代金の2％であり，販売時に計上する。

7月20日　上記6月10日のクレジット取引にかかる手取額が，信販会社より当社の当座預金口座に入金された。

▼解答欄

日　付	借 方 科 目	金　　額	貸 方 科 目	金　　額
6/10				
7/20				

解答〈19〉ページ

43

理解度チェック

問題7-2 ★☆☆

次の一連の取引について仕訳しなさい。商品売買の記帳は三分法によること。

〈指定勘定科目〉

| 当 座 預 金 | クレジット売掛金 | 売 上 | 支払手数料 |

6月10日　商品30,000円を売り渡し，代金はクレジットカード決済によることとした。なお，信販会社へのクレジット手数料は販売代金の2%であるが，入金時に計上する。

7月20日　上記6月10日のクレジット取引にかかる手取額が，信販会社より当社の当座預金口座に入金された。なお，クレジット売掛金計上額と手取額との差額は，入金時に支払手数料として処理する。

▼ 解答欄

日　　付	借 方 科 目	金　　　額	貸 方 科 目	金　　　額
6/10				
7/20				

解答〈19〉ページ

44

Theme

08 手形取引

問題8-1 ★★★

理解度チェック ☐☐☐

次の一連の取引について，仙台商店㈱および群馬商店㈱それぞれの仕訳をしなさい。商品売買の記帳は三分法によること。

〈指定勘定科目〉

| 当座預金 | 受取手形 | 支払手形 | 売　上 | 仕　入 |

5月1日　仙台商店㈱は，群馬商店㈱から商品3,000円を仕入れ，代金は群馬商店㈱宛の約束手形を振り出して支払った。

　31日　上記の手形が満期日となり，手形代金が仙台商店㈱の当座預金口座から引き落とされ，群馬商店㈱の当座預金口座に入金された。

▼ 解答欄

〔仙台商店㈱〕

日　付	借　方　科　目	金　額	貸　方　科　目	金　額
5／1				
31				

〔群馬商店㈱〕

日　付	借　方　科　目	金　額	貸　方　科　目	金　額
5／1				
31				

解答〈20〉ページ

45

理解度チェック

問題8-2 ★★★

次の一連の取引について，鳥取商店㈱および佐賀商店㈱それぞれの仕訳をしなさい。商品売買の記帳は三分法によること。

〈指定勘定科目〉

| 当 座 預 金 | 受 取 手 形 | 売 掛 金 | 支 払 手 形 | 買 掛 金 |
| 売 上 | 仕 入 | | | |

7月1日　鳥取商店㈱は，佐賀商店㈱より商品50,000円を仕入れ，代金は掛けとした。

　　31日　鳥取商店㈱は佐賀商店㈱に対し，買掛金の支払いのため約束手形50,000円（支払期日：9月20日）を振り出した。

9月20日　上記約束手形が支払期日となり，鳥取商店㈱の当座預金口座から引き落とされ，佐賀商店㈱の当座預金口座に入金された。

▼ 解答欄

〔鳥取商店㈱〕

日　　付	借 方 科 目	金　　額	貸 方 科 目	金　　額
7／1				
31				
9／20				

〔佐賀商店㈱〕

日　　付	借 方 科 目	金　　額	貸 方 科 目	金　　額
7／1				
31				
9／20				

解答〈20〉ページ

理解度チェック

問題8-3 ★★★

次の各取引について仕訳しなさい。商品売買の記帳は三分法によること。

〈指定勘定科目〉

| 現　　　金 | 当 座 預 金 | 受 取 手 形 | 売 掛 金 | 支 払 手 形 |
| 買 掛 金 | 売　　　上 | 仕　　　入 | | |

(1) 新潟㈱より商品220,000円を仕入れ，200,000円については同社宛の約束手形を振り出して支払い，残額は掛けとした。

(2) 秋田㈱に対する買掛金25,000円の支払いのために，小切手10,000円と約束手形15,000円を振り出した。

(3) 宮城㈱は買掛金65,000円の支払いのため，45,000円は先に大分㈱から受け取った小切手で支払い，残額は約束手形を振り出した。

(4) 長野㈱へ商品350,000円を売り上げ，代金のうち300,000円は同社振出，当社宛の約束手形で受け取り，残額は掛けとした。

(5) 名古屋㈱へ商品を売り上げ，この代金100,000円のうち60,000円は同社振出の小切手で受け取り，残額は同社振出，当社宛の約束手形で受け取った。

(6) 山梨㈱から売掛金の回収として，同社振出の約束手形70,000円と，かつて当社が振り出した小切手20,000円を受け取った。

▼ 解答欄

	借 方 科 目	金 額	貸 方 科 目	金 額
(1)				
(2)				
(3)				
(4)				
(5)				
(6)				

解答〈20〉ページ

Theme

09 電子記録債権・債務

問題9-1 ★★★

理解度チェック ☐☐☐

次の一連の取引について仕訳しなさい。

〈指定勘定科目〉

当 座 預 金 　　　 売 掛 金 　　　 電子記録債権

11月5日　富山商店㈱は，得意先福井商店㈱に対する売掛金150,000円について，同社の承諾を得た
　　　　うえで，取引銀行（取扱機関）を通じて電子記録債権の発生記録を行った。

　　30日　上記11月5日に計上した電子記録債権150,000円の支払期限が到来し，当社の当座預金口
　　　　座に入金された。

▼ 解答欄

日　付	借 方 科 目	金　　額	貸 方 科 目	金　　額
11/5				
30				

解答〈21〉ページ

48

理解度チェック

問題9-2 ★★★

次の一連の取引について仕訳しなさい。

〈指定勘定科目〉

当座預金　　　買掛金　　　電子記録債務

11月5日　福井商店㈱は，仕入先富山商店㈱に対する買掛金150,000円について，同社より依頼を受けたので，取引銀行（取扱機関）を通じて電子記録債務の発生記録を行った。

　　30日　上記11月5日に計上した電子記録債務150,000円の支払期限が到来し，当社の当座預金口座より引き落とされた。

▼ 解答欄

Theme
09
電子記録債権・債務

日　付	借　方　科　目	金　　額	貸　方　科　目	金　　額
11/5				
30				

解答〈21〉ページ

49

Theme

10 さまざまな帳簿の関係

理解度チェック

問題10-1 ★★★

練馬商店㈱では，解答欄の表に記載した補助簿を用いている。次の各取引が記帳される補助簿の欄に○印をつけなさい。

1. 仕入先杉並商店㈱に対する買掛金を小切手を振り出して支払った。
2. 板橋商店㈱より商品を仕入れ，その代金のうち半額は小切手を振り出して支払い，残額は掛けとした。
3. 仕入先豊島商店㈱の買掛金を，同社宛の約束手形を振り出して支払った。
4. 得意先北商店㈱に商品を売り上げた際に受け取っていた，北商店㈱振出，当社宛の約束手形の決済日になり，代金が当座預金に入金された。
5. 得意先群馬商店㈱に掛けで販売していた商品について，一部不良のため返品された。

▼ 解答欄

	1	2	3	4	5
当座預金出納帳					
仕　　入　　帳					
売　　上　　帳					
商　品　有　高　帳					
売　掛　金　元　帳					
買　掛　金　元　帳					
受　取　手　形　記　入　帳					
支　払　手　形　記　入　帳					

解答〈22〉ページ

理解度チェック

問題10-2　★★★

次の一連の取引について，当座預金出納帳を記入しなさい。

4月1日　取引銀行と当座取引契約を結び，現金100,000円を当座預金に預け入れた。なお，その際に限度額300,000円の当座借越契約もあわせて結んだ。

3日　買掛金70,000円について，小切手を振り出して支払った。

6日　広告費50,000円について，小切手を振り出して支払った。

10日　売掛金80,000円が当座預金に振り込まれた。

13日　売掛金30,000円を現金で受け取り，ただちに当座預金とした。

15日　売掛金50,000円をかつて当社が振り出した小切手で受け取った。

▼解答欄

Theme 10 さまざまな帳簿の関係

当 座 預 金 出 納 帳

×1 年		摘　　要	預　　入	引　　出	借/貸	残　　高
4	1	当 座 預 金 開 設				
	3	買 掛 金 支 払				
	6	広 告 費 支 払				
	10	売 掛 金 回 収				
	13	売 掛 金 回 収				
	15	売 掛 金 回 収				

解答〈22〉ページ

理解度チェック

問題10-3 ★★★

以下の当座預金出納帳から取引を読み取り，各日付の仕訳を示し，該当する勘定（当座預金勘定のみ）へ転記しなさい。なお，転記にあたっては日付，相手科目，金額を記入すること。

〈指定勘定科目〉

現　　金　　　当 座 預 金　　　売 掛 金　　　買 掛 金　　　広 告 費

当 座 預 金 出 納 帳

×1	年	摘　　　要	預　　入	引　　出	借／貸	残　　高
4	1	当座預金口座を現金により開設	100,000		借	100,000
	3	買　掛　金　支　払		70,000	〃	30,000
	6	広　告　費　支　払		50,000	貸	20,000
	10	売　掛　金　回　収	80,000		借	60,000
	13	売　掛　金　回　収	30,000		〃	90,000
	15	売　掛　金　回　収	50,000		〃	140,000

▼ 解答欄

日　　付	借 方 科 目	金　　　額	貸 方 科 目	金　　　額
4／1				
3				
6				
10				
13				
15				

当 座 預 金

解答〈22〉ページ

52

理解度チェック

問題10-4 ★☆☆

次の取引を仕入帳に記入して，締め切りなさい。なお，△はマイナスを表す記号である。

3月1日 松山商店㈱から次のとおり仕入れ，代金は掛けとした。
ブラウス　80枚　@ 2,000円　160,000円

12日 松山商店㈱から仕入れた上記1日の商品のうち，一部が不良品のため次のとおり返品し，代金は買掛金から差し引くことにした。
ブラウス　20枚　@ 2,000円　40,000円

15日 熊本商店㈱から次のとおり仕入れ，代金は掛けとした。
ブラウス　100枚　@ 1,200円　120,000円
Ｔシャツ　50枚　@ 1,500円　75,000円

29日 熊本商店㈱から次のとおり仕入れ，代金のうち80,000円については現金で支払い，残りは掛けとした。
ブラウス　100枚　@ 1,800円　180,000円
Ｔシャツ　40枚　@ 1,500円　60,000円

▼ 解答欄

仕　入　帳

×1 年		摘　　　　要	内　　訳	金　　額
3	1	松 山 商 店 ㈱　　　　掛　け		
		ブラウス　　80枚　　@2,000円		160,000
	12	**松 山 商 店 ㈱　　戻し（掛代金と相殺）**		
		ブ ラ ウ ス（　）枚　@（　　）円		（△　　　　）
	15	熊 本 商 店 ㈱　　　　掛　け		
		ブラウス（　）枚　@（　　）円	（　　　　　）	
		Ｔ シ ャ ツ（　）枚　@（　　）円	（　　　　　）	195,000
	29	熊 本 商 店 ㈱　　　現金及び掛け		
		ブラウス（　）枚　@（　　）円	（　　　　　）	
		Ｔ シ ャ ツ（　）枚　@（　　）円	（　　　　　）	（　　　　　）
	31	総 仕 入 高		（　　　　　）
	〃	**仕 入 戻 し 高**		（△　　　　）
		純 仕 入 高		（　　　　　）

解答〈22〉ページ

理解度チェック

問題10-5　★★★

　次の仕入帳から取引を読み取り，各日付の仕訳を示し，該当する勘定へ転記しなさい。ただし，3月29日の取引は，仕入代金のうち80,000円を現金で支払い，残額は掛けとしたものとする。なお，転記にあたっては日付，相手科目，金額を記入すること。△はマイナスを表す記号である。

〈指定勘定科目〉　現金・買掛金・仕入

<table>
<tr><td colspan="6" align="center">仕　　入　　帳</td></tr>
<tr><td colspan="2">×1 年</td><td colspan="2" align="center">摘　　　　　　要</td><td align="center">内　　訳</td><td align="center">金　　額</td></tr>
<tr><td>3</td><td>1</td><td>松 山 商 店㈱</td><td align="right">掛　け</td><td></td><td></td></tr>
<tr><td></td><td></td><td>ブ ラ ウ ス　　80枚</td><td>@2,000円</td><td></td><td align="right">160,000</td></tr>
<tr><td></td><td>12</td><td>**松 山 商 店㈱**</td><td>**戻し（掛代金と相殺）**</td><td></td><td></td></tr>
<tr><td></td><td></td><td>**ブ ラ ウ ス　　20枚**</td><td>**@2,000円**</td><td></td><td align="right">△　40,000</td></tr>
<tr><td></td><td>15</td><td>熊 本 商 店㈱</td><td align="right">掛　け</td><td></td><td></td></tr>
<tr><td></td><td></td><td>ブ ラ ウ ス　　100枚</td><td>@1,200円</td><td align="right">120,000</td><td></td></tr>
<tr><td></td><td></td><td>Ｔ シ ャ ツ　　50枚</td><td>@1,500円</td><td align="right">75,000</td><td align="right">195,000</td></tr>
<tr><td></td><td>29</td><td>熊 本 商 店㈱</td><td align="right">現金及び掛け</td><td></td><td></td></tr>
<tr><td></td><td></td><td>ブ ラ ウ ス　　100枚</td><td>@1,800円</td><td align="right">180,000</td><td></td></tr>
<tr><td></td><td></td><td>Ｔ シ ャ ツ　　40枚</td><td>@1,500円</td><td align="right">60,000</td><td align="right">240,000</td></tr>
</table>

▼ 解答欄

日　付	借 方 科 目	金　　額	貸 方 科 目	金　　額
3／1				
12				
15				
29				

現　　　金		買　　掛　　金	
100,000			200,000

仕　　　入	

解答〈23〉ページ

54

理解度チェック

問題10-6 ★☆☆

次の取引を売上帳に記入して，締め切りなさい。なお，△はマイナスを表す記号である。

8月2日　東海商店㈱へ次のとおり売り上げ，代金は掛けとした。

| 紳士靴 | 15足 | @ 8,000円 | 120,000円 |
| 婦人靴 | 15足 | @12,000円 | 180,000円 |

　15日　北陸商店㈱へ次のとおり売り上げ，代金は掛けとした。

| 婦人靴 | 25足 | @12,000円 | 300,000円 |

　18日　北陸商店㈱へ売り上げた上記15日の商品のうち，次のとおり返品され，代金は売掛金から差し引くことにした。

| 婦人靴 | 10足 | @12,000円 | 120,000円 |

　30日　信越商店㈱へ次のとおり売り上げ，代金のうち200,000円を現金で受け取り，残額は掛けとした。

| 紳士靴 | 25足 | @ 8,000円 | 200,000円 |
| 婦人靴 | 15足 | @12,000円 | 180,000円 |

▼ 解答欄

売　　上　　帳

×1年		摘　　　　　　要	内　　　訳	金　　　額
8	2	東 海 商 店 ㈱　　　　　　掛　け		
		紳　士　靴　　15足　　@ 8,000円	120,000	
		婦　人　靴　　15足　　@12,000円	180,000	（　　　　　）
	15	北 陸 商 店 ㈱　　　　　　掛　け		
		婦　人　靴　（　）足@（　　）円		（　　　　　）
	18	**北 陸 商 店 ㈱　　戻り（掛代金と相殺）**		
		婦　人　靴　（　）足@（　　）円		（△　　　　）
	30	信 越 商 店 ㈱　　　　現金及び掛け		
		紳　士　靴　（　）足@（　　）円	（　　　　）	
		婦　人　靴　（　）足@（　　）円	（　　　　）	（　　　　　）
	31	総 売 上 高		（　　　　　）
	〃	**売 上 戻 り 高**		（△　　　　）
		純 売 上 高		（　　　　　）

解答〈23〉ページ

55

理解度チェック

問題10-7 ★★★

次の売上帳から取引を読み取り，各日付の仕訳を示し，該当する勘定（売上勘定のみ）へ転記しなさい。転記にあたっては日付，相手科目，金額を記入すること。なお，△はマイナスを表す記号である。

〈指定勘定科目〉

売　掛　金　　　売　　　　上

売　　　上　　　帳

×1 年		摘　　　　　　要				内　　　訳	金　　　額
8	2	東 海 商 店㈱			掛　け		
		紳　士　靴	15足	@ 8,000円		120,000	
		婦　人　靴	15足	@12,000円		180,000	300,000
	15	北 陸 商 店㈱			掛　け		
		婦　人　靴	25足	@12,000円			300,000
	18	**北 陸 商 店㈱**			**戻り（15日分）**		
		婦　人　靴	**10足**	**@12,000円**			△ 120,000
	30	信 越 商 店㈱			掛　け		
		紳　士　靴	25足	@ 8,000円		200,000	
		婦　人　靴	15足	@12,000円		180,000	380,000

▼ 解答欄

日　　付	借 方 科 目	金　　　額	貸 方 科 目	金　　　額
8／2				
15				
18				
30				

売　　　　　　上

解答〈23〉ページ

56

理解度チェック

問題10-8 ★★★

次の帳簿の名称を解答欄の（　　　）の中に記入し，あわせてこの帳簿に記録されている諸取引を仕訳しなさい。

〈指定勘定科目〉

当 座 預 金　　　受 取 手 形　　　売 掛 金

（　　　　　　　　　　）

×1年		摘要	手形種類	手形番号	支払人	振出人または裏書人	振出日		満期日		支払場所	手形金額	て　　ん　　末		
							月	日	月	日			月	日	摘　　要
9	15	売掛金	約	35	千葉商店㈱	千葉商店㈱	9	15	11	12	市川銀行	300,000	11	12	取立（当座預金とする）
10	12	売掛金	約	43	山梨商店㈱	山梨商店㈱	10	12	12	27	志木銀行	350,000			

▼ 解答欄

帳簿の名称（　　　　　　　　　　）

取引日		仕　　　　　　　　訳			
		借 方 科 目	金 　額	貸 方 科 目	金 　額
9	15				
10	12				
11	12				

解答〈23〉ページ

理解度チェック

問題10-9 ★☆☆

次の帳簿の名称を解答欄の（　　　）の中に記入し，あわせてこの帳簿に記録されている諸取引を仕訳しなさい。ただし，買掛金については人名勘定を用いること。

〈指定勘定科目〉

　　当 座 預 金　　　　支 払 手 形　　　　秋 田 商 店㈱　　　　青 森 商 店㈱

（　　　　　　　　　　　）

×1 年		摘要	手形種類	手形番号	受取人	振出人	振出日		満期日		支払場所	手形金額	てん末		
							月	日	月	日			月	日	摘　要
3	15	買掛金	約	25	秋田商店㈱	当　　社	3	15	5	31	東北銀行	200,000	5	31	支払済（当座預金から）
5	20	買掛金	約	26	青森商店㈱	当　　社	5	20	6	30	同　　上	300,000			

▼ 解答欄

帳簿の名称（　　　　　　　　　　）

取引日		仕　　　　　訳				
		借 方 科 目	金 　 額	貸 方 科 目	金 　 額
3	15				
5	20				
	31				

解答〈24〉ページ

理解度チェック

問題10-10 ★☆☆

次の取引を仕訳帳に記入し，総勘定元帳の各勘定に転記しなさい。

4月1日　商品500,000円を売り上げ，代金のうち100,000円は現金で受け取り，残額は掛けとした。

　　30日　上記掛け代金を現金で回収した。

▼ 解答欄

（摘要欄の小書きは不要）

仕　訳　帳

3ページ

×1 年		摘　　　　要		元丁	借　　方	貸　　方
		前ページから			500,000	500,000
4	1	諸　口	（　　　）			
		（　　　）				
		（　　　）				
	30	（　　　）				
			（　　　）			

総　勘　定　元　帳

現　　金

1

×1 年	摘　　　　要	仕丁	借　　方	×1 年	摘　　　　要	仕丁	貸　　方

売　掛　金

7

×1 年	摘　　　　要	仕丁	借　　方	×1 年	摘　　　　要	仕丁	貸　　方

売　　上

25

×1 年	摘　　　　要	仕丁	借　　方	×1 年	摘　　　　要	仕丁	貸　　方

解答〈24〉ページ

59

Theme

11 その他の取引 I

理解度チェック

問題11-1 ★★★

次の一連の取引について仕訳しなさい。

〈指定勘定科目〉

現　　　金　　　貸　付　金　　　　受　取　利　息

5月1日　取引先に期間9か月，利率年3.5％，元利一括返済の条件で現金1,000,000円を貸し付け，借用証書を受け取った。

1月31日　上記5月1日に貸し付けた貸付金について満期となり，利息とともに先方振出の小切手で返済を受けた。なお，借用証書は返却した。

▼ 解答欄

日　付	借　方　科　目	金　　額	貸　方　科　目	金　　額
5／1				
1／31				

解答〈25〉ページ

60

理解度チェック

問題11-2 ★★★

次の一連の取引について仕訳しなさい。

〈指定勘定科目〉

現　　金　　　当座預金　　　借　入　金　　　支　払　利　息

6月1日　銀行より期間3か月，元利一括返済の条件で現金300,000円を借り入れた。なお，借入れに関する証書を別途作成し，銀行に提出した。

8月31日　上記6月1日に借り入れた借入金について満期となり，利息1,500円とともに小切手を振り出して返済した。なお，借用証書は回収し破棄した。

▼ 解答欄

日　付	借　方　科　目	金　　額	貸　方　科　目	金　　額
6/1				
8/31				

解答〈25〉ページ

Theme

11

その他の取引Ⅰ

61

理解度チェック

問題11-3 ★★☆

次の各取引について仕訳しなさい。

〈指定勘定科目〉

当 座 預 金　　　普 通 預 金　　　役 員 貸 付 金　　　役 員 借 入 金　　　受 取 利 息

(1) 役員Aより融資の依頼があり，3,000,000円を当社の当座預金口座からAの普通預金口座に振り込んだ。なお，貸付期間は1年，利率は年1.6％，利息は返済時に元金とともに受け取ることとした。

(2) 上記貸付金に関して，役員Aより元金と利息が当座預金口座に振り込まれた。

(3) 資金繰りのため，役員Bの個人資産から当社の普通預金口座に2,000,000円の振り込みを受けた。

▼ 解答欄

	借 方 科 目	金 額	貸 方 科 目	金 額
(1)				
(2)				
(3)				

解答〈25〉ページ

理解度チェック

問題11-4 ★★★

次の各取引について仕訳しなさい。

〈指定勘定科目〉

現　　　金　　　手 形 貸 付 金　　　手 形 借 入 金

(1) 取引先和歌山商店㈱の依頼により，現金100,000円を貸し付け，和歌山商店㈱振出の約束手形を受け取った。

(2) 取引先鹿児島商店㈱より現金200,000円を借り入れ，同社に宛てて約束手形を振り出した。

▼ 解答欄

	借 方 科 目	金 額	貸 方 科 目	金 額
(1)				
(2)				

解答〈25〉ページ

62

理解度チェック

問題11-5 ★★★

次の各取引について仕訳しなさい。

〈指定勘定科目〉

現　　　　金　　当　座　預　金　　受　取　手　形　　手　形　貸　付　金　　支　払　手　形
手　形　借　入　金　　受　取　利　息　　支　払　利　息

(1) 新潟銀行より500,000円を約束手形を振り出して借り入れ，利息を差し引かれた手取金を当座預金とした。なお，借入期間は73日，利率は年7％である（1年は365日とする）。

(2) かねて，約束手形700,000円を振り出して借り入れていた借入金が期日となり，当座預金口座から支払いが行われた。なお，利息は借り入れたときに支払済みである。

(3) 神奈川商店㈱へ1,000,000円を貸し付け，同額の約束手形を受け取った。なお，貸付金は利息を差し引き，残額を小切手を振り出して支払った。貸付期間は4か月間で，利率は年6％である。

(4) 東京商店㈱に貸し付けていた500,000円につき，当座振込みにより返済を受けたので，貸し付けたときに受け取っていた約束手形500,000円を返却した。なお，利息は貸し付けたときに，現金1,000円を受け取っている。

▼ 解答欄

	借　方　科　目	金　　額	貸　方　科　目	金　　額
(1)				
(2)				
(3)				
(4)				

解答〈25〉ページ

Theme

12 その他の取引Ⅱ

理解度チェック ☐☐☐

問題12-1 ★★★

次の各取引について仕訳しなさい。

〈指定勘定科目〉

現　　金　　当座預金　　建　　物　　備　　品　　車両運搬具

(1) 営業用の店舗を5,000,000円で購入し，代金は小切手を振り出して支払った。
(2) 事務用パソコン100,000円を購入し，小切手を振り出して支払った。なお，設置費用等計10,000円を現金で支払った。
(3) 業務用の自動車を800,000円で購入し，代金は現金で支払った。

▼ 解答欄

	借　方　科　目	金　　　額	貸　方　科　目	金　　　額
(1)				
(2)				
(3)				

解答〈26〉ページ

理解度チェック ☐☐☐

問題12-2 ★★★

次の一連の取引について仕訳しなさい。

〈指定勘定科目〉

現　　金　　当座預金　　土　　地

5月1日　新店舗建設用の土地200㎡を1㎡あたり20,000円で購入し，小切手を振り出して支払った。なお，不動産業者への仲介手数料100,000円，登記料50,000円は現金で支払った。

　7日　上記5月1日に取得した土地について，地ならし等の整地費用35,000円を現金で支払った。

64

▼解答欄

日　付	借　方　科　目	金　　額	貸　方　科　目	金　　額
5／1				
7				

解答〈26〉ページ

理解度チェック

問題12-3　★★★

次の各取引について仕訳しなさい。

〈指定勘定科目〉

普通預金　　　当座預金　　　差入保証金　　　修繕費　　　支払家賃
支払手数料

(1) 店舗建物（家賃月額150,000円）を賃借する契約にあたり，不動産会社への手数料200,000円と保証金300,000円を小切手を振り出して支払った。

(2) 営業事務所として新宿△△ビルの1室を月額120,000円にて賃貸借契約を結んだ。この契約にあたり，当月の家賃として1か月分，敷金（家賃の2か月分）および仲介業者に対する手数料（家賃の1か月分）を普通預金口座から支払った。

(3) 上記営業事務所の賃貸借契約を解除し，原状回復にかかった金額100,000円を差し引かれた残額が普通預金口座に振り込まれた。

▼解答欄

	借　方　科　目	金　　額	貸　方　科　目	金　　額
(1)				
(2)				
(3)				

解答〈26〉ページ

理解度チェック □□□

問題12-4 ★★★

次の一連の取引について仕訳しなさい。

〈指定勘定科目〉

| 土　　地 | 現　　金 | 当座預金 | 未収入金 | 売　掛　金 |
| 未　払　金 | 買　掛　金 | 固定資産売却益 | 固定資産売却損 | |

4月10日　営業用の土地3,000,000円を購入し，購入にあたっての仲介手数料300,000円と登記料100,000円をあわせて翌月に支払うこととした。

5月20日　上記4月10日に購入した土地の代金3,400,000円を小切手を振り出して支払った。

7月31日　上記4月10日に購入した土地を4,000,000円で売却し，代金は翌月末に受け取ることとした。

▼ 解答欄

日　　付	借　方　科　目	金　　　額	貸　方　科　目	金　　　額
4 /10				
5 /20				
7 /31				

解答〈26〉ページ

理解度チェック □□□

問題12-5 ★★☆

次の一連の取引について，各社の立場から仕訳しなさい。

〈指定勘定科目〉

| 現　　金 | 当座預金 | 売　掛　金 | 車両運搬具 | 未　払　金 |
| 売　　上 | | | | |

6月1日　船橋商店㈱は自動車販売業（ディーラー）の水戸モータース㈱より，商品運送用のトラック1台を3,000,000円で購入し，代金は毎月末に250,000円ずつ月賦で支払うことにした。

　30日　月末となり，上記代金の1回目（250,000円）を小切手を振り出して支払った。

▼ 解答欄

〔船橋商店㈱〕

日　付	借 方 科 目	金　　額	貸 方 科 目	金　　額
6／1				
30				

〔水戸モータース㈱〕

日　付	借 方 科 目	金　　額	貸 方 科 目	金　　額
6／1				
30				

解答〈26〉ページ

理解度チェック

問題12-6 ★★★

次の取引について仕訳しなさい。

〈指定勘定科目〉

　　当 座 預 金　　　建　　　物　　　修 繕 費

　店舗の破損部分の修理のための費用1,000円と改築のための支出50,000円を小切手を振り出して支払った。なお，この改築による支出は，資産価値の増加として認められる。

▼ 解答欄

借 方 科 目	金　　額	貸 方 科 目	金　　額

解答〈27〉ページ

67

Theme

13 その他の取引Ⅲ

理解度チェック

問題13-1 ★★★

次の一連の取引について仕訳しなさい。

〈指定勘定科目〉

現　　金　　　仮　払　金　　　旅費交通費

7月1日　従業員の出張にあたり，旅費の概算額35,000円を現金で渡した。

　　7日　従業員が出張から戻ったので，概算払いしていた旅費を精算し，旅費交通費として36,000円を確認したため，不足額1,000円を現金で支払った。

▼ 解答欄

日　付	借　方　科　目	金　　額	貸　方　科　目	金　　額
7／1				
7				

解答〈28〉ページ

理解度チェック ☐☐☐

問題13-2 ★★★

次の一連の取引について仕訳しなさい。

〈指定勘定科目〉

現　金　　仮　払　金　　旅費交通費　　消耗品費

11月1日　従業員が交通費等の支払いに使用する目的で，ICカードに現金10,000円をチャージした。これは仮払金勘定を用いて処理し，ICカードを使用したときに支払いの内容にあわせて科目を振り替える。

　　5日　電車代（旅費交通費）として840円，文房具の購入代（消耗品費）として500円をICカードを使用して支払った。

▼ 解答欄

日　付	借 方 科 目	金　　額	貸 方 科 目	金　　額
11/1				
5				

解答〈28〉ページ

Theme
13

その他の取引Ⅲ

理解度チェック

問題13-3 ★★★

次の一連の取引について仕訳しなさい。

〈指定勘定科目〉

当 座 預 金　　売 掛 金　　仮 受 金

7月4日　出張中の従業員から95,000円が当座預金に振り込まれたが，連絡がないため内容は不明として処理した。

　　7日　出張から従業員が帰社し，内容は不明として処理していた当座入金額95,000円は，売掛金の回収であることの報告を受けた。

▼ 解答欄

日　付	借 方 科 目	金　額	貸 方 科 目	金　額
7／4				
7				

解答〈28〉ページ

理解度チェック

問題13-4 ★★★

次の各取引について仕訳しなさい。

〈指定勘定科目〉

現　　金　　売 掛 金　　仮 払 金　　前 受 金　　仮 受 金
旅費交通費

(1)　出張中の従業員が帰社し，旅費交通費の精算額として22,000円を現金で受け取った。なお，出張にあたり，旅費交通費の概算額66,000円を渡していた。

(2)　出張中の従業員から振り込まれた150,000円（仮受金勘定で処理済み）のうち80,000円は得意先からの売掛金の回収であり，残額は商品代金の内金であることが判明した。

▼ 解答欄

	借 方 科 目	金　額	貸 方 科 目	金　額
(1)				
(2)				

解答〈28〉ページ

70

理解度チェック

問題13-5 ★★★

次の一連の取引について仕訳しなさい。

〈指定勘定科目〉

現　　　金　　　従業員立替金　　　従業員預り金

12月1日　従業員の私用の支払い1,500円を会社が現金で立替払いした（従業員立替金勘定を使用）。
　　2日　前日に立替払いした1,500円が，従業員から現金で返金された。
　　5日　従業員個人の現金100,000円を一時的に会社の金庫に預かった（従業員預り金勘定を使用）。
　　10日　12月5日に預かっていた現金100,000円を従業員に返金した。

▼ 解答欄

日　付	借　方　科　目	金　　　額	貸　方　科　目	金　　　額
12/ 1				
2				
5				
10				

解答〈28〉ページ

理解度チェック

問題13-6 ★★★

次の取引について仕訳しなさい。

〈指定勘定科目〉

現　　　金　　　所得税預り金　　　給　　　料

4月25日　従業員に対する給料総額200,000円を，所得税の源泉徴収分20,000円を差し引き，現金で支払った。

▼ 解答欄

日　付	借　方　科　目	金　　　額	貸　方　科　目	金　　　額
4 /25				

解答〈28〉ページ

71

理解度チェック

問題13-7 ★★★

次の一連の取引について仕訳しなさい。

〈指定勘定科目〉

現　　金　　　普　通　預　金　　　所得税預り金　　　社会保険料預り金　　　給　　　料
法定福利費

2月25日　従業員に対し給料総額300,000円を支給するにあたり，所得税の源泉徴収分20,000円，社
会保険料の従業員個人負担分30,000円を差し引いた金額を，当社普通預金口座から従業員の
預金口座に振り込んだ。

3月2日　社会保険料60,000円が普通預金口座より引き落とされた。なお，30,000円が従業員負担
分，残りが会社負担分である。

　　10日　税務署に，従業員の所得税の源泉徴収額20,000円を現金で納付した。

▼ 解答欄

日　　付	借　方　科　目	金　　　額	貸　方　科　目	金　　　額
2/25				
3/2				
10				

解答〈28〉ページ

理解度チェック

問題13-8 ★★☆

次の一連の取引について仕訳しなさい。

〈指定勘定科目〉

現　　金　　　従業員立替金　　　所得税預り金　　　給　　料

8月20日　従業員に対して，給料の前払いとして80,000円を現金で支払った。

　　25日　従業員に給料総額870,000円を支給するにあたり，所得税の源泉徴収分120,000円と上記従業員への前払分80,000円を差し引き，手取額を現金で支払った。

9月10日　従業員に対する所得税の源泉徴収額120,000円を，税務署に現金で納付した。

▼ 解答欄

日　付	借 方 科 目	金　　額	貸 方 科 目	金　　額
8／20				
25				
9／10				

解答〈29〉ページ

理解度チェック

問題13-9 ★★☆

次の一連の取引について仕訳しなさい。

〈指定勘定科目〉

現　　金　　当座預金　　未　払　金　　諸　会　費

10月15日　地元商友会の年会費6,000円を現金で支払った。

11月10日　地域の同業者で構成されている中小企業協力組合の年会費18,000円の納入通知書が届き，来月支払うこととした。

12月15日　前月届いた納入通知書にもとづき，年会費を小切手を振り出して支払った。

▼ 解答欄

日　付	借　方　科　目	金　　額	貸　方　科　目	金　　額
10/15				
11/10				
12/15				

解答〈29〉ページ

74

Theme

14 訂正仕訳

理解度チェック

問題14-1 ★★★

　帳簿を確認した際に次の誤りを発見した。よって，これを訂正するための仕訳をしなさい。なお，訂正にあたっては，記録の誤りのみを部分的に修正する方法によること。

〈**指定勘定科目**〉

　現　　金　　　当座預金　　　売　掛　金　　　買　掛　金　　　売　　　上

(1)　売掛金200,000円を現金で回収した際，誤って貸方科目を売上で記帳していた。

(2)　売掛金500,000円を現金で回収した際，誤って貸借逆に記帳していた。

(3)　買掛金260,000円を小切手を振り出して支払った際，支払金額を206,000円と記帳していた。

▼ 解答欄

	借　方　科　目	金　　額	貸　方　科　目	金　　額
(1)				
(2)				
(3)				

解答〈30〉ページ

Theme
14
訂
正
仕
訳

75

理解度チェック

問題14-2 ★★★

次の各取引について，誤りを発見した。よって，これを訂正するための仕訳をしなさい。なお，訂正にあたっては，記録の誤りのみを部分的に修正する方法によること。

〈指定勘定科目〉
現　　　金　　　当 座 預 金　　　売 掛 金　　　前 受 金　　　旅費交通費

(1) 当月分の旅費交通費24,400円を現金で支払った際，次のように処理していた。

（借）旅費交通費　　24,000　　（貸）現　　　金　　24,000

(2) 徳島商店㈱に対する買掛金700,000円を，小切手を振り出して支払った際，次のように処理していた。

（借）買 掛 金　　700,000　　（貸）現　　　金　　700,000

(3) 長野商店㈱より商品の注文を受け，手付金50,000円を現金で受け取った際，次のように処理していた。

（借）現　　　金　　50,000　　（貸）売 掛 金　　50,000

▼解答欄

	借 方 科 目	金 　 額	貸 方 科 目	金 　 額
(1)				
(2)				
(3)				

解答〈30〉ページ

Theme

15 試算表

問題15-1 ★★☆

理解度チェック ☐☐☐

池袋商店㈱の次の取引について仕訳し，与えられた勘定に転記して，残高試算表を作成しなさい。商品売買の記帳は三分法によること。

ただし，勘定への転記は金額だけでよい。なお，7月25日までの取引については，各勘定に合計額で示してある。また，仕入れと売上げはすべて掛けで行っている。

7月26日　イ．仕入：広島商店㈱　17,600円

　　　　　ロ．仙台商店㈱より売掛金14,000円が当座預金口座に振り込まれた。

　　　　　ハ．岡山商店㈱の買掛金7,000円を支払うため，同社宛の約束手形を振り出した。

　27日　イ．売上：福島商店㈱　13,000円　　　仙台商店㈱　10,000円

　　　　　ロ．26日に広島商店㈱より仕入れた商品のうち2,000円を品違いのため返品した。代金は買掛金により控除する。

　　　　　ハ．仙台商店㈱の売掛金6,000円を同社振出，当社宛の約束手形で回収した。

　28日　イ．仕入：岡山商店㈱　16,000円

　　　　　ロ．広島商店㈱の買掛金4,000円を支払うため，小切手を振り出した。

　29日　イ．売上：仙台商店㈱　15,000円

　　　　　ロ．岡山商店㈱の買掛金7,000円を支払うため，同社宛の約束手形を振り出した。

　30日　イ．仕入：広島商店㈱　21,000円

　31日　イ．売上：福島商店㈱　22,000円

　　　　　ロ．広島商店㈱の買掛金26,000円を支払うため，同社宛の約束手形を振り出した。

Theme

15

試算表

77

▼解答欄

日 付		借 方 科 目	金 額	貸 方 科 目	金 額
7/26	イ				
	ロ				
	ハ				
27	イ				
	ロ				
	ハ				
28	イ				
	ロ				
29	イ				
	ロ				
30	イ				
31	イ				
	ロ				

現　　　　　金

24,100	10,600

当 座 預 金

346,000	133,000

受 取 手 形

230,000	50,000

売 掛 金

363,000	192,000

支　払　手　形	
41,000	59,700

買　　掛　　金	
124,000	264,000

資　　本　　金	
	200,000

繰越利益剰余金	
	100,000

売　　　　上	
11,000	350,000

仕　　　　入	
222,000	1,800

残　高　試　算　表
×1年7月31日

借　　　　方	勘　定　科　目	貸　　　　方
	現　　　　　　金	
	当　座　預　金	
	受　取　手　形	
	売　　掛　　金	
	支　払　手　形	
	買　　掛　　金	
	資　　本　　金	
	繰越利益剰余金	
	売　　　　　上	
	仕　　　　　入	

解答〈31〉ページ

理解度チェック

| 問題15-2　★☆☆ |

次の(A)合計試算表と(B)諸取引にもとづいて，解答欄の合計試算表と残高試算表を作成しなさい。

(A)　×1年10月1日の合計試算表

	借　　方	貸　　方
現　　　　　金	975,000	250,000
売　掛　　金	750,000	150,000
買　掛　　金	225,000	400,000
資　本　　金		650,000
売　　　　　上	150,000	1,500,000
仕　　　　　入	600,000	50,000
給　　　　　料	300,000	
	3,000,000	3,000,000

(B)　×1年10月中の取引

2日　商品150,000円を仕入れ，代金は現金で支払った。

7日　商品を375,000円で売り上げ，代金は現金で受け取った。

15日　給料75,000円を現金で支払った。

20日　商品450,000円を仕入れ，代金は掛けとした。

22日　商品を350,000円で売り上げ，代金は掛けとした。

25日　売掛金300,000円を現金で回収した。

31日　買掛金250,000円を現金で支払った。

▼ 解答欄

解答〈31〉ページ

合計試算表

合 計 試 算 表
×1年10月31日

借　　方	勘 定 科 目	貸　　方
	現　　　　　金	
	売　掛　　金	
	買　掛　　金	
	資　本　　金	
	売　　　　　上	
	仕　　　　　入	
	給　　　　　料	

残高試算表

残 高 試 算 表
×1年10月31日

借　　方	勘 定 科 目	貸　　方
	現　　　　　金	
	売　掛　　金	
	買　掛　　金	
	資　本　　金	
	売　　　　　上	
	仕　　　　　入	
	給　　　　　料	

解答〈31〉ページ

Theme

16 決　算

問題16-1　★★★

理解度チェック

次の文章の（　　　）内に当てはまる適切な語句を下記の〈語群〉から選びなさい。

1．決算とは，期末にその会計期間の勘定記録を整理して帳簿を締め切り，（　①　）と（　②　）を作成する一連の手続きをいう。（　①　）によって財政状態が，（　②　）によって経営成績が明らかとなる。

2．決算時の勘定記録において，特定の科目については修正が必要である。この，決算時に修正を必要とすることがらを（　③　）事項といい，（　③　）仕訳と転記によって勘定記録を修正する。（　③　）後には残高試算表を作成し，これが財務諸表作成の基礎資料となる。

3．決算における，試算表から修正の内容を加味した計算の流れ，修正後の（　②　）や（　①　）の表示金額を1枚の表にまとめたものを（　④　）という。（　④　）は企業が早期に計算結果等を知るために作成する内部資料としての作業表であり，外部報告用の財務諸表とは異なる。

4．勘定口座を締め切る際には，借方記入合計と貸方記入合計が（　⑤　）することを確認したうえで，二重線等により区切る。

〈語群〉

精　算　表　　　　損益計算書　　　　貸借対照表　　　　一　　　致　　　決算整理

▼解答欄

①	②	③	④

⑤

解答〈33〉ページ

82

問題16-2 ★★★

理解度チェック ☐☐☐

次に示す1～5の項目は，決算における手続きの流れを示す内容である。解答欄に示した決算手続体系（手順等）を表した図の（　　　）内に当てはまる適当な用語を選び，その番号を記入しなさい。

1．財務諸表の作成　　　2．決算整理仕訳および転記
3．帳簿の締め切り　　　4．決算整理後残高試算表の作成
5．精算表の作成

▼解答欄

決算手続：　決算整理前残高試算表の作成→（　　　）→（　　　）→（　　　）→（　　　）
　　　　　　　　　　　　　　｜
　　　　　　　　　　　　（　　　）※作業表の作成

解答〈33〉ページ

理解度チェック

問題16-3 ★★★

次の決算整理前残高試算表（一部）と［決算日に判明した事項］にもとづいて，(1)必要な仕訳を示し，(2)仕訳後の残高試算表（一部）の記入を示しなさい。

〈指定勘定科目〉

当座預金　　売掛金　　備　品　　仮払金　　前受金
仮受金

決算整理前残高試算表

借　　方	勘　定　科　目	貸　　方
150,000	当　座　預　金	
200,000	売　　掛　　金	
420,000	備　　　　　品	
100,000	仮　　払　　金	
	前　　受　　金	15,000
	仮　　受　　金	30,000

[決算日に判明した事項]

1．売掛金のうち20,000円は，すでに当座預金口座に振り込まれていたことが判明した。
2．得意先から手付金4,000円を現金で受け取っていたが，これを売掛金の回収として処理していたことが判明した。
3．仮払金は全額，備品の購入代金の支払額であることが判明した。
4．仮受金は全額，得意先よりの売掛金回収額であることが判明した。

▼ 解答欄

(1)

	借 方 科 目	金 額	貸 方 科 目	金 額
1				
2				
3				
4				

(2)

残 高 試 算 表

借 方	勘 定 科 目	貸 方
	当 座 預 金	
	売 掛 金	
	備 品	
	仮 払 金	
	前 受 金	
	仮 受 金	

解答〈33〉ページ

理解度チェック

問題16-4 ★★★

次に示す［決算日に判明した事項］１〜３について，それぞれ必要な仕訳を示しなさい。

〈指定勘定科目〉

当座預金　　受取手形　　売掛金　　買掛金　　前受金
未払金

[決算日に判明した事項]

１．決算日の１か月前に備品220,000円を購入し，代金は２か月後払いとした取引について，以下の仕訳をしていたので修正する。

　（借）備　　品　　220,000　　（貸）買掛金　　220,000

２．決算日に，得意先より売掛金145,000円を現金で回収した取引について，以下の仕訳をしていたので修正する。

　（借）現　　金　　145,000　　（貸）前受金　　145,000

３．決算日に，かねて取立てを依頼していた約束手形236,000円が支払期日となり当座預金口座に振り込まれた取引について，以下の仕訳をしていたので修正する。

　（借）当座預金　　263,000　　（貸）受取手形　　263,000

▼ 解答欄

	借　方　科　目	金　　額	貸　方　科　目	金　　額
1				
2				
3				

解答〈33〉ページ

理解度チェック ☐☐☐

問題16-5 ★★★

次の解答欄に示す精算表について，各行（横一列）に必要な金額を記入しなさい。

▼ 解答欄

精 算 表

勘 定 科 目	試 算 表		修 正 記 入		損益計算書		貸借対照表	
	借 方	貸 方	借 方	貸 方	借 方	貸 方	借 方	貸 方
資 産 の 科 目 A	130,000			10,000				
資 産 の 科 目 B	240,000		12,000					
資 産 の 科 目 C	150,000		65,000	73,000				
負 債 の 科 目 D		100,000	1,000					
負 債 の 科 目 E		85,000		3,000				
負 債 の 科 目 F		50,000	4,000	5,000				
資 本 の 科 目		800,000						
収 益 の 科 目 G		250,000	5,000					
収 益 の 科 目 H		160,000		6,600				
収 益 の 科 目 I		33,000	500	12,000				
費 用 の 科 目 J	48,000			9,000				
費 用 の 科 目 K	185,000		1,800					
費 用 の 科 目 L	135,000		4,200	2,800				

解答〈34〉ページ

Theme 17 決算整理 I （現金過不足）

問題17-1 ★★★

理解度チェック

次の一連の期中取引について仕訳しなさい。

〈指定勘定科目〉

現　　金　　　買　掛　金　　　現金過不足

7月3日　本日，現金の帳簿残高35,000円について実査を行ったところ，実際有高は34,500円であり，500円不足していることが判明した。

　　5日　上記7月3日に生じた不足額について原因を調査したところ，買掛金の支払いが記帳もれであることが判明した。

▼ 解答欄

日　付	借　方　科　目	金　　額	貸　方　科　目	金　　額
7／3				
5				

解答〈35〉ページ

問題17-2 ★★★

理解度チェック

次の一連の期中取引について仕訳しなさい。

〈指定勘定科目〉

現　　金　　　売　掛　金　　　現金過不足

2月10日　本日，現金の帳簿残高42,000円について実査を行ったところ，実際有高は44,000円であり，2,000円過剰であることが判明した。

　　15日　上記2月10日に生じた過剰額について原因を調査したところ，売掛金の回収が記帳もれであることが判明した。

▼ 解答欄

日　付	借　方　科　目	金　　額	貸　方　科　目	金　　額
2／10				
15				

解答〈35〉ページ

問題17-3 ★★★

理解度チェック ☐☐☐

次の一連の期中取引について仕訳しなさい。

〈指定勘定科目〉

現 金　　通 信 費　　現金過不足

1月31日　本日, 金庫内にある現金の実際額を確認したところ13,400円であったが, 現金勘定（現金出納帳）残高は14,000円であった。この差額の原因は不明である。

2月3日　3日前に生じた不一致600円の原因を調査していたところ, このうち400円は通信費の支払いが記帳もれであることが判明した。なお, 残額については原因調査を継続する。

▼ 解答欄

日　付	借 方 科 目	金　　額	貸 方 科 目	金　　額
1 /31				
2 / 3				

解答〈35〉ページ

理解度チェック

問題17-4 ★★★

次の期中取引について，それぞれの仕訳を示しなさい。

〈指定勘定科目〉

受取手数料　　　受取利息　　　旅費交通費　　　支払利息　　　現金過不足

(1) かねて現金過不足勘定で処理していた不足額1,500円（借方残高）について，原因を調査したところ，借入金の利息支払額の記帳もれであることが判明した。

(2) 現金実査の際に計上した過剰額800円（現金過不足勘定の貸方で処理）について原因を調査していたところ，貸付金の利息受取額の記帳もれであることが判明した。

(3) 現金実査の際に計上した不足額950円（現金過不足勘定の借方で処理）について原因を調査していたところ，旅費交通費の支払額2,400円および手数料の受取額1,450円の記帳もれであることが判明した。

▼ 解答欄

	借 方 科 目	金 額	貸 方 科 目	金 額
(1)				
(2)				
(3)				

解答〈36〉ページ

90

理解度チェック

問題17-5 ★★★

次の決算処理について，それぞれの場合の仕訳を示しなさい。

〈指定勘定科目〉

買　掛　金　　雑　　　損　　　現金過不足

決算において，現金過不足勘定の借方残高3,000円について原因を調査したところ，次のような事実が明らかとなった。

(1) 全額が買掛金の支払いの記入もれであることが判明した場合。

(2) 原因不明であるため，雑損として処理することにした場合。

(3) うち2,000円は買掛金の支払いの記入もれであることが判明したが，残額については原因不明のため雑損として処理することにした場合。

▼ 解答欄

	借 方 科 目	金 額	貸 方 科 目	金 額
(1)				
(2)				
(3)				

解答〈36〉ページ

91

理解度チェック

問題17-6 ★★★

次の決算処理について，それぞれの場合の仕訳を示しなさい。

〈指定勘定科目〉

売 掛 金　　雑　　益　　現金過不足

　決算において，現金過不足勘定の貸方残高5,500円について原因を調査したところ，次のような事実が明らかとなった。

(1) 全額が売掛金の回収の記入もれであることが判明した場合。

(2) 原因不明であるため，雑益として処理することにした場合。

(3) うち5,000円は売掛金の回収の記入もれであることが判明したが，残額については原因不明のため雑益として処理することにした場合。

▼ 解答欄

	借 方 科 目	金 額	貸 方 科 目	金 額
(1)				
(2)				
(3)				

解答〈36〉ページ

理解度チェック

問題17-7 ★★★

次の決算処理について，それぞれの仕訳を示しなさい。

〈指定勘定科目〉

現　　金　　受 取 利 息　　雑　　益　　通 信 費　　雑　　損

(1) 決算において，金庫内の現金実際額を確認したところ28,800円であったが，現金勘定（現金出納帳）残高は30,000円であった。ただちに，この差額の原因を調査したところ，通信費の支払いの記帳もれであることが判明した。

(2) 決算において，現金の実際有高が1,000円不足していることが明らかとなったが，原因不明のため，雑損として処理することにした。

(3) 決算において現金実査を行った。実際有高の不足額500円が生じていたが，原因が不明であるため適切に処理することにした。

(4) 決算において現金実査を行った。その結果，帳簿有高より実際有高のほうが1,800円多いことが明らかとなったが，その原因を調査しても不明であるため適切に処理することにした。

(5) 決算において，金庫内の現金実際額を確認したところ62,500円であったが，現金勘定（現金出納帳）残高は60,000円であった。ただちに，この差額の原因を調査したところ，通信費2,000円の支払いおよび貸付金の利息3,500円の受け取りについての未記帳が判明したが，残額については不明のため適切に処理することにした。

▼ 解答欄

	借　方　科　目	金　　額	貸　方　科　目	金　　額
(1)				
(2)				
(3)				
(4)				
(5)				

解答〈37〉ページ

理解度チェック

問題17-8 ★★★

次の決算整理事項にもとづいて、精算表の記入（一部）を示しなさい。

[決算整理事項]

現金の実際手許有高は28,500円であった。なお、不一致の原因は不明である。

▼ 解答欄

精　算　表

勘定科目	試算表		修正記入		損益計算書		貸借対照表	
	借　方	貸　方	借　方	貸　方	借　方	貸　方	借　方	貸　方
現　　　金	30,000							
雑（　　）								

解答〈37〉ページ

理解度チェック

問題17-9 ★★★

次の決算整理事項にもとづいて、精算表の記入（一部）を示しなさい。

[決算整理事項]

現金の実際手許有高は42,400円であった。なお、不一致の原因は不明である。

▼ 解答欄

精　算　表

勘定科目	試算表		修正記入		損益計算書		貸借対照表	
	借　方	貸　方	借　方	貸　方	借　方	貸　方	借　方	貸　方
現　　　金	42,200							
雑（　　）								

解答〈37〉ページ

Theme

18 決算整理Ⅱ（貯蔵品・当座借越）

理解度チェック

問題18-1 ★★★

次の期中取引について，それぞれの仕訳を示しなさい。

〈指定勘定科目〉

| 現　　金 | 当 座 預 金 | 固定資産税 | 自 動 車 税 | 租 税 公 課 |
| 通　信　費 | | | | |

(1) 所有する土地について，固定資産税15,000円の納税通知書が送られてきたので，小切手を振り出して納付した。なお，固定資産税勘定を使用して記帳する。

(2) 昨年購入し使用している営業用自動車についての自動車税20,000円を現金で納付した。なお，自動車税勘定を用いて記帳する。

(3) 建物について固定資産税の納税通知書（4期分計150,000円）が送付されてきたので，ただちに全額（4期分一括）を現金で支払った。なお，租税公課勘定を使用する。

(4) 配達用で使用している車両運搬具に係る自動車税計25,000円を小切手を振り出して支払った。なお，租税公課勘定を使用して記帳する。

(5) コンビニで収入印紙1,000円を現金払いで購入し，ただちに全額を使用した。なお，租税公課勘定を用いて記帳する。

(6) 郵便局で収入印紙5,000円分と切手2,000円分を購入し，代金は現金で支払った。

▼ 解答欄

	借 方 科 目	金 　 額	貸 方 科 目	金 　 額
(1)				
(2)				
(3)				
(4)				
(5)				
(6)				

解答〈38〉ページ

理解度チェック

問題18-2 ★★★

次の一連の取引（期中取引，決算整理，翌期首再振替仕訳）について仕訳しなさい。

〈指定勘定科目〉

現　　金　　　貯　蔵　品　　　通　信　費　　　租　税　公　課

3月15日　郵便局で収入印紙10,000円分および切手4,000円分を購入し，代金は現金で支払った。

　　31日　本日，決算にあたり，収入印紙の未使用分2,000円および切手の未使用分1,500円があった。

4月1日　期首において，前期より繰り越した貯蔵品勘定の残高3,500円につき，再振替仕訳を行う。

▼ 解答欄

日　付	借　方　科　目	金　　額	貸　方　科　目	金　　額
3/15				
31				
4/1				

解答〈38〉ページ

理解度チェック

問題18-3 ★★★

次の各取引について，それぞれの仕訳を示しなさい。

〈指定勘定科目〉

　現　　　金　　　貯　蔵　品　　　通　信　費　　　租　税　公　課

(1) 郵便局で収入印紙1,000円分を購入し，現金を支払った。

(2) 決算にあたり，期中に購入した収入印紙5,000円のうち，500円の未使用分があった。

(3) 期首において，前期末決算に計上した貯蔵品勘定（切手未使用分）1,200円につき，再振替仕訳を行う。

▼ 解答欄

	借　方　科　目	金　　額	貸　方　科　目	金　　額
(1)				
(2)				
(3)				

解答〈38〉ページ

97

理解度チェック

問題18-4　★★★

次の決算整理事項にもとづいて，精算表（一部），決算整理後残高試算表（一部），財務諸表（一部）の記入を示しなさい。

[決算整理事項]

期中に支払った通信費は1,800円，租税公課は5,200円であった。通信費勘定のうち300円を切手の未使用分として，また租税公課勘定のうち800円を収入印紙の未使用分として，貯蔵品勘定に計上する。

▼ 解答欄

精　算　表

勘 定 科 目	試　算　表		修 正 記 入		損 益 計 算 書		貸借対照表	
	借　方	貸　方	借　方	貸　方	借　方	貸　方	借　方	貸　方
通　信　費	1,800							
租　税　公　課	5,200							
貯　蔵　品								

決算整理後残高試算表

借　　方	勘 定 科 目	貸　　方
	貯　蔵　品	
	通　信　費	
	租　税　公　課	

貸　借　対　照　表　　　　（単位：円）

資　　産	金　　額	負債及び純資産	金　　額
貯　蔵　品	（　　　　）		

98

損 益 計 算 書　　　　　　　　　（単位：円）

費　　　用	金　　　　　額	収　　　益	金　　　　　額
通　信　費	(　　　　　　　　)		
租　税　公　課	(　　　　　　　　)		

解答〈38〉ページ

問題18-5　★★★

理解度チェック □□□

次の一連の取引（期中取引，決算整理，翌期首再振替仕訳）について仕訳しなさい。

〈指定勘定科目〉

　　現　　　金　　　　当 座 預 金　　　　買 掛 金　　　　当 座 借 越

2月1日　当座預金口座を開設し，現金100,000円を預け入れた。なお，口座開設にあたり，限度額 200,000円の当座借越契約を結んだ。

3月10日　買掛金120,000円を支払うため，同額の小切手を振り出した。この小切手は，本日中に当 座預金口座より引き出された。

　　31日　本日，決算にあたり，当座預金勘定の貸方残高20,000円を当座借越勘定に振り替えた。

4月1日　期首において，前日に計上した当座借越の金額について，再振替仕訳を行う。

▼ 解答欄

日　　付	借 方 科 目	金　　　額	貸 方 科 目	金　　　額
2 / 1				
3 /10				
31				
4 / 1				

解答〈39〉ページ

99

理解度チェック

問題18-6 ★★☆

次の各取引（決算処理，再振替仕訳）について，それぞれの仕訳を示しなさい。

〈指定勘定科目〉

| 当 座 預 金 | 当座預金B銀行 | 当座預金E銀行 | 当 座 借 越 | 借 入 金 |

(1) 決算にあたり，当座預金勘定の貸方残高55,000円を当座借越勘定に振り替えた。当社は，限度額300,000円の当座借越契約を結んでいる。

(2) 期末における当座預金A銀行勘定の残高は借方に150,000円，当座預金B銀行勘定残高は貸方に20,000円であった。B銀行の借越額を当座借越勘定に振り替える。なお，当社はA銀行，B銀行ともに限度額50,000円の当座借越契約を結んでいる。

(3) 決算時における当座預金勘定残高は借方残高75,000円であったが，その内訳はC銀行が借方に100,000円，D銀行が貸方に25,000円であった。よって，D銀行分の借越額（貸方残高）を借入金勘定に振り替える。なお，当社はC銀行，D銀行ともに限度額200,000円の当座借越契約を結んでいる。

(4) 期首において，当座借越勘定残高44,000円があり，これを当座預金勘定の貸方に振り替える。

(5) 期首において，借入金勘定残高150,000円があるが，このうち15,000円は前期末にE銀行の当座借越額を振り替えた金額であり，再振替仕訳を行う。なお，当社は当座預金の勘定を銀行別に設けている（当座預金E銀行勘定を使用して記帳する）。

▼ 解答欄

	借 方 科 目	金 額	貸 方 科 目	金 額
(1)				
(2)				
(3)				
(4)				
(5)				

解答〈39〉ページ

理解度チェック

問題18-7 ★★★

次の決算整理事項にもとづいて，精算表（一部）の記入を示しなさい。

[決算整理事項]

当座預金勘定の貸方残高を，当座借越勘定に振り替える。

▼ 解答欄

精　算　表

勘 定 科 目	試　算　表		修　正　記　入		損益計算書		貸借対照表	
	借　方	貸　方	借　方	貸　方	借　方	貸　方	借　方	貸　方
当 座 預 金		24,000						
当 座 借 越								

解答〈39〉ページ

理解度チェック

問題18-8 ★★★

次の決算整理事項にもとづいて，精算表（一部）の記入を示しなさい。

[決算整理事項]

当座預金勘定の内訳はF銀行分が借方残高45,000円，G銀行分が貸方残高2,000円である。よってG銀行分を，当座借越勘定に振り替える。

▼ 解答欄

精　算　表

勘 定 科 目	試　算　表		修　正　記　入		損益計算書		貸借対照表	
	借　方	貸　方	借　方	貸　方	借　方	貸　方	借　方	貸　方
当 座 預 金	43,000							
当 座 借 越								

解答〈40〉ページ

101

理解度チェック

問題18-9 ★★★

次の決算整理事項にもとづいて，精算表（一部）の記入を示しなさい。

[決算整理事項]

当座預金 I 銀行勘定の貸方残高を，当座借越勘定に振り替える。

▼解答欄

精 算 表

勘 定 科 目	試 算 表		修 正 記 入		損 益 計 算 書		貸 借 対 照 表	
	借 方	貸 方	借 方	貸 方	借 方	貸 方	借 方	貸 方
当座預金H銀行	560,000							
当座預金 I 銀行		29,000						
当 座 借 越								

解答〈40〉ページ

102

Theme

19 決算整理Ⅲ（売上原価）

問題19-1 ★★★

理解度チェック □□□

次の資料から，売上原価を計算するために必要な決算日（3月31日）の(1)仕訳と(2)転記を行い，(3)決算整理後残高試算表（一部）の記入を示しなさい。また，(4)売上原価の金額を答えなさい。なお，売上原価は仕入勘定で算定すること。転記にあたっては日付，相手科目，金額を記入すること。

〈指定勘定科目〉 繰越商品・仕入

期首商品棚卸高　　30,000円（繰越商品勘定残高）
当期商品仕入高　600,000円（仕入勘定残高）
期末商品棚卸高　　50,000円（決算日に確認）

▼ 解答欄

(1)

日　　付	借　方　科　目	金　　額	貸　方　科　目	金　　額
3/31				

(2)

繰 越 商 品	
30,000	

仕　　　　　入	
600,000	

(3)

決算整理後残高試算表
×1年3月31日

借　　方	勘　定　科　目	貸　　方
	繰 越 商 品	
	仕　　　　　入	

(4)

売上原価の金額：＿＿＿＿＿＿＿＿＿＿ 円（費用：損益計算書に表示する金額）

解答〈41〉ページ

103

理解度チェック

問題19-2 ★★★

次の決算整理事項にもとづいて，精算表（一部）の記入をしなさい。

[決算整理事項]

期末商品棚卸高は50,000円である。売上原価は「仕入」の行で計算する。

▼ 解答欄

精 算 表

勘 定 科 目	試 算 表		修 正 記 入		損益計算書		貸借対照表	
	借 方	貸 方	借 方	貸 方	借 方	貸 方	借 方	貸 方
繰 越 商 品	30,000							
仕　　　　入	600,000							

解答〈41〉ページ

理解度チェック

問題19-3 ★★☆

次の決算整理事項にもとづいて，精算表（一部）の記入をしなさい。

[決算整理事項]

期末商品棚卸高は50,000円である。売上原価は「売上原価」の行で計算する。

▼ 解答欄

精 算 表

勘 定 科 目	試 算 表		修 正 記 入		損益計算書		貸借対照表	
	借 方	貸 方	借 方	貸 方	借 方	貸 方	借 方	貸 方
繰 越 商 品	30,000							
仕　　　　入	600,000							
売 上 原 価								

解答〈41〉ページ

理解度チェック

問題19-4 ★★☆

次の商品売買取引に関する資料にもとづいて，解答欄に示した商品売買関係の諸勘定について（　）内に必要な記入を行いなさい。

(注)　1．資料は取引発生順に示している。
　　　2．払出単価の計算は移動平均法による。
　　　3．期末商品棚卸高の数量と単価は各自算定すること。
　　　4．期末における売上原価の算定は仕入勘定で行う。
　　　5．当期中における仕入と売上は便宜上，全部まとめて記帳している。

（資　料）

	数　量		単　価	
期首商品棚卸高	200個		@	800円
第1回商品仕入高	〃 400個	〃	@	800円
第1回商品売上高	〃 300個	〃	@	1,000円
第2回商品仕入高	〃 500個	〃	@	880円
第2回商品売上高	〃 600個	〃	@	1,050円
期末商品棚卸高	〃 （　）個	〃	@（　）	円

▼ 解答欄

繰　越　商　品

4/1　前期繰越（　　　　　）	3/31（　　　　　）（　　　　　）
3/31（　　　　　）（　　　　　）	

仕　　　　入

当期仕入高（　　　　　）	3/31（　　　　　）（　　　　　）
3/31（　　　　　）（　　　　　）	

売　　　　上

	当期売上高（　　　　　）

解答〈42〉ページ

105

Theme

20 決算整理Ⅳ （貸倒れ）

理解度チェック

問題20-1 ★★★

次の各取引について仕訳しなさい。

〈指定勘定科目〉

現　　　金　　　売　掛　金　　　貸倒引当金　　　償却債権取立益　　　貸　倒　損　失

(1) 得意先池袋㈱が倒産したため，同社に対する前期以前に発生した売掛金70,000円を貸倒れとして処理する。なお，貸倒引当金勘定の残高は100,000円であった。

(2) 得意先新宿㈱が倒産したため，同社に対する前期以前に発生した売掛金50,000円を貸倒れとして処理する。なお，貸倒引当金勘定の残高は30,000円であった。

(3) 得意先渋谷㈱が倒産したため，同社に対する前期以前に発生した売掛金10,000円を貸倒れとして処理する。なお，貸倒引当金勘定の残高はない。

(4) 得意先足立㈱が倒産したため，同社に対する当期販売分の売掛金12,000円を貸倒れとして処理する。なお，貸倒引当金勘定の残高は20,000円であった。

(5) 前期に貸倒れとして処理していた品川㈱の売掛金200,000円のうち60,000円を現金で回収した。

▼ 解答欄

	借　方　科　目	金　　　額	貸　方　科　目	金　　　額
(1)				
(2)				
(3)				
(4)				
(5)				

解答〈43〉ページ

106

理解度チェック

問題20-2 ★★★

次の決算整理事項にもとづいて，(1)精算表（一部）の記入，(2)決算整理仕訳，(3)転記（日付，相手科目，金額）および(4)決算整理後残高試算表（一部）の記入を示しなさい。なお，決算日は３月31日とする。

〈指定勘定科目〉 貸倒引当金・貸倒引当金繰入

[決算整理事項]

売掛金の期末残高に対し，実績率２％を用いて貸倒引当金を設定する。差額補充法によること。

▼ 解答欄

(1)

精　算　表

勘 定 科 目	試 算 表		修 正 記 入		損 益 計 算 書		貸 借 対 照 表	
	借　方	貸　方	借　方	貸　方	借　方	貸　方	借　方	貸　方
売　　掛　　金	80,000							
貸 倒 引 当 金		1,000						
貸倒引当金繰入								

(2)

日　　付	借 方 科 目	金　　額	貸 方 科 目	金　　額
3/31				

(3)

貸 倒 引 当 金	
	1,000

貸 倒 引 当 金 繰 入	

(4)

決算整理後残高試算表
×年３月31日

借　　方	勘 定 科 目	貸　　方
	貸 倒 引 当 金	
	貸倒引当金繰入	

解答〈43〉ページ

理解度チェック

問題20-3 ★★★

次の未処理事項および決算整理事項にもとづいて，精算表（一部）の記入をしなさい。

[未処理事項]

売掛金10,000円を現金で回収していたが，未処理であったことが判明した。

[決算整理事項]

売掛金の期末残高に対し，実績率２％を用いて貸倒引当金を設定する。差額補充法によること。

▼ 解答欄

精 算 表

勘 定 科 目	試 算 表		修 正 記 入		損益計算書		貸借対照表	
	借 方	貸 方	借 方	貸 方	借 方	貸 方	借 方	貸 方
現 金	350,000							
売 掛 金	90,000							
貸 倒 引 当 金		1,000						
貸倒引当金繰入								

解答〈44〉ページ

理解度チェック

問題20-4 ★★★

次の決算整理事項にもとづいて，精算表（一部）の記入をしなさい。

[決算整理事項]

受取手形および売掛金の期末残高に対し，実績率法により５％の貸倒れを見積る。貸倒引当金の設定は差額補充法による。

▼ 解答欄

精 算 表

勘 定 科 目	試 算 表		修 正 記 入		損益計算書		貸借対照表	
	借 方	貸 方	借 方	貸 方	借 方	貸 方	借 方	貸 方
受 取 手 形	40,000							
売 掛 金	20,000							
貸 倒 引 当 金		2,000						
貸倒引当金（　　）								

解答〈44〉ページ

Theme

21 決算整理Ⅴ（減価償却）

問題21-1 ★★★

理解度チェック

次の決算整理事項について，決算整理仕訳を行い，解答欄の各勘定に転記しなさい。なお，転記にあたっては，日付，相手科目，金額を記入すること。

〈指定勘定科目〉

減価償却累計額　　　減価償却費

[決算整理事項]

決算（年1回，3月末）にあたり，当期首に購入し，使用を開始している備品（取得原価250,000円，耐用年数5年，残存価額ゼロ）について，減価償却（定額法）を行い，間接法で記帳する。

▼ 解答欄

日　　付	借　方　科　目	金　　額	貸　方　科　目	金　　額
3/31				

備　　　　品

4/1　　250,000	

減価償却累計額

減 価 償 却 費

解答〈45〉ページ

109

理解度チェック

問題21-2 ★★★

次の決算整理事項について決算整理仕訳を行い，解答欄の各勘定に転記しなさい。なお，転記にあたっては，日付，相手科目，金額を記入すること。

〈指定勘定科目〉

減価償却累計額　　　減価償却費

[決算整理事項]

決算（年1回，3月末）にあたり，備品（取得原価600,000円，耐用年数6年，残存価額ゼロ）について，減価償却（定額法，間接法で記帳）を行う。なお，この備品は当期の10月1日に購入し，使用を開始しており，減価償却は月割計算によること。

▼ 解答欄

日　付	借　方　科　目	金　　額	貸　方　科　目	金　　額
3/31				

備　　　品

10/1	600,000		

減価償却累計額

減価償却費

解答〈45〉ページ

理解度チェック

問題21-3 ★★★

次の決算整理事項にもとづいて，決算整理仕訳を行い，精算表（一部）の記入をしなさい。

〈指定勘定科目〉

減価償却累計額 減価償却費

[決算整理事項]

備品について定額法により減価償却を行う。なお，この備品の耐用年数は5年，残存価額はゼロとして計算する。

▼ 解答欄

借 方 科 目	金 額	貸 方 科 目	金 額

精 算 表

勘 定 科 目	試 算 表		修 正 記 入		損 益 計 算 書		貸 借 対 照 表	
	借 方	貸 方	借 方	貸 方	借 方	貸 方	借 方	貸 方
備 品	100,000							
減価償却累計額		40,000						
減 価 償 却 費								

解答〈45〉ページ

111

理解度チェック

問題21-4 ★★★

次の決算整理事項にもとづいて，決算整理仕訳を行い，精算表（一部）の記入をしなさい。

〈指定勘定科目〉

建物減価償却累計額　　　　備品減価償却累計額　　　　減価償却費

［決算整理事項］

建物および備品について定額法によって減価償却を行う。

耐用年数：建物30年，備品8年

残存価額：建物は取得原価の10％，備品はゼロ

▼ 解答欄

借 方 科 目	金 額	貸 方 科 目	金 額

精 算 表

勘 定 科 目	試 算 表		修 正 記 入		損益計算書		貸借対照表	
	借 方	貸 方	借 方	貸 方	借 方	貸 方	借 方	貸 方
建　　　物	500,000							
備　　　品	200,000							
建物減価償却累計額		30,000						
備品減価償却累計額		50,000						
減 価 償 却 費								

解答〈46〉ページ

問題21-5 ★★★

理解度チェック ☐☐☐

次の決算整理事項にもとづいて，決算整理仕訳を行い，精算表（一部）の記入をしなさい。なお，決算は年1回，3月31日とする。

〈指定勘定科目〉

建物減価償却累計額 　　　備品減価償却累計額 　　　減価償却費

[決算整理事項]

固定資産の減価償却を行う。

(1) 建　物：定額法；耐用年数30年；残存価額は取得原価の10%
(2) 備品(A)：定額法；取得原価24,000円；耐用年数6年；残存価額ゼロ
　　備品(B)：定額法；取得原価10,000円；耐用年数5年；残存価額ゼロ

なお，備品(B)は当期の7月1日に取得し，使用を開始している。減価償却は月割計算による。

▼ 解答欄

日　　付	借　方　科　目	金　　額	貸　方　科　目	金　　額
3/31				

精　算　表

勘 定 科 目	試 算 表		修 正 記 入		損 益 計 算 書		貸 借 対 照 表	
	借 方	貸 方	借 方	貸 方	借 方	貸 方	借 方	貸 方
建　　　物	150,000							
備　　　品	34,000							
建物減価償却累計額		63,000						
備品減価償却累計額		12,000						
減 価 償 却 費								

解答〈46〉ページ

理解度チェック

問題21-6 ★★★

次の決算整理事項にもとづいて，決算整理仕訳を行い，精算表（一部）の記入を示しなさい。

〈指定勘定科目〉

減価償却累計額　　　　減価償却費

[決算整理事項]

当期10月1日に備品（取得原価600,000円）を取得し，使用を開始したが，この備品については，10月31日を1回目として，毎月末に減価償却費の計算（定額法，耐用年数5年，残存価額ゼロ）を月割りで行っている。本日，3月31日の決算においても，3月分（1か月分）の減価償却費を計上する。

▼解答欄

日　付	借 方 科 目	金　　額	貸 方 科 目	金　　額
3/31				

精　算　表

勘 定 科 目	試 算 表		修 正 記 入		損益計算書		貸借対照表	
	借　方	貸　方	借　方	貸　方	借　方	貸　方	借　方	貸　方
備　　　品	600,000							
減価償却累計額		50,000						
減 価 償 却 費	50,000							

解答〈46〉ページ

理解度チェック

問題21-7 ★★★

次に示す×5年 3 月31日時点の固定資産台帳（備品部分）について，空欄①～⑧の金額を答えなさい。なお，備品は残存価額ゼロの定額法により減価償却が行われており，減価償却費は月割計算によって計上する。決算日は×5年 3 月31日とする。

固 定 資 産 台 帳　　　　　　　　　　×5年 3 月31日現在

取得年月日	名称等	期末数量	耐用年数	期首（期中取得）取 得 原 価	期 首減価償却累計額	差引期首（期中取得）帳簿価額	当 期減 価 償 却 費
備品							
×1年 4 月 1 日	備品A	8台	8 年	1,600,000円	（　②　）円	（　④　）円	（　⑥　）円
×4年 6 月 1 日	備品B	10台	5 年	1,500,000円	0	1,500,000円	（　⑦　）円
小　計				（　①　）円	（　③　）円	（　⑤　）円	（　⑧　）円

▼ 解答欄

①	②	③	④

⑤	⑥	⑦	⑧

解答〈47〉ページ

115

問題21-8 ★★★

理解度チェック ☐☐☐

次に示す×5年3月31日時点の固定資産台帳（備品部分）にもとづいて，決算整理仕訳を行い，解答欄に示した勘定の空欄を記入しなさい。なお，備品は残存価額ゼロの定額法により減価償却が行われており，減価償却費は月割計算によって計上する。決算日は×5年3月31日とする。

〈指定勘定科目〉

　　減価償却累計額　　　　　減価償却費

固定資産台帳 　　　　　　　　　　　　　　　×5年3月31日現在

取得年月日	名称等	期末数量	耐用年数	期首（期中取得）取得原価	期首減価償却累計額	差引期首（期中取得）帳簿価額	当期減価償却費
備品							
×1年4月1日	備品A	8台	8年	1,600,000円	600,000円	1,000,000円	200,000円
×4年6月1日	備品B	10台	5年	1,500,000円	0	1,500,000円	250,000円
小　計				3,100,000円	600,000円	2,500,000円	450,000円

▼ 解答欄

日　付	借　方　科　目	金　　額	貸　方　科　目	金　　額
3/31				

備　　　品	
4/1 前期繰越 1,600,000	
6/1 未払金（　　　　）	

減価償却累計額	
	4/1 前期繰越（　　　　）
	3/31減価償却費（　　　　）

減価償却費	
3/31減価償却累計額（　　　　）	

解答〈47〉ページ

116

理解度チェック

問題21-9 ★★★

次の各期中取引について仕訳しなさい。

〈指定勘定科目〉

| 未 収 入 金 | 建 物 | 備 品 | 建物減価償却累計額 |

備品減価償却累計額　　　固定資産売却益　　　固定資産売却損

(1) 当期首に，取得原価1,200,000円（建物勘定残高），減価償却累計額432,000円（建物減価償却累計額勘定残高）の建物を760,000円で売却し，代金は月末に受け取ることとした。

(2) 当期首に，取得原価400,000円，既償却額225,000円の備品を売却し，代金200,000円は月末に受け取ることとした。なお，過年度の減価償却費は備品減価償却累計額勘定を用いて記帳している。

▼ 解答欄

	借 方 科 目	金 額	貸 方 科 目	金 額
(1)				
(2)				

解答〈48〉ページ

117

理解度チェック

問題21-10 ★☆☆

次の一連の取引（期中取引および決算整理）について仕訳しなさい。

〈指定勘定科目〉

| 当 座 預 金 | 未 収 入 金 | 備　　　品 | 未　払　金 | 減価償却累計額 |
| 固定資産売却益 | 減 価 償 却 費 | 固定資産売却損 | | |

(1) ×1年4月1日に，備品（耐用年数5年，残存価額ゼロ）を1,000,000円で購入し，使用を開始したが，代金のうち200,000円は小切手を振り出して支払い，残額は月末に支払うこととした。

(2) ×2年3月31日決算（年1回）にあたり，上記(1)の備品について，定額法により減価償却を行い，間接法により記帳する。

(3) ×3年4月1日に，上記(1)の備品のうち500,000円（取得原価）を250,000円で売却し，代金は月末に受け取ることとした。

(4) ×3年6月30日に，上記(1)の備品の残りすべてを280,000円で売却し，代金は翌月末に受け取ることとした。

▼ 解答欄

	借　方　科　目	金　　額	貸　方　科　目	金　　額
(1)				
(2)				
(3)				
(4)				

解答〈48〉ページ

118

理解度チェック

問題21-11 ★★☆

次に示す固定資産台帳の備品C部分にもとづいて，×5年4月1日に備品Cを150,000円で売却したときの仕訳を行いなさい。なお，備品は残存価額ゼロの定額法により減価償却を行っている（間接法記帳）。決算は年1回，3月31日である。

〈指定勘定科目〉

現　　　金　　　備　　　品　　　　　減価償却累計額　　　　　固定資産売却損

固定資産台帳（一部）

種 類・名 称 等	取得年月日	耐用年数	取 得 原 価	備　　　　　　考
備　品　C	×1年4月1日	6年	480,000円	×5年4月1日に処分（現金売却）

▼ 解答欄

日　　付	借 方 科 目	金　　額	貸 方 科 目	金　　額
×5/ 4 / 1				

解答〈48〉ページ

Theme

22 決算整理Ⅵ（経過勘定項目）

理解度チェック

問題22-1 ★★★

次の決算整理事項にもとづいて，決算整理仕訳を行いなさい。

〈指定勘定科目〉

前払保険料　　　保　険　料

[決算整理事項]

3月31日　期中に支払った1年分の保険料24,000円のうち，未経過の2か月分4,000円を前払分（次期分）として処理した。

▼ 解答欄

日　　付	借　方　科　目	金　　額	貸　方　科　目	金　　額
3／31				

解答〈49〉ページ

120

理解度チェック

問題22-2 ★★★

次の一連の取引資料にもとづいて，イ．各仕訳を示し，ロ．×2年3月31日における決算整理仕訳後のa．保険料勘定残高およびb．前払保険料勘定残高を答えなさい。

〈指定勘定科目〉

現　　金　　　前払保険料　　　保　険　料

(1) ×1年11月1日　火災保険に加入し，向こう1年分の保険料1,200円を現金で支払った。

(2) ×2年3月31日　本日決算にあたり，保険料の前払分について決算整理を行った。

(3) ×2年4月1日　期首にあたり，前期末の保険料前払処理に関する再振替仕訳を行った。

(4) ×2年11月1日　保険契約を更新し，向こう1年分の保険料（前年と同額）を現金で支払った。

▼ 解答欄

イ　仕訳

	借　方　科　目	金　　額	貸　方　科　目	金　　額
(1)				
(2)				
(3)				
(4)				

ロ　決算整理後残高

a　保　険　料　勘　定　残　高　[　　　　　　　　　] 円　※　費用：損益計算書借方に表示する金額

b　前払保険料勘定残高　[　　　　　　　　　] 円　※　資産：貸借対照表借方に表示する金額

解答〈49〉ページ

Theme
22

決算整理Ⅵ（経過勘定項目）

理解度チェック

問題22-3 ★★★

次の決算整理事項にもとづいて，精算表（一部）の記入を示しなさい。なお，決算は年1回，3月31日とする。

[決算整理事項]

試算表上の保険料は，当期の7月1日に向こう1年分を支払ったものである。

▼ 解答欄

精　算　表

勘 定 科 目	試　算　表		修 正 記 入		損益計算書		貸借対照表	
	借　方	貸　方	借　方	貸　方	借　方	貸　方	借　方	貸　方
保　険　料	30,000							
（　　）保険料								

解答〈49〉ページ

理解度チェック

問題22-4 ★★★

次の決算整理事項にもとづいて，精算表（一部）の記入を示しなさい。なお，決算は年1回，3月31日とする。

[決算整理事項]

保険料は，前々期より毎年7月1日に向こう1年分（毎期同額）を支払っている。

▼ 解答欄

精　算　表

勘 定 科 目	試　算　表		修 正 記 入		損益計算書		貸借対照表	
	借　方	貸　方	借　方	貸　方	借　方	貸　方	借　方	貸　方
保　険　料	30,000							
（　　）保険料								

解答〈50〉ページ

理解度チェック

問題22-5 ★★★

次の決算整理事項にもとづいて，決算整理仕訳を行いなさい。

〈指定勘定科目〉

前 受 地 代　　　受 取 地 代

[決算整理事項]

3月31日　期中に受け取った1年分の地代24,000円のうち，未経過の5か月分10,000円を前受分（次期分）として処理した。

▼ 解答欄

日　付	借 方 科 目	金　額	貸 方 科 目	金　額
3/31				

解答〈50〉ページ

123

問題22-6 ★★★

理解度チェック □□□

次の一連の取引資料にもとづいて，イ．各仕訳を示し，ロ．×2年3月31日における決算整理仕訳後のa．受取家賃勘定残高およびb．前受家賃勘定残高を答えなさい。

〈指定勘定科目〉

　　現　　金　　　前 受 家 賃　　　受 取 家 賃

(1) ×1年10月1日　建物の賃貸借契約を結び，向こう1年分の家賃18,000円を現金で受け取った。
(2) ×2年3月31日　本日決算にあたり，家賃の前受分について決算整理を行った。
(3) ×2年4月1日　期首にあたり，前期末の家賃前受処理に関する再振替仕訳を行った。
(4) ×2年10月1日　賃貸借契約を更新し，向こう1年分の家賃（前年と同額）を現金で受け取った。

▼ 解答欄

イ　仕訳

	借 方 科 目	金 額	貸 方 科 目	金 額
(1)				
(2)				
(3)				
(4)				

ロ　決算整理後残高

a　受取家賃勘定残高　[　　　　　　　　]円　　※　収益：損益計算書貸方に表示する金額

b　前受家賃勘定残高　[　　　　　　　　]円　　※　負債：貸借対照表貸方に表示する金額

解答〈50〉ページ

理解度チェック

問題22-7 ★★★

次の決算整理事項にもとづいて，精算表（一部）の記入を示しなさい。なお，決算は年1回，3月31日とする。

[決算整理事項]

試算表上の受取手数料は，当期の6月1日に向こう1年分を受け取ったものである。

▼ 解答欄

精　算　表

勘定科目	試　算　表		修　正　記　入		損益計算書		貸借対照表	
	借　方	貸　方	借　方	貸　方	借　方	貸　方	借　方	貸　方
受 取 手 数 料		21,000						
（　　）手数料								

解答〈51〉ページ

理解度チェック

問題22-8 ★★★

次の決算整理事項にもとづいて，精算表（一部）の記入を示しなさい。なお，決算は年1回，3月31日とする。

[決算整理事項]

受取手数料は，前々期より毎年6月1日に向こう1年分（毎期同額）を受け取っている。

▼ 解答欄

精　算　表

勘定科目	試　算　表		修　正　記　入		損益計算書		貸借対照表	
	借　方	貸　方	借　方	貸　方	借　方	貸　方	借　方	貸　方
受 取 手 数 料		21,000						
（　　）手数料								

解答〈51〉ページ

125

理解度チェック ☐☐☐

問題22-9 ★★★

次の決算整理事項にもとづいて，決算整理仕訳を行いなさい。

〈指定勘定科目〉

　未 払 家 賃　　　支 払 家 賃

[決算整理事項]

　3月31日　決算において，家賃5,000円が未払いであり，当期分として未払計上した。

▼ 解答欄

日　　付	借 方 科 目	金　　額	貸 方 科 目	金　　額
3/31				

解答〈52〉ページ

理解度チェック ☐☐☐

問題22-10 ★★★

次の一連の取引資料にもとづいて，イ．各仕訳を示し，ロ．×2年3月31日における決算整理仕訳後のa．支払利息勘定残高およびb．未払利息勘定残高を答えなさい。

〈指定勘定科目〉

　当 座 預 金　　　借 入 金　　　未 払 利 息　　　支 払 利 息

⑴　×1年12月1日　銀行より期間1年，利率年6％の条件で100,000円を借り入れ，当座預金とした。なお，利息は元利一括返済の契約である。利息は月割計算する。

⑵　×2年3月31日　本日決算にあたり，支払利息の当期未払分について決算整理を行った。

⑶　×2年4月1日　期首にあたり，前期末の利息未払処理に関する再振替仕訳を行った。

⑷　×2年11月30日　借入金の返済期日となり，利息と合わせて当座預金より支払った。

▼ 解答欄

イ 仕訳

	借 方 科 目	金 額	貸 方 科 目	金 額
(1)				
(2)				
(3)				
(4)				

ロ 決算整理後残高

a 支払利息勘定残高 ◻ 円 ※ 費用：損益計算書借方に表示する金額

b 未払利息勘定残高 ◻ 円 ※ 負債：貸借対照表貸方に表示する金額

解答〈52〉ページ

理解度チェック ◻◻◻

問題22-11 ★★★

次の決算整理事項にもとづいて，精算表（一部）の記入を示しなさい。なお，決算は年1回，3月31日とする。

[決算整理事項]

支払家賃は当期の4月分から2月分までの11か月分を計上したもので，3月分が未払いである。

▼ 解答欄

精 算 表

勘 定 科 目	試 算 表		修 正 記 入		損 益 計 算 書		貸 借 対 照 表	
	借 方	貸 方	借 方	貸 方	借 方	貸 方	借 方	貸 方
支 払 家 賃	55,000							
（　　）家 賃								

解答〈53〉ページ

127

理解度チェック □□□

問題22-12 ★★★

次の決算整理事項にもとづいて，精算表（一部）の記入を示しなさい。なお，決算は年1回，3月31日とする。

[決算整理事項]

当期の10月1日に100,000円を借り入れていたが（利率年6％，期間1年，利息は返済時に元金とともに支払う予定），当期分の利息を計上する。なお，利息は月割計算による。

▼ 解答欄

精 算 表

勘 定 科 目	試 算 表		修 正 記 入		損益計算書		貸借対照表	
	借 方	貸 方	借 方	貸 方	借 方	貸 方	借 方	貸 方
支 払 利 息								
（　　　）利 息								

解答〈53〉ページ

理解度チェック □□□

問題22-13 ★★★

次の決算整理事項にもとづいて，決算整理仕訳を行いなさい。

〈指定勘定科目〉

未 収 家 賃　　　受 取 家 賃

[決算整理事項]

3月31日　決算において，賃貸している建物の家賃4,000円が未収であり，当期分として計上した。

▼ 解答欄

日　付	借 方 科 目	金 額	貸 方 科 目	金 額
3/31				

解答〈53〉ページ

128

理解度チェック

問題22-14 ★★★

次の一連の取引資料にもとづいて，イ．各仕訳を示し，ロ．×2年3月31日における決算整理仕訳後のa．受取利息勘定残高およびb．未収利息勘定残高を答えなさい。

〈指定勘定科目〉

当 座 預 金　　　貸 付 金　　　未 収 利 息　　　受 取 利 息

(1) ×1年12月1日　得意先に240,000円を貸し付け（期間1年，利率年4％，×2年11月30日に元利一括返済），小切手を振り出した。利息は月割計算する。

(2) ×2年3月31日　本日決算にあたり，受取利息の当期未収分について決算整理を行った。

(3) ×2年4月1日　期首にあたり，前期末の利息未収処理に関する再振替仕訳を行った。

(4) ×2年11月30日　貸付金の返済期日となり，当座預金に振込みにより利息とあわせて返済を受けた。

▼ 解答欄

イ　仕訳

	借 方 科 目	金 額	貸 方 科 目	金 額
(1)				
(2)				
(3)				
(4)				

ロ　決算整理後残高

a　受取利息勘定残高 ［　　　　　　　　］円　　※　収益：損益計算書貸方に表示する金額

b　未収利息勘定残高 ［　　　　　　　　］円　　※　資産：貸借対照表借方に表示する金額

解答〈53〉ページ

理解度チェック

問題22-15 ★★★

次の決算整理事項にもとづいて，精算表（一部）の記入を示しなさい。なお，決算は年1回，3月31日とする。

[決算整理事項]

受取手数料について，2,000円を当期経過分として計上する。

▼ 解答欄

精　算　表

勘 定 科 目	試　算　表		修　正　記　入		損益計算書		貸借対照表	
	借　方	貸　方	借　方	貸　方	借　方	貸　方	借　方	貸　方
受 取 手 数 料		10,000						
（　　）手数料								

解答〈54〉ページ

理解度チェック

問題22-16 ★★★

次の決算整理事項にもとづいて，精算表（一部）の記入を示しなさい。なお，決算は年1回，3月31日とする。

[決算整理事項]

当期の7月1日に200,000円を貸し付けていたが（利率年5％，期間1年，利息は返済時に元金とともに受け取る予定），当期分の利息を計上する。なお，利息は月割計算による。

▼ 解答欄

精　算　表

勘 定 科 目	試　算　表		修　正　記　入		損益計算書		貸借対照表	
	借　方	貸　方	借　方	貸　方	借　方	貸　方	借　方	貸　方
受 取 利 息								
（　　）利 息								

解答〈54〉ページ

理解度チェック

問題22-17 ★☆☆

保険料の会計処理として，次の(1)および(2)の2つの方法が考えられる。

(1) 期中に支払額を保険料勘定（費用）で処理し，期末に次期以降の分を資産として前払処理する方法。

(2) 期中に支払額を前払保険料勘定（資産）で処理し，期末に当期分を保険料勘定（費用）へ振り替える方法。

　期中7月1日に1年分の保険料12,000円を支払い，決算を迎えた時点で，(1)および(2)のそれぞれの方法により処理した場合の諸勘定への必要な記入を行いなさい。なお，会計期間は4月1日から3月31日までの1年間とする。

▼ 解答欄

(1)の方法により処理した場合

保　険　料

| 7/1 | 現　　　　金 | 12,000 | 3/31 | （　　　　　） | （　　　　　） |

前　払　保　険　料

| 3/31 | （　　　　　） | （　　　　　） | | |

(2)の方法により処理した場合

前　払　保　険　料

| 7/1 | 現　　　　金 | 12,000 | 3/31 | （　　　　　） | （　　　　　） |

保　険　料

| 3/31 | （　　　　　） | （　　　　　） | | |

解答〈55〉ページ

理解度チェック

問題22-18　★★★

次の決算整理事項にもとづいて，精算表（一部）の記入をしなさい。

[決算整理事項]

(1) 保険料は1年分で，保険契約後決算日までの経過期間は8か月である。

(2) 受取利息の未収分が600円ある。

(3) 家賃の未払分が500円ある。

(4) 地代の前受分が100円ある。

▼ 解答欄

精　算　表

勘 定 科 目	試　算　表		修 正 記 入		損益計算書		貸借対照表	
	借　方	貸　方	借　方	貸　方	借　方	貸　方	借　方	貸　方
受 取 利 息		600						
受 取 地 代		1,300						
保 　険 　料	1,200							
支 払 家 賃	5,500							
（　　　　）保険料								
（　　　　）利　息								
（　　　　）家　賃								
（　　　　）地　代								

解答〈55〉ページ

132

MEMO

Theme

23 決算整理後残高試算表

理解度チェック

問題23-1 ★★★

次に示す(A)期首貸借対照表と(B)期中取引にもとづいて，期末の残高試算表（決算整理前残高試算表）を作成しなさい。

(A) 期首貸借対照表

貸 借 対 照 表
×1年 4 月 1 日 （単位：円）

資 産	金 額	負債及び純資産	金 額
現 金	42,500	支 払 手 形	77,000
当 座 預 金	124,500	買 掛 金	99,000
受 取 手 形	93,000	未 払 金	30,000
売 掛 金	107,000	借 入 金	90,000
商 品	8,000	貸 倒 引 当 金	4,000
備 品	100,000	減 価 償 却 累 計 額	60,000
		資 本 金	110,000
		繰 越 利 益 剰 余 金	5,000
	475,000		475,000

(B) 期中取引（年間の金額をまとめて表示）

Ⅰ 補助簿に記入されている期中取引高

1．現金出納帳

（収 入）

ア．商品の売上高 84,000円
イ．売掛金の回収高 62,500円
ウ．当座預金からの引出高 35,500円

（支 出）

ア．給料の支払高 113,000円
イ．通信費の支払高 34,500円
ウ．当座預金への預入高 69,000円

2．当座預金出納帳

（預 入）

ア．売掛金の回収高 98,300円
イ．受取手形の決済高 120,000円
ウ．現金の預入高 69,000円

（引 出）

ア．買掛金の支払高 142,500円
イ．支払手形の決済高 100,500円
ウ．前期に購入した備品
　　代金の支払高 30,000円
エ．借入金の元利支払高（利息分は800円）
　　 20,800円
オ．商品の仕入高 79,500円
カ．現金の引出高 35,500円

3．仕入帳

ア．小切手の振り出しによる仕入高
　　 79,500円
イ．掛けによる仕入高 248,000円
ウ．約束手形の振り出しによる仕入高
　　 91,000円

4．売上帳

ア．現金による売上高 84,000円
イ．掛けによる売上高 286,000円
ウ．約束手形の受け入れによる売上高
　　 113,000円

134

5．支払手形記入帳　　　　　　　　　　　　　6．受取手形記入帳

  ア．買掛金の支払高　　　　80,000円　　　　　　ア．売掛金の回収高　　　　102,000円

  イ．商品の仕入高　　　　　91,000円　　　　　　イ．商品の売上高　　　　　113,000円

  ウ．当座引落しによる決済高　100,500円　　　　ウ．当座入金による決済高　120,000円

Ⅱ　上記の補助簿に記入されていないその他の期中取引高

  1．備品の購入高（代金は翌期払い）　　　　　　　　　　　　　　　　　25,000円

  2．得意先倒産による売掛金（前期販売分）の貸倒高　　　　　　　　　　5,200円

▼ 解答欄

Theme 23 決算整理後残高試算表

残 高 試 算 表

×2年 3 月31日

借　　方	勘　定　科　目	貸　　方
	現　　　　　　金	
	当　座　預　金	
	受　取　手　形	
	売　　掛　　金	
	繰　越　商　品	
	備　　　　　品	
	支　払　手　形	
	買　　掛　　金	
	未　　払　　金	
	借　　入　　金	
	減 価 償 却 累 計 額	
	資　　本　　金	
	繰 越 利 益 剰 余 金	
	売　　　　　上	
	仕　　　　　入	
	給　　　　　料	
	通　　信　　費	
	支　払　利　息	
	（　　　　　　　）	

解答〈56〉ページ

135

理解度チェック

問題23-2　★★★

次の(1)決算整理前残高試算表と(2)決算整理事項等にもとづいて，解答欄の決算整理後残高試算表を完成しなさい。なお，会計期間は×1年4月1日から×2年3月31日までの1年間である。

(1) 決算整理前残高試算表

決算整理前残高試算表

×2年3月31日　（単位：円）

借　　方	勘 定 科 目	貸　　方
955,000	現　　　　　金	
1,070,000	当 座 預 金	
360,000	売　　掛　　金	
	貸 倒 引 当 金	300
178,000	繰 越 商 品	
1,500,000	備　　　　　品	
	備品減価償却累計額	375,000
	買　　掛　　金	314,000
	借　　入　　金	220,000
	資　　本　　金	2,000,000
	繰越利益剰余金	125,000
	売　　　　　上	4,920,000
	受 取 手 数 料	45,700
1,754,000	仕　　　　　入	
925,000	給　　　　　料	
120,600	通　　信　　費	
111,000	旅 費 交 通 費	
1,024,000	支 払 家 賃	
2,400	保　　険　　料	
8,000,000		8,000,000

(2) 決算整理事項等

1．決算日に売掛金の回収として当座振込み20,000円があったが，未記帳であった。

2．現金の実際手許有高は954,000円であり，過不足の原因が不明であるため適切な処理を行う。

3．売上債権期末残高に対して2％の貸倒引当金を差額補充法により設定する。

4．期末商品棚卸高は211,000円である。売上原価の計算は仕入勘定上で行う。

5．備品について定額法（残存価額ゼロ，耐用年数8年）で減価償却を行う。

6．受取手数料のうち6,200円は次期分（前受分）である。

7．保険料は×1年12月1日に向こう1年分を支払ったものである。

8．借入金は×1年10月1日に年利率3％（期間1年）で借り入れたもので，利息は元金とともに返済時に支払うことになっている。利息の計算は月割りによる。

136

▼ 解答欄

決算整理後残高試算表
×2年3月31日 （単位：円）

借　　方	勘　定　科　目	貸　　方
	現　　　　　　金	
	当　座　預　金	
	売　　掛　　金	
	貸　倒　引　当　金	
	繰　越　商　品	
	備　　　　　　品	
	備品減価償却累計額	
	買　　掛　　金	
	借　　入　　金	
	資　　本　　金	
	繰　越　利　益　剰　余　金	
	売　　　　　　上	
	受　取　手　数　料	
	仕　　　　　　入	
	給　　　　　　料	
	通　　信　　費	
	旅　費　交　通　費	
	支　払　家　賃	
	保　　険　　料	
	雑　　　　　　損	
	貸　倒　引　当　金　繰　入	
	減　価　償　却　費	
	前　受　手　数　料	
	前　払　保　険　料	
	支　払　利　息	
	未　払　利　息	

解答〈57〉ページ

理解度チェック

| 問題23-3　★★★ |

次の(1)決算整理前の各勘定残高と(2)決算整理事項等にもとづいて，解答欄の決算整理後残高試算表を完成しなさい。なお，会計期間は×1年4月1日から×2年3月31日までの1年間である。

(1)　決算整理前の各勘定残高（単位：円）

イ．借方残高の勘定科目

現　　　金	363,500	当座預金A銀行	410,000	受 取 手 形	231,500
売　掛　金	157,500	繰 越 商 品	345,000	備　　　品	300,000
仕　　　入	3,600,000	給　　　料	454,500	通 信 費	12,000
租 税 公 課	24,000	支 払 家 賃	520,000	保 険 料	165,000
支 払 利 息	5,000				

ロ．貸方残高の勘定科目

当座預金B銀行	25,000	支 払 手 形	173,500	買 掛 金	107,500
借 入 金	250,000	仮 受 金	14,000	貸倒引当金	6,000
減価償却累計額	90,000	資 本 金	1,300,000	繰越利益剰余金	220,000
売　　　上	4,402,000				

(2)　決算整理事項等

1．仮受金14,000円は，得意先からの売掛金の回収であることが判明した。

2．現金の実際有高は363,000円であり，帳簿残高との差額原因は不明であるため雑損とする。

3．当座預金B銀行勘定の貸方残高25,000円は，当座借越契約にもとづく期末借越額を表しており，当座借越勘定（負債）に振り替える。

4．受取手形および売掛金の期末残高に対し実績率法により4％の貸倒れを見積る。貸倒引当金の設定は差額補充法によること。

5．期末商品棚卸高は617,000円である。売上原価は仕入勘定で計算すること。

6．備品について定額法により減価償却を行う。なお，備品のうち100,000円は当期の1月1日に購入し，使用を開始しており，新備品の減価償却は月割計算による。耐用年数は旧備品が8年，新備品が5年であり，残存価額はいずれもゼロである。

7．通信費のうち未使用の切手代5,000円が，また，租税公課のうち未使用の収入印紙代10,000円が含まれていたため，これをあわせて貯蔵品勘定に振り替える。

8．保険料は，毎年同額（1年分）を7月1日に前払いしている。

9．借入金は×1年7月1日に借入期間1年，利率年4％で借り入れたもので，利息は12月末日と6月末日に各半年分を支払うことになっている。利息は月割計算による。

▼解答欄

決算整理後残高試算表
×2年3月31日　　　　　（単位：円）

借　　方	勘　定　科　目	貸　　方
	現　　　　　　金	
	当 座 預 金 Ａ 銀 行	
	受　取　手　形	
	売　掛　　　金	
	貸 倒 引 当 金	
	繰 越 商 品	
	貯　蔵　　　品	
	前 払 保 険 料	
	備　　　　　品	
	減価償却累計額	
	支　払　手　形	
	買　掛　　　金	
	借　入　　　金	
	当　座　借　越	
	未　払　利　息	
	資　本　　　金	
	繰 越 利 益 剰 余 金	
	売　　　　　　上	
	仕　　　　　　入	
	給　　　　　料	
	通　信　　　費	
	租　税　公　課	
	支　払　家　賃	
	保　険　　　料	
	貸 倒 引 当 金 繰 入	
	減　価　償　却　費	
	支　払　利　息	
	雑　　　　　　損	

解答〈59〉ページ

問題23-4 ★★★

次に示す［資料Ⅰ］決算整理前残高試算表，［資料Ⅱ］未処理事項および［資料Ⅲ］決算整理事項にもとづいて，解答欄の決算整理後残高試算表を完成しなさい。なお，会計期間は×1年4月1日から×2年3月31日までの1年である。

［資料Ⅰ］決算整理前残高試算表

決算整理前残高試算表
×2年3月31日 （単位：円）

借　方	勘 定 科 目	貸　方
500,000	現　　　　　金	
320,000	当座預金神奈川Y銀行	
	当座預金栃木Z銀行	20,000
104,000	普通預金埼玉W銀行	
122,000	普通預金東京X銀行	
200,000	受　取　手　形	
300,000	売　　掛　　金	
	貸 倒 引 当 金	2,000
90,000	繰　越　商　品	
100,000	仮　　払　　金	
800,000	建　　　　　物	
	建物減価償却累計額	48,000
300,000	備　　　　　品	
	備品減価償却累計額	60,000
1,000,000	土　　　　　地	
	支　払　手　形	90,000
	買　　掛　　金	120,000
	借　　入　　金	150,000
	資　　本　　金	2,850,000
	繰越利益剰余金	150,000
	売　　　　　上	2,000,000
	受　取　地　代	30,000
1,200,000	仕　　　　　入	
369,000	給　　　　　料	
16,000	保　　険　　料	
70,000	消　耗　品　費	
20,000	租　税　公　課	
9,000	支　払　利　息	
5,520,000		5,520,000

［資料Ⅱ］未処理事項

1. 売掛金のうち5,000円について，得意先より東京X銀行の当社普通預金口座へ入金があったが，その記帳が行われていなかった。
2. 固定資産税4,000円が，神奈川Y銀行の当社当座預金口座から引き落とされていたが，その記帳が行われていなかった。
3. 仮払金100,000円は，当期10月1日に備品を取得した際，その購入額を記帳したものである。なお，この備品は同日より使用を開始している。

［資料Ⅲ］決算整理事項

1. 現金の実際有高を確認するため金庫を実査したところ，次のものが保管されていた。よって，現金過不足額を雑損または雑益として処理する。

   紙幣・硬貨　　　　　476,000円
   他社振出の小切手　　 25,000円
2. 当座預金栃木Z銀行勘定の貸方残高は，当座借越契約にもとづく期末借越額を表しており，これを当座借越勘定に振り替える。
3. 受取手形および売掛金の期末残高に対し差額補充法により2％の貸倒引当金を設定する。
4. 期末商品棚卸高は120,000円である。売上原価の計算は売上原価勘定を設けて行う。
5. 建物について耐用年数30年，残存価額は取得原価の10％の定額法，備品について耐用年数5年，残存価額ゼロの定額法によりそれぞれ減価償却を行う。なお，期中取得の備品については，月割計算をすること。
6. 収入印紙の期末未使用高は9,000円である。
7. 受取地代は偶数月の月末に向こう2か月分として毎回5,000円を受け取っている。
8. 保険料は，前々期に加入した保険に対するもので，毎期8月1日と2月1日に向こう半年分を支払っている。よって，当期未経過分を月割計算して前払処理を行う。

▼ 解答欄

決算整理後残高試算表

×2年3月31日　　　（単位：円）

借　方	勘 定 科 目	貸　方
	現　　　　　金	
	当座預金神奈川Y銀行	
	普通預金埼玉W銀行	
	普通預金東京X銀行	
	受　取　手　形	
	売　　掛　　金	
	繰　越　商　品	
	貯　　蔵　　品	
	前　払　保　険　料	
	建　　　　　物	
	備　　　　　品	
	土　　　　　地	
	支　払　手　形	
	買　　掛　　金	
	借　　入　　金	
	当　座　借　越	
	前　受　地　代	
	貸　倒　引　当　金	
	建物減価償却累計額	
	備品減価償却累計額	
	資　　本　　金	
	繰　越　利　益　剰　余　金	
	売　　　　　上	
	受　取　地　代	
	雑　　　　　益	
	売　上　原　価	
	給　　　　　料	
	保　　険　　料	
	消　耗　品　費	
	租　税　公　課	
	貸　倒　引　当　金　繰　入	
	減　価　償　却　費	
	支　払　利　息	

解答〈61〉ページ

141

Theme **24** 精算表

理解度チェック

問題24-1 ★★☆

次の決算整理仕訳にもとづいて，解答欄の精算表を完成しなさい。なお，仕訳はすでに解答欄の精算表に記入済みである。

[決算整理仕訳]

1．売掛金回収の未記帳（未処理事項）

（当 座 預 金） 20,000 （売 掛 金） 20,000

2．現金過不足の整理（雑損勘定への振り替え）

（雑 損） 1,000 （現 金） 1,000

3．貸倒引当金の設定

（貸 倒 引 当 金 繰 入） 6,500 （貸 倒 引 当 金） 6,500

4．売上原価の算定（仕入勘定を使用）

（仕 入） 178,000 （繰 越 商 品） 178,000

（繰 越 商 品） 211,000 （仕 入） 211,000

5．有形固定資産（備品）の減価償却

（減 価 償 却 費） 187,500 （備品減価償却累計額） 187,500

6．受取手数料の前受処理

（受 取 手 数 料） 6,200 （前 受 手 数 料） 6,200

7．保険料の前払処理

（前 払 保 険 料） 1,600 （保 険 料） 1,600

8．支払利息の未払処理

（支 払 利 息） 3,300 （未 払 利 息） 3,300

▼解答欄

精　算　表

勘 定 科 目	試　算　表		修 正 記 入		損益計算書		貸借対照表	
	借　方	貸　方	借　方	貸　方	借　方	貸　方	借　方	貸　方
現　　　　　金	955,000			1,000				
当 座 預 金	1,070,000		20,000					
売　掛　金	360,000			20,000				
貸 倒 引 当 金		300		6,500				
繰 越 商 品	178,000		211,000	178,000				
備　　　　品	1,500,000						1,500,000	
備品減価償却累計額		375,000		187,500				
買　掛　金		314,000						314,000
借　入　金		220,000						220,000
資　本　金		2,000,000						2,000,000
繰越利益剰余金		125,000						125,000
売　　　　上		4,920,000				4,920,000		
受 取 手 数 料		45,700	6,200					
仕　　　　入	1,754,000		178,000	211,000				
給　　　料	925,000				925,000			
通　信　費	120,600				120,600			
旅 費 交 通 費	111,000				111,000			
支 払 家 賃	1,024,000				1,024,000			
保　険　料	2,400			1,600				
	8,000,000	8,000,000						
雑　　　損			1,000					
貸倒引当金繰入			6,500					
減 価 償 却 費			187,500					
前 受 手 数 料				6,200				
前 払 保 険 料			1,600					
支 払 利 息			3,300					
未 払 利 息				3,300				
当 期 純 利 益								
			615,100	615,100				

解答〈63〉ページ

理解度チェック

問題24-2 ★★★

次の決算整理事項等にもとづいて，解答欄の精算表を完成しなさい。なお，会計期間は×1年4月1日から×2年3月31日までの1年間である。

[決算整理事項等]

1．決算日に売掛金の回収として当座振込み20,000円があったが，未記帳であった。

2．現金の実際手許有高は954,000円であり，過不足の原因が不明であるため適切な処理を行う。

3．売上債権期末残高に対して2％の貸倒引当金を差額補充法により設定する。

4．期末商品棚卸高は211,000円である。売上原価の計算は仕入勘定上で行う。

5．備品について定額法（残存価額ゼロ，耐用年数8年）で減価償却を行う。

6．受取手数料のうち6,200円は次期分（前受分）である。

7．保険料は×1年12月1日に向こう1年分を支払ったものである。

8．借入金は×1年10月1日に年利率3％（期間1年）で借り入れたもので，利息は元金とともに返済時に支払うことになっている。利息の計算は月割りによる。

▼ 解答欄

精 算 表

勘定科目	試算表 借方	試算表 貸方	修正記入 借方	修正記入 貸方	損益計算書 借方	損益計算書 貸方	貸借対照表 借方	貸借対照表 貸方
現　　　　金	955,000							
当 座 預 金	1,070,000							
売 　掛 　金	360,000							
貸 倒 引 当 金		300						
繰 越 商 品	178,000							
備 　　　品	1,500,000							
備品減価償却累計額		375,000						
買 　掛 　金		314,000						
借 　入 　金		220,000						
資 　本 　金		2,000,000						
繰越利益剰余金		125,000						
売 　　　上		4,920,000						
受 取 手 数 料		45,700						
仕 　　　入	1,754,000							
給 　　　料	925,000							
通 　信 　費	120,600							
旅 費 交 通 費	111,000							
支 払 家 賃	1,024,000							
保 　険 　料	2,400							
	8,000,000	8,000,000						
雑 （　　　）								
貸倒引当金繰入								
減 価 償 却 費								
（　　　）手数料								
（　　　）保険料								
支 払 利 息								
未 払 利 息								
当 期 純（　　）								

解答〈65〉ページ

理解度チェック

問題24-3　★★★

　次の決算整理事項等にもとづいて，解答欄の精算表を完成しなさい。なお，会計期間は×1年4月1日から×2年3月31日までの1年間である。

[決算整理事項等]

1．決算日に売掛金の回収として当座振込み20,000円があったが，未記帳であった。

2．現金の実際手許有高は954,000円であり，過不足の原因が不明であるため適切な処理を行う。

3．売上債権期末残高に対して2％の貸倒引当金を差額補充法により設定する。

4．期末商品棚卸高は211,000円である。売上原価の計算は仕入勘定上で行う。

5．備品について定額法（残存価額ゼロ，耐用年数8年）で減価償却を行う。

6．受取手数料のうち6,200円は次期分（前受分）である。

7．保険料は×1年12月1日に向こう1年分を支払ったものである。

8．借入金は×1年10月1日に年利率3％（期間1年）で借り入れたもので，利息は元金とともに返済時に支払うことになっている。利息の計算は月割りによる。

▼ 解答欄

精 算 表

勘定科目	試 算 表 借 方	試 算 表 貸 方	修 正 記 入 借 方	修 正 記 入 貸 方	損益計算書 借 方	損益計算書 貸 方	貸借対照表 借 方	貸借対照表 貸 方
現　　　　金	955,000							
当 座 預 金	1,070,000							
売 　掛 　金	360,000							
貸 倒 引 当 金		300						
繰 越 商 品	178,000							
備 　　　品	1,500,000							
備品減価償却累計額		375,000						
買 　掛 　金		314,000						
借 　入 　金		220,000						
資 　本 　金		3,000,000						
繰越利益剰余金		125,000						
売 　　　上		3,920,000						
受 取 手 数 料		45,700						
仕 　　　入	1,754,000							
給 　　　料	925,000							
通 　信 　費	120,600							
旅 費 交 通 費	111,000							
支 払 家 賃	1,024,000							
保 　険 　料	2,400							
	8,000,000	8,000,000						
雑 　（　　　　）								
貸倒引当金繰入								
減 価 償 却 費								
（　　　）手数料								
（　　　）保険料								
支 払 利 息								
未 払 利 息								
当期純（　　　）								

解答〈66〉ページ

147

理解度チェック

問題24-4 ★★★

次の決算整理事項等にもとづいて，解答欄の精算表を完成しなさい。なお，会計期間は×1年4月1日から×2年3月31日までの1年である。

[決算整理事項等]

1. 仮受金14,000円は得意先からの売掛金の回収であることが判明した。

2. 現金の実際有高は363,000円であり，帳簿残高との差額原因は不明であるため，雑損とする。

3. 当座預金B銀行勘定の貸方残高は，当座借越契約にもとづく期末借越額を表しており，当座借越勘定（負債）に振り替える。

4. 受取手形および売掛金の期末残高に対し実績率法により4％の貸倒れを見積る。貸倒引当金の設定は差額補充法によること。

5. 期末商品棚卸高は617,000円である。売上原価は「仕入」の行で計算すること。

6. 備品について定額法により減価償却を行う。なお，備品のうち100,000円は当期の1月1日に購入し，使用を開始しており，新備品の減価償却は月割計算による。耐用年数は旧備品が8年，新備品が5年であり，残存価額はいずれもゼロである。

7. 通信費のうち未使用の切手代5,000円が，また，租税公課のうち未使用の収入印紙代10,000円が含まれていたため，これをあわせて貯蔵品勘定に振り替える。

8. 保険料は毎年同額を7月1日に向こう1年分を前払いしている。

9. 借入金は×1年7月1日に借入期間1年，利率年4％で借り入れたもので，利息は12月末日と6月末日に各半年分を支払うことになっている。利息は月割計算による。

148

▼解答欄

精　算　表

勘定科目	試　算　表		修　正　記　入		損益計算書		貸借対照表	
	借　方	貸　方	借　方	貸　方	借　方	貸　方	借　方	貸　方
現　　　　金	363,500							
当座預金A銀行	410,000							
当座預金B銀行		25,000						
受　取　手　形	231,500							
売　掛　金	157,500							
繰　越　商　品	345,000							
備　　　　品	300,000							
支　払　手　形		173,500						
買　掛　金		107,500						
借　入　金		250,000						
仮　受　金		14,000						
貸　倒　引　当　金		6,000						
減価償却累計額		90,000						
資　本　金		1,300,000						
繰越利益剰余金		220,000						
売　　　　上		4,402,000						
仕　　　　入	3,600,000							
給　　　　料	454,500							
通　信　費	12,000							
租　税　公　課	24,000							
支　払　家　賃	520,000							
保　険　料	165,000							
支　払　利　息	5,000							
	6,588,000	6,588,000						
雑　　　　損								
当　座　借　越								
（　　　　）								
貸倒引当金繰入								
減　価　償　却　費								
（　　　）保険料								
（　　　）利　息								
当　期　純（　　）								

解答〈67〉ページ

	理解度チェック

問題24-5 ★★★

次の［資料Ⅰ］未処理事項と［資料Ⅱ］決算整理事項にもとづいて，解答欄の精算表を完成させなさい。会計期間は×1年4月1日から×2年3月31日までの1年である。

［資料Ⅰ］未処理事項

1．売掛金のうち5,000円について得意先より東京X銀行の当社普通預金口座へ入金があったが，その記帳が行われていなかった。

2．固定資産税4,000円が神奈川Y銀行の当社当座預金口座から引き落とされていたが，その記帳が行われていなかった。

3．仮払金100,000円は，当期10月1日に備品を取得した際，その購入額を記帳したものである。なお，この備品は同日より使用を開始している。

［資料Ⅱ］決算整理事項

1．現金の実際有高を確認するために金庫を実査したところ，次のものが保管されていた。よって，現金過不足額を雑損または雑益として処理する。

　　紙幣・硬貨 476,000円　他社振出の小切手 25,000円

2．当座預金栃木Z銀行勘定の貸方残高は，当座借越契約にもとづく期末借越額を表しており，これを当座借越勘定に振り替える。

3．受取手形および売掛金の期末残高に対して差額補充法により2％の貸倒引当金を設定する。

4．期末商品棚卸高は120,000円である。売上原価は「売上原価」の行で計算すること。

5．建物について耐用年数30年，残存価額は取得原価の10％の定額法，備品について耐用年数5年，残存価額ゼロの定額法によりそれぞれ減価償却を行う。なお，期中取得の備品については，月割計算をすること。

6．収入印紙の期末未使用高は9,000円である。

7．受取地代は，偶数月の月末に向こう2か月分として毎回5,000円を受け取っている。

8．保険料は，前々期に加入した保険に対するもので，毎期8月1日と2月1日に向こう半年分を支払っている。よって，当期未経過分を月割計算して前払処理を行う。

▼ 解答欄

精算表

勘定科目	試算表 借方	試算表 貸方	修正記入 借方	修正記入 貸方	損益計算書 借方	損益計算書 貸方	貸借対照表 借方	貸借対照表 貸方
現　　　金	500,000							
当座預金神奈川Y銀行	320,000							
当座預金栃木Z銀行		20,000						
普通預金埼玉W銀行	104,000							
普通預金東京X銀行	122,000							
受　取　手　形	200,000							
売　　掛　　金	300,000							
繰　越　商　品	90,000							
仮　　払　　金	100,000							
建　　　　物	800,000							
備　　　品	300,000							
土　　　　地	1,000,000							
支　払　手　形		90,000						
買　　掛　　金		120,000						
借　　入　　金		150,000						
当　座　借　越								
貸　倒　引　当　金		2,000						
建物減価償却累計額		48,000						
備品減価償却累計額		60,000						
資　　本　　金		2,850,000						
繰越利益剰余金		150,000						
売　　　　上		2,000,000						
受　取　地　代		30,000						
仕　　　　入	1,200,000							
給　　　　料	369,000							
保　　険　　料	16,000							
消　耗　品　費	70,000							
租　税　公　課	20,000							
支　払　利　息	9,000							
	5,520,000	5,520,000						
雑　（　　　）								
貸倒引当金繰入								
売　上　原　価								
減　価　償　却　費								
（　　　）								
（　　　）地　代								
（　　　）保険料								
当期純（　　　）								

解答〈68〉ページ

151

理解度チェック

問題24-6 ★★★

解答欄の精算表について，勘定科目欄の（　）内に適当な科目を記入のうえ，試算表欄，修正記入欄，損益計算書欄および貸借対照表欄の未記入欄に適当な金額を記入して完成しなさい。

▼ 解答欄

精　算　表

勘定科目	試　算　表		修　正　記　入		損　益　計　算　書		貸　借　対　照　表	
	借　方	貸　方	借　方	貸　方	借　方	貸　方	借　方	貸　方
現　　　　金	94,300			1,150			93,150	
当 座 預 金	517,100						517,100	
受 取 手 形	386,700						386,700	
売 　掛 　金	468,300						468,300	
繰 越 商 品			81,650				81,650	
建　　　　物	450,000						450,000	
備　　　　品	152,000						152,000	
支 払 手 形		259,600						259,600
買 　掛 　金		298,550						298,550
借 　入 　金								500,000
貸 倒 引 当 金		5,500						
建物減価償却累計額		216,000						
備品減価償却累計額		51,300						68,400
資 　本 　金		600,000						
繰越利益剰余金		100,000						100,000
売　　　　上						1,340,600		
受 取 手 数 料		9,100						
仕　　　　入	836,050		96,800					
給　　　　料	230,000				230,000			
消 耗 品 費	22,400				22,400			
支 払 地 代	62,500				93,750			
保 　険 　料	42,000							
支 払 利 息					30,000			
	3,380,650	3,380,650						
雑　　　　損					1,150			
貸倒引当金繰入			11,600					
減 価 償 却 費					30,600			
（　　）地　代								
（　　）保険料			8,400				8,400	
未 払 利 息								7,500
（　　）手数料			6,500					
当期純（　　）								

解答〈69〉ページ

MEMO

Theme

25 帳簿の締め切り（英米式決算）

理解度チェック

問題25-1 ★★★

　決算整理後の諸勘定残高は，解答欄に示したとおりである。決算振替仕訳（①収益の振り替え，②費用の振り替え，③当期純利益の振り替え）を行い，各勘定に転記しなさい。勘定の（　）には，日付，相手科目，金額の順で記入し，諸口は用いない。なお，締め切りは不要である。決算日は，毎期3月31日とする。

〈指定勘定科目〉

| 繰越利益剰余金 | 　売　　　上 | 受取手数料 | 仕　　　入 | 給　　　料 |
| 雑　　　費 | 損　　　益 |

▼ 解答欄

〈決算振替仕訳〉

①　収益の振り替え

日　　付	借　方　科　目	金　　　　額	貸　方　科　目	金　　　　額

②　費用の振り替え

日　　付	借　方　科　目	金　　　　額	貸　方　科　目	金　　　　額

③　当期純利益の振り替え

日　　付	借　方　科　目	金　　　　額	貸　方　科　目	金　　　　額

売　　　　上

（　　）（　　　　　）（　　　　　）	220,000

受　取　手　数　料

（　　）（　　　　　）（　　　　　）	5,000

仕　　　　入

150,000	（　　）（　　　　　）（　　　　　）

給　　　　料

48,000	（　　）（　　　　　）（　　　　　）

雑　　　　費

2,000	（　　）（　　　　　）（　　　　　）

損　　　　益

（　　）（　　　　）（　　　　）	（　　）（　　　　　）（　　　　　）
（　　）（　　　　）（　　　　）	（　　）（　　　　　）（　　　　　）
（　　）（　　　　）（　　　　）	
（　　）（　　　　）（　　　　）	

資　　本　　金

	850,000

繰越利益剰余金

	150,000
	（　　）（　　　　　）（　　　　　）

解答〈72〉ページ

155

理解度チェック

問題25-2 ★★☆

次の(1)および(2)についてそれぞれ仕訳しなさい。

〈指定勘定科目〉

　　繰越利益剰余金　　　損　　益

(1)　決算振替仕訳の結果を受けて，損益勘定の貸方残高200,000円を繰越利益剰余金勘定へ振り替えた。

(2)　損益勘定の借方合計は500,000円，貸方合計は400,000円であった。この差額を繰越利益剰余金勘定へ振り替えた。

▼ 解答欄

	借　方　科　目	金　　　額	貸　方　科　目	金　　　額
(1)				
(2)				

解答〈72〉ページ

156

理解度チェック

問題25-3 ★★☆

解答欄に示した要素区別を意味する各勘定（ただし，当期中の記入についてはまとめて表示している）につき，空欄に適当な語句や勘定科目，金額を記入して英米式による締め切り記入を行いなさい。なお，不要な空欄については――線を記入すること。決算日は３月31日である。

▼ 解答欄

資 産 の 勘 定

	期中増加額合計	5,000,000		期中減少額合計	3,500,000
3/31 （　　　）	（　　　）		3/31 （　　　）	（　　　）	
	（　　　）			（　　　）	
4/1 （　　　）	（　　　）		4/1 （　　　）	（　　　）	

負 債 の 勘 定

	期中減少額合計	1,700,000		期中増加額合計	2,000,000
3/31 （　　　）	（　　　）		3/31 （　　　）	（　　　）	
	（　　　）			（　　　）	
4/1 （　　　）	（　　　）		4/1 （　　　）	（　　　）	

資本（純資産）の勘定

	期中減少額合計	200,000		期中増加額合計	400,000
3/31 （　　　）	（　　　）		3/31 損　　　益	1,000,000	
	（　　　）			（　　　）	
4/1 （　　　）	（　　　）		4/1 （　　　）	（　　　）	

収 益 の 勘 定

	期中減少額合計	250,000		期中増加額合計	4,000,000
3/31 （　　　）	（　　　）		3/31 （　　　）	（　　　）	
	（　　　）			（　　　）	

費 用 の 勘 定

	期中増加額合計	3,200,000		期中減少額合計	450,000
3/31 （　　　）	（　　　）		3/31 （　　　）	（　　　）	
	（　　　）			（　　　）	

解答〈73〉ページ

理解度チェック

問題25-4　★★★

次の(A)決算整理前残高試算表と(B)決算整理仕訳にもとづいて，解答欄の損益勘定を完成しなさい。

(A)　決算整理前残高試算表

残 高 試 算 表
×1年3月31日

借　　方	勘 定 科 目	貸　　方
118,000	現　　　　　　金	
	現 金 過 不 足	3,000
858,000	当 座 預 金	
340,000	売 　 掛 　 金	
184,000	繰 越 商 品	
800,000	建　　　　　物	
550,000	備　　　　　品	
	買 　 掛 　 金	372,000
	借 　 入 　 金	950,000
	貸 倒 引 当 金	2,000
	建物減価償却累計額	216,000
	備品減価償却累計額	99,000
	資 　 本 　 金	900,000
	繰 越 利 益 剰 余 金	100,000
	売　　　　　上	2,025,000
	受 取 手 数 料	124,000
1,244,000	仕　　　　　入	
310,000	給　　　　　料	
287,000	支 払 家 賃	
43,000	消 耗 品 費	
57,000	支 払 利 息	
4,791,000		4,791,000

(B)　決算整理仕訳

(1)　現金過不足の整理

（現 金 過 不 足）	3,000	（雑　　　　　　益）	3,000

(2)　貸倒引当金の設定

（貸倒引当金繰入）	4,800	（貸 倒 引 当 金）	4,800

(3)　売上原価の計算

（仕　　　　　入）	184,000	（繰 越 商 品）	184,000
（繰 越 商 品）	256,000	（仕　　　　　入）	256,000

(4)　減価償却費の計上

（減 価 償 却 費）	171,000	（建物減価償却累計額）	72,000
		（備品減価償却累計額）	99,000

(5)　前受手数料の計上

（受 取 手 数 料）	21,200	（前 受 手 数 料）	21,200

(6)　未払家賃の計上

（支 払 家 賃）	26,000	（未 払 家 賃）	26,000

158

▼解答欄

<table>
<tr><td colspan="2"></td><td colspan="2" align="center">損</td><td colspan="2" align="center">益</td><td colspan="2"></td></tr>
<tr><td>3/31</td><td>(　　　　)</td><td>(</td><td>)</td><td>3/31</td><td>(　　　　)</td><td>(</td><td>)</td></tr>
<tr><td>〃</td><td>給　　　料</td><td>(</td><td>)</td><td>〃</td><td>受 取 手 数 料</td><td>(</td><td>)</td></tr>
<tr><td>〃</td><td>支 払 家 賃</td><td>(</td><td>)</td><td>〃</td><td>(　　　　)</td><td>(</td><td>)</td></tr>
<tr><td>〃</td><td>貸倒引当金繰入</td><td>(</td><td>)</td><td></td><td></td><td></td><td></td></tr>
<tr><td>〃</td><td>減 価 償 却 費</td><td>(</td><td>)</td><td></td><td></td><td></td><td></td></tr>
<tr><td>〃</td><td>消 耗 品 費</td><td>(</td><td>)</td><td></td><td></td><td></td><td></td></tr>
<tr><td>〃</td><td>支 払 利 息</td><td>(</td><td>)</td><td></td><td></td><td></td><td></td></tr>
<tr><td>〃</td><td>(　　　　)</td><td>(</td><td>)</td><td></td><td></td><td></td><td></td></tr>
<tr><td></td><td></td><td>(</td><td>)</td><td></td><td></td><td>(</td><td>)</td></tr>
</table>

解答〈73〉ページ

理解度チェック

問題25-5 ★★★

次の(1)決算整理前残高試算表と(2)決算整理事項等にもとづいて，解答欄の損益勘定，資本金勘定および繰越利益剰余金勘定を完成しなさい。なお，会計期間は×1年4月1日から×2年3月31日までの1年間である。

(1) **決算整理前残高試算表**

決算整理前残高試算表

×2年3月31日　　（単位：円）

借　　方	勘　定　科　目	貸　　方
955,000	現　　　　　金	
1,070,000	当　座　預　金	
360,000	売　　掛　　金	
	貸　倒　引　当　金	300
178,000	繰　越　商　品	
1,500,000	備　　　　　品	
	備品減価償却累計額	375,000
	買　　掛　　金	314,000
	借　　入　　金	220,000
	資　　本　　金	2,000,000
	繰越利益剰余金	125,000
	売　　　　　上	4,920,000
	受　取　手　数　料	45,700
1,754,000	仕　　　　　入	
925,000	給　　　　　料	
120,600	通　　信　　費	
111,000	旅　費　交　通　費	
1,024,000	支　払　家　賃	
2,400	保　　険　　料	
8,000,000		8,000,000

(2) **決算整理事項等**

1．決算日に売掛金の回収として当座振込み20,000円があったが，未記帳であった。

2．現金の実際手許有高は954,000円であり，過不足の原因が不明であるため適切な処理を行う。

3．売上債権期末残高に対して2％の貸倒引当金を差額補充法により設定する。

4．期末商品棚卸高は211,000円である。売上原価の計算は仕入勘定上で行う。

5．備品について定額法（残存価額ゼロ，耐用年数8年）で減価償却を行う。

6．受取手数料のうち6,200円は次期分（前受分）である。

7．保険料は×1年12月1日に向こう1年分を支払ったものである。

8．借入金は×1年10月1日に年利率3％（期間1年）で借り入れたもので，利息は元金とともに返済時に支払うことになっている。利息の計算は月割りによる。

160

▼ 解答欄

損　　益

日付	摘　　　要	金　　額	日付	摘　　　要	金　　額
3/31	仕　　　　入		3/31	売　　　　上	
〃	給　　　料		〃	受 取 手 数 料	
〃	通　信　費				
〃	旅 費 交 通 費				
〃	支 払 家 賃				
〃	保　険　料				
〃	雑　　　損				
〃	貸倒引当金繰入				
〃	減 価 償 却 費				
〃	支 払 利 息				
〃	(　　　　　　)				

資　本　金

日付	摘　　　要	金　　額	日付	摘　　　要	金　　額
3/31	次 期 繰 越		4/1	前 期 繰 越	

繰越利益剰余金

日付	摘　　　要	金　　額	日付	摘　　　要	金　　額
3/31	次 期 繰 越		4/1	前 期 繰 越	125,000
			3/31	(　　　　　)	

解答〈75〉ページ

問題25-6 ★★☆

理解度チェック ☐☐☐

決算整理後の諸勘定は，解答欄に示したとおりである。よって，決算振替仕訳を行い，これを転記したのち各勘定を締め切りなさい。なお，転記にあたっては日付，相手科目，金額を記入すること。決算日は3月31日である。

〈指定勘定科目〉

繰越利益剰余金　　売　　上　　仕　　入　　減価償却費　　支　払　利　息
損　　益

▼ 解答欄

〈決算振替仕訳〉

① 収益の振り替え

日　　付	借　方　科　目	金　　　額	貸　方　科　目	金　　　額

② 費用の振り替え

日　　付	借　方　科　目	金　　　額	貸　方　科　目	金　　　額

③ 当期純利益の振り替え

日　　付	借　方　科　目	金　　　額	貸　方　科　目	金　　　額

現　　　金

4／1	前 期 繰 越	8,600	6／3	仕　　　　　入	7,000
7／3	売　　　　　上	10,000	9／6	支 払 利 息	800
10／7	売　　　　　上	8,000			

繰　越　商　品

4／1	前 期 繰 越	800	3／31	仕　　　　　入	800
3／31	仕　　　　　入	1,600			

備　　　品

4／1	前 期 繰 越	6,000			

借　入　金

			4/1	前　期　繰　越	7,400

減価償却累計額

			4/1	前　期　繰　越	1,000
			3/31	減　価　償　却　費	1,000

資　本　金

			4/1	前　期　繰　越	5,000

繰越利益剰余金

			4/1	前　期　繰　越	2,000

売　　上

			7/3	現　　　　金	10,000
			10/7	現　　　　金	8,000

仕　　入

6/3	現　　　　金	7,000	3/31	繰　越　商　品	1,600
3/31	繰　越　商　品	800			

減　価　償　却　費

3/31	減価償却累計額	1,000			

支　払　利　息

9/6	現　　　　金	800			

損　　益

解答〈76〉ページ

問題25-7 ★★☆

解答欄に示した商品売買関係の諸勘定と損益勘定について（　）内に必要な記入を行いなさい。なお，売上原価は仕入勘定で計算している。また，期中における仕入，仕入戻し，売上および売上戻りは，便宜上まとめて記帳してある。

▼解答欄

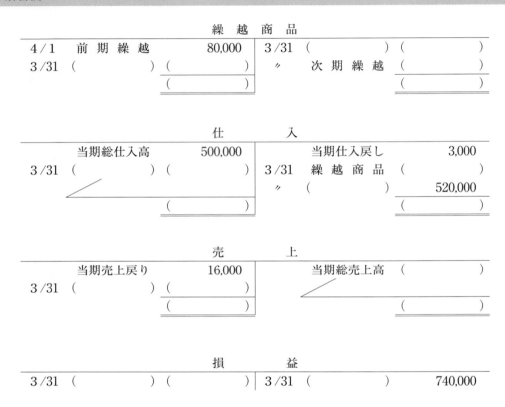

MEMO

Theme 26 損益計算書と貸借対照表

問題26-1 ★★★

理解度チェック

次の決算整理後の残高試算表にもとづいて，解答欄の損益計算書と貸借対照表を完成しなさい。なお，会計期間は1年，決算日は3月31日とする。

残 高 試 算 表
×2年3月31日

借 方	勘 定 科 目	貸 方
62,400	現　　　　　金	
420,400	当 座 預 金	
200,000	売 　掛　 金	
54,200	繰 越 商 品	
200,000	備　　　　　品	
	買 　掛　 金	192,000
	借 　入　 金	280,000
	貸 倒 引 当 金	4,000
	減 価 償 却 累 計 額	135,000
	資 　本　 金	220,000
	繰 越 利 益 剰 余 金	20,000
	売 　　　　上	820,000
	受 取 手 数 料	5,000
492,000	仕 　　　　入	
180,600	給 　　　　料	
72,000	支 払 家 賃	
2,600	貸 倒 引 当 金 繰 入	
2,100	保 　険　 料	
2,000	租 税 公 課	
22,500	減 価 償 却 費	
1,200	支 払 利 息	
	未 払 家 賃	36,000
	前 受 手 数 料	2,000
1,400	前 払 保 険 料	
600	貯 　蔵　 品	
1,714,000		1,714,000

▼解答欄

貸 借 対 照 表
×2年（ 　 ）月（ 　 ）日

資　　　産	金　　　額	負債及び純資産	金　　　額
現　　　　金	（　　　　　）	買　　掛　　金	（　　　　　）
当　座　預　金	（　　　　　）	借　　入　　金	（　　　　　）
売　　掛　　金	（　　　）（　　　　）	（　　　）費　用	（　　　　　）
（　　　　　）	（△　　　）（　　　　）	（　　　）収　益	（　　　　　）
（　　　　　）	（　　　　　）	資　　本　　金	（　　　　　）
貯　　蔵　　品	（　　　　　）	（　　　　　　　）	
（　　　）費　用	（　　　　　）		
備　　　　品	（　　　）		
（　　　　　）	（△　　　）（　　　　）		
	（　　　　　）		（　　　　　）

損 益 計 算 書
×1年（ 　 ）月（ 　 ）日から×2年（ 　 ）月（ 　 ）日まで

費　　　用	金　　　額	収　　　益	金　　　額
（　　　　　）	（　　　　　）	売　　上　　高	（　　　　　）
給　　　　料	（　　　　　）	（　　　）手数料	（　　　　　）
（　　　）家　賃	（　　　　　）		
貸倒（　　　）	（　　　　　）		
保　　険　　料	（　　　　　）		
租　税　公　課	（　　　　　）		
減価（　　　）	（　　　　　）		
（　　　）利　息	（　　　　　）		
（　　　　　）	（　　　　　）		
	（　　　　　）		（　　　　　）

解答〈78〉ページ

理解度チェック

問題26-2 ★★★

次の(1)決算整理前残高試算表と(2)決算整理事項等にもとづいて，解答欄の貸借対照表および損益計算書を完成しなさい。なお，会計期間は×1年4月1日から×2年3月31日までの1年間である。

(1) 決算整理前残高試算表

決算整理前残高試算表
×2年3月31日　（単位：円）

借　　方	勘 定 科 目	貸　　方
955,000	現　　　　　金	
1,070,000	当 座 預 金	
360,000	売　　掛　　金	
	貸 倒 引 当 金	300
178,000	繰 越 商 品	
1,500,000	備　　　　　品	
	備品減価償却累計額	375,000
	買　　掛　　金	314,000
	借　　入　　金	220,000
	資　　本　　金	2,000,000
	繰越利益剰余金	125,000
	売　　　　　上	4,920,000
	受 取 手 数 料	45,700
1,754,000	仕　　　　　入	
925,000	給　　　　　料	
120,600	通　　信　　費	
111,000	旅 費 交 通 費	
1,024,000	支 払 家 賃	
2,400	保　　険　　料	
8,000,000		8,000,000

(2) 決算整理事項等

1. 決算日に売掛金の回収として当座振込み20,000円があったが，未記帳であった。

2. 現金の実際手許有高は954,000円であり，過不足の原因が不明であるため適切な処理を行う。

3. 売上債権期末残高に対して2％の貸倒引当金を差額補充法により設定する。

4. 期末商品棚卸高は211,000円である。

5. 備品について定額法（残存価額ゼロ，耐用年数8年）で減価償却を行う。

6. 受取手数料のうち6,200円は次期分（前受分）である。

7. 保険料は×1年12月1日に向こう1年分を支払ったものである。

8. 借入金は×1年10月1日に年利率3％（期間1年）で借り入れたもので，利息は元金とともに返済時に支払うことになっている。利息の計算は月割りによる。

▼ 解答欄

貸 借 対 照 表
×2年（　　）月（　　）日　　　　　　　　　（単位：円）

資　　　産	金　　　額	負債及び純資産	金　　　額
現　　　金	（　　　　　）	買　掛　金	（　　　　　）
当 座 預 金	（　　　　　）	借　入　金	（　　　　　）
売　掛　金	（　　　　　）	前 受 収 益	（　　　　　）
（　　　　　）	（△　　　）（　　　　　）	（　　　　　）	（　　　　　）
（　　　　　）	（　　　　　）	資　本　金	（　　　　　）
前 払 費 用	（　　　　　）	（　　　　　）	（　　　　　）
備　　　品	（　　　　　）		
（　　　　　）	（△　　　）（　　　　　）		
	（　　　　　）		（　　　　　）

損 益 計 算 書
×1年（　　）月（　　）日～×2年（　　）月（　　）日　　　　（単位：円）

費　　　用	金　　　額	収　　　益	金　　　額
（　　　　　）	（　　　　　）	（　　　　　）	（　　　　　）
給　　　料	（　　　　　）	受 取 手 数 料	（　　　　　）
通　信　費	（　　　　　）		
旅 費 交 通 費	（　　　　　）		
支 払 家 賃	（　　　　　）		
保　険　料	（　　　　　）		
貸倒引当金繰入	（　　　　　）		
減 価 償 却 費	（　　　　　）		
支 払 利 息	（　　　　　）		
雑　　　損	（　　　　　）		
（　　　　　）	（　　　　　）		
	（　　　　　）		（　　　　　）

解答〈79〉ページ

理解度チェック

問題26-3 ★★★

次の(1)決算整理前残高試算表と(2)決算整理事項等にもとづいて，解答欄の貸借対照表および損益計算書を完成しなさい。なお，会計期間は×1年4月1日から×2年3月31日までの1年間である。

(1) 決算整理前残高試算表

決算整理前残高試算表
×2年3月31日 （単位：円）

借 方	勘 定 科 目	貸 方
955,000	現　　　　　金	
1,070,000	当 座 預 金	
360,000	売 　掛　 金	
	貸 倒 引 当 金	300
178,000	繰 越 商 品	
1,500,000	備　　　　　品	
	備品減価償却累計額	375,000
	買 　掛 　金	314,000
	借 　入 　金	220,000
	資 　本 　金	3,000,000
	繰越利益剰余金	125,000
	売 　　　　上	3,920,000
	受 取 手 数 料	45,700
1,754,000	仕　　　　　入	
925,000	給 　　　　料	
120,600	通 　信 　費	
111,000	旅 費 交 通 費	
1,024,000	支 　払 家 賃	
2,400	保 　険 　料	
8,000,000		8,000,000

(2) 決算整理事項等

1. 決算日に売掛金の回収として当座振込み20,000円があったが，未記帳であった。
2. 現金の実際手許有高は954,000円であり，過不足の原因が不明であるため適切な処理を行う。
3. 売上債権期末残高に対して2％の貸倒引当金を差額補充法により設定する。
4. 期末商品棚卸高は211,000円である。
5. 備品について定額法（残存価額ゼロ，耐用年数8年）で減価償却を行う。
6. 受取手数料のうち6,200円は次期分（前受分）である。
7. 保険料は×1年12月1日に向こう1年分を支払ったものである。
8. 借入金は×1年10月1日に年利率3％（期間1年）で借り入れたもので，利息は元金とともに返済時に支払うことになっている。利息の計算は月割りによる。

▼解答欄

貸 借 対 照 表
×2年（　）月（　）日　　　　　　　　　　（単位：円）

資　　産	金　　額	負債及び純資産	金　　額
現　　　金	（　　　　　　）	買　掛　金	（　　　　　　）
当 座 預 金	（　　　　　　）	借　入　金	（　　　　　　）
売　掛　金	（　　　　　）	前 受 収 益	（　　　　　　）
（　　　　　）	（△　　　）（　　　　　）	（　　　　　）	（　　　　　　）
（　　　　　）	（　　　　　　）	資　本　金	（　　　　　　）
前 払 費 用	（　　　　　　）	（　　　　　）	（△　　　　　）
備　　　品	（　　　　　）		
（　　　　　）	（△　　　）（　　　　　）		
	（　　　　　　）		（　　　　　　）

損 益 計 算 書
×1年（　）月（　）日〜×2年（　）月（　）日　　　（単位：円）

費　　用	金　　額	収　　益	金　　額
（　　　　　）	（　　　　　　）	（　　　　　）	（　　　　　　）
給　　　料	（　　　　　　）	受 取 手 数 料	（　　　　　　）
通　信　費	（　　　　　　）	（　　　　　）	（　　　　　　）
旅 費 交 通 費	（　　　　　　）		
支 払 家 賃	（　　　　　　）		
保　険　料	（　　　　　　）		
貸倒引当金繰入	（　　　　　　）		
減 価 償 却 費	（　　　　　　）		
支 払 利 息	（　　　　　　）		
雑　　　損	（　　　　　　）		
	（　　　　　　）		（　　　　　　）

解答〈80〉ページ

| 問題26-4 | ★★★ | 理解度チェック | | |

次の(1)決算整理前の各勘定残高と(2)決算整理事項等にもとづいて，解答欄の貸借対照表および損益計算書を完成しなさい。なお，会計期間は×1年4月1日から×2年3月31日までの1年間である。

(1) 決算整理前の各勘定残高 （単位：円）

イ．借方残高の勘定科目

現 金	363,500	当座預金A銀行	410,000	受 取 手 形	231,500
売 掛 金	157,500	繰 越 商 品	345,000	備 品	300,000
仕 入	3,600,000	給 料	454,500	通 信 費	12,000
租 税 公 課	24,000	支 払 家 賃	520,000	保 険 料	165,000
支 払 利 息	5,000				

ロ．貸方残高の勘定科目

当座預金B銀行	25,000	支 払 手 形	173,500	買 掛 金	107,500
借 入 金	250,000	仮 受 金	14,000	貸倒引当金	6,000
減価償却累計額	90,000	資 本 金	1,300,000	繰越利益剰余金	220,000
売 上	4,402,000				

(2) 決算整理事項等

1．仮受金14,000円は，得意先からの売掛金の回収であることが判明した。

2．現金の実際有高は363,000円であり，帳簿残高との差額原因は不明であるため雑損とする。

3．当座預金B銀行勘定の貸方残高25,000円は，当座借越契約にもとづく期末借越額を表しており，当座借越勘定（負債）に振り替える。

4．受取手形および売掛金の期末残高に対し実績率法により4％の貸倒れを見積もる。貸倒引当金の設定は差額補充法によること。

5．期末商品棚卸高は617,000円である。

6．備品について定額法により減価償却を行う。なお，備品のうち100,000円は当期の1月1日に購入し，使用を開始しており，新備品の減価償却は月割計算による。耐用年数は旧備品が8年，新備品が5年であり，残存価額はいずれもゼロである。

7．通信費のうち未使用の切手代5,000円が，また，租税公課のうち未使用の収入印紙代10,000円が含まれていたため，これをあわせて貯蔵品勘定に振り替える。

8．保険料は，毎年同額（1年分）を7月1日に前払いしている。

9．借入金は×1年7月1日に借入期間1年，利率年4％で借り入れたもので，利息は12月末日と6月末日に各半年分を支払うことになっている。利息は月割計算による。

▼ 解答欄

貸 借 対 照 表
×2年（　　）月（　　）日　　　　　　　　　　　（単位：円）

現　　　　　　金	（　　　　　）	支 払 手 形	（　　　　　）
当 座 預 金	（　　　　　）	買 掛 金	（　　　　　）
受 取 手 形 （　　　）		借 入 金	（　　　　　）
貸 倒 引 当 金 （△　　　） （　　　）		当 座 借 越	（　　　　　）
売 掛 金 （　　　）		未 払 費 用	（　　　　　）
貸 倒 引 当 金 （△　　　） （　　　）		資 本 金	（　　　　　）
商　　　　　品	（　　　　　）	繰 越 利 益 剰 余 金	（　　　　　）
貯 蔵 品	（　　　　　）		
前 払 費 用	（　　　　　）		
備　　　　　品 （　　　）			
減 価 償 却 累 計 額 （△　　　） （　　　）			
	（　　　　　）		（　　　　　）

損 益 計 算 書
×1年（　　）月（　　）日から×2年（　　）月（　　）日まで　　　　　　（単位：円）

売 上 原 価	（　　　　　）	売 上 高	（　　　　　）
給　　　　　料	（　　　　　）	当 期 純 損 失	（　　　　　）
通 信 費	（　　　　　）		
租 税 公 課	（　　　　　）		
支 払 家 賃	（　　　　　）		
保 険 料	（　　　　　）		
貸 倒 引 当 金 繰 入	（　　　　　）		
減 価 償 却 費	（　　　　　）		
支 払 利 息	（　　　　　）		
雑　　　　　損	（　　　　　）		
	（　　　　　）		（　　　　　）

解答〈80〉ページ

問題26-5 ★★★

理解度チェック

次に示す［資料Ⅰ］決算整理前残高試算表，［資料Ⅱ］未処理事項および［資料Ⅲ］決算整理事項にもとづいて，解答欄の貸借対照表および損益計算書を完成しなさい。なお，会計期間は×1年4月1日から×2年3月31日までの1年である。

［資料Ⅰ］決算整理前残高試算表

決算整理前残高試算表

×2年3月31日　　（単位：円）

借　方	勘 定 科 目	貸　方
500,000	現　　　　　金	
320,000	当座預金神奈川Y銀行	
	当座預金栃木Z銀行	20,000
104,000	普通預金埼玉W銀行	
122,000	普通預金東京X銀行	
200,000	受 取 手 形	
300,000	売 　掛　 金	
	貸 倒 引 当 金	2,000
90,000	繰 越 商 品	
100,000	仮 　払　 金	
800,000	建　　　　　物	
	建物減価償却累計額	48,000
300,000	備　　　　　品	
	備品減価償却累計額	60,000
1,000,000	土　　　　　地	
	支 払 手 形	90,000
	買 　掛　 金	120,000
	借 　入　 金	150,000
	資 　本　 金	2,850,000
	繰越利益剰余金	150,000
	売　　　　　上	2,000,000
	受 取 地 代	30,000
1,200,000	仕　　　　　入	
369,000	給　　　　　料	
16,000	保 　険　 料	
70,000	消 耗 品 費	
20,000	租 税 公 課	
9,000	支 払 利 息	
5,520,000		5,520,000

［資料Ⅱ］未処理事項

1．売掛金のうち5,000円について，得意先より東京X銀行の当社普通預金口座へ入金があったが，その記帳が行われていなかった。

2．固定資産税4,000円が，神奈川Y銀行の当社当座預金口座から引き落とされていたが，その記帳が行われていなかった。

3．仮払金100,000円は，当期10月1日に備品を取得した際，その購入額を記帳したものである。なお，この備品は同日より使用を開始している。

［資料Ⅲ］決算整理事項

1．現金の実際有高を確認するため金庫を実査したところ，次のものが保管されていた。よって，現金過不足額を雑損または雑益として処理する。

紙幣・硬貨	476,000円
他社振出の小切手	25,000円

2．当座預金栃木Z銀行勘定の貸方残高は，当座借越契約にもとづく期末借越額を表しており，これを当座借越勘定に振り替える。

3．受取手形および売掛金の期末残高に対し差額補充法により2％の貸倒引当金を設定する。

4．期末商品棚卸高は120,000円である。

5．建物について耐用年数30年，残存価額は取得原価の10％の定額法，備品について耐用年数5年，残存価額ゼロの定額法によりそれぞれ減価償却を行う。なお，期中取得の備品については，月割計算をすること。

6．収入印紙の期末未使用高は9,000円である。

7．受取地代は偶数月の月末に向こう2か月分として毎回5,000円を受け取っている。

8．保険料は，前々期に加入した保険に対するもので，毎期8月1日と2月1日に向こう半年分を支払っている。よって，当期未経過分を月割計算して前払処理を行う。

174

▼ 解答欄

貸 借 対 照 表

×2年（　　）月（　　）日　　　　　　　　　　（単位：円）

現　　　　　金	（　　　　　）		支　払　手　形	（　　　　　）
当　座　預　金	（　　　　　）		買　　掛　　金	（　　　　　）
普　通　預　金	（　　　　　）		借　　入　　金	（　　　　　）
受　取　手　形 （　　　　）			当　座　借　越	（　　　　　）
貸倒引当金 （△　　　）	（　　　　　）		前　受　収　益	（　　　　　）
売　　掛　　金 （　　　　）			資　　本　　金	（　　　　　）
貸倒引当金 （△　　　）	（　　　　　）		繰越利益剰余金	（　　　　　）
商　　　　　品	（　　　　　）			
貯　　蔵　　品	（　　　　　）			
前　払　費　用	（　　　　　）			
建　　　　　物 （　　　　）				
減価償却累計額 （△　　　）	（　　　　　）			
備　　　　　品 （　　　　）				
減価償却累計額 （△　　　）	（　　　　　）			
土　　　　　地	（　　　　　）			
	（　　　　　）			（　　　　　）

損 益 計 算 書

×1年（　　）月（　　）日から×2年（　　）月（　　）日まで　　　　（単位：円）

売　上　原　価	（　　　　　）		売　　上　　高	（　　　　　）
給　　　　　料	（　　　　　）		受　取　地　代	（　　　　　）
保　　険　　料	（　　　　　）		雑　　　益	（　　　　　）
消　耗　品　費	（　　　　　）			
租　税　公　課	（　　　　　）			
貸倒引当金繰入	（　　　　　）			
減　価　償　却　費	（　　　　　）			
支　払　利　息	（　　　　　）			
当　期　純　利　益	（　　　　　）			
	（　　　　　）			（　　　　　）

解答〈81〉ページ

理解度チェック

問題26-6 ★★★

次に示す［資料Ⅰ］決算整理前の各勘定残高，［資料Ⅱ］未処理事項および［資料Ⅲ］決算整理事項にもとづいて，解答欄の貸借対照表を完成しなさい。なお，会計期間は×1年4月1日から×2年3月31日までの1年である。

［資料Ⅰ］決算整理前の各勘定残高

イ．借方残高の勘定科目

現　　　　金	500,000	当座預金神奈川Y銀行	320,000	普通預金埼玉W銀行	104,000
普通預金東京X銀行	122,000	受　取　手　形	200,000	売　　掛　　金	300,000
繰　越　商　品	90,000	仮　　払　　金	100,000	建　　　　物	800,000
備　　　　品	300,000	土　　　　地	1,000,000	仕　　　　入	1,200,000
給　　　　料	369,000	保　　険　　料	16,000	消　耗　品　費	70,000
租　税　公　課	20,000	支　払　利　息	9,000		

ロ．貸方残高の勘定科目

当座預金栃木Z銀行	20,000	支　払　手　形	90,000	買　　掛　　金	120,000
借　　入　　金	150,000	貸　倒　引　当　金	2,000	建物減価償却累計額	48,000
備品減価償却累計額	60,000	資　　本　　金	2,850,000	繰越利益剰余金	150,000
売　　　　上	2,000,000	受　取　地　代	30,000		

［資料Ⅱ］未処理事項

1．売掛金5,000円が東京X銀行の当社普通預金口座に振り込まれていたが未処理であった。
2．固定資産税4,000円が神奈川Y銀行の当社当座預金口座から引き落とされていたが未処理であった。
3．仮払金100,000円は，当期10月1日に取得した備品の購入額を記帳したものである。なお，この備品は同日より使用を開始している。

［資料Ⅲ］決算整理事項

1．現金の実査により現金過不足（過剰）が1,000円生じていたが，これを雑益とした。
2．当座預金栃木Z銀行勘定の貸方残高は，当座借越契約にもとづく期末借越額を表しており，これを当座借越勘定に振り替える。
3．受取手形および売掛金の期末残高に対し差額補充法により2％の貸倒引当金を設定する。
4．期末商品棚卸高は120,000円である。
5．建物および備品について以下のとおり減価償却を行う。

建物：定額法，耐用年数30年，残存価額は取得原価の10％

備品：定額法，耐用年数5年，残存価額ゼロ

なお，備品については既存のものも当期購入したものも計算条件は同じとする。ただし，当期購入した備品については月割計算をすること。
6．収入印紙の期末未使用高9,000円を貯蔵品勘定に振り替える。
7．受取地代のうち1か月分（2,500円）を次期分として前受処理する。
8．保険料のうち4か月分（4,000円）を次期分として前払処理する。

176

▼解答欄

貸 借 対 照 表

×2年（　　　）月（　　　）日　　　　　　　　　　　　　　（単位：円）

現　金　預　金		（　　　　　）	支　払　手　形	（　　　　　）
受　取　手　形	（　　　　）		買　　掛　　金	（　　　　　）
売　　掛　　金	（　　　　）		借　　入　　金	（　　　　　）
貸 倒 引 当 金	（△　　　）	（　　　　　）	当　座　借　越	（　　　　　）
商　　　　　品		（　　　　　）	前　受（　　　）	（　　　　　）
貯　　蔵　　品		（　　　　　）	資　　本　　金	（　　　　　）
前 払 保 険 料		（　　　　　）	繰越利益剰余金	（　　　　　）
建　　　　　物	（　　　　）			
備　　　　　品	（　　　　）			
減価償却累計額	（△　　　）	（　　　　　）		
土　　　　　地		（　　　　　）		
		（　　　　　）		（　　　　　）

解答〈81〉ページ

Theme

27 株式の発行

理解度チェック
☐ ☐ ☐

問題27-1 ★★★

次の(1)～(5)の文章について，カッコ内に当てはまる適切な語句を下記の**〈語群〉**から選びなさい。

〈語群〉

| 資　産 | 負　債 | 資　本　金 | 純　資　産 | 株　主　資　本 |
| 株　　主 | 取　締　役 | 株　主　総　会 | 株　　式 | 会　　社　　法 |

(1) 株式会社とは，活動の資金を調達した際に（　①　）を交付し，会社の所有者としての地位を与える法人組織形態の一つです。（　①　）を取得・所有し，会社の所有者となった人を（　②　）と呼びます。

(2) 株式会社では，その経営管理を（　②　）が選任した（　③　）に任せます。会社組織の運営は（　③　）または（　③　）会が行いますが，重要な事柄等については（　②　）を招集して行われる（　④　）で決議します。（　④　）は株式会社の最高意思決定機関です。

(3) 株式会社の資本は，（　⑤　）から（　⑥　）を差し引いた差額として求められます。資本は，基本的に（　②　）の持分を表しており，「（　⑦　）」とも呼ばれます。

(4) 株式会社の貸借対照表では，資本を（　⑦　）と表示し，（　⑧　）とその他の項目とに区別します。（　⑧　）は，（　②　）からの出資額である，いわゆる「元手」と，経済活動等により獲得した，いわゆる「もうけ」からなります。

(5) （　⑨　）の規定により，株式会社が（　①　）を発行して調達した資金は，設立時でも増資時でも，原則としてその払込金額の全額を（　⑩　）勘定で処理します。ただし，払込金額の一部を（　⑩　）としないで資本準備金勘定で処理することができる容認規定があります。

▼ 解答欄

①	②	③	④	⑤
⑥	⑦	⑧	⑨	⑩

解答〈82〉ページ

178

理解度チェック

問題27-2 ★★★

次の株式会社に関する(1)～(8)の各内容について，最も関係が深いと思われる語句を下記語群A～Oの中から1つ選び，記号で答えなさい。

(1) 会社の目的，名称，組織概要等を定めた会社の根本規則。

(2) 株式会社は，株主が資金を提供し，取締役が経営を行う等，権限等が区別されていること。

(3) すべての株式会社で必ず設置すべき最高意思決定機関であり，取締役やその他役員選任・解任など，組織運営や管理等に関する重要事項を決定する機関。

(4) 株式会社の資産総額から負債総額を差し引いて求められる金額。

(5) 株式会社設立後，取締役会等の決議により，新たに株式を発行して資金を調達すること。

(6) 会社法が定める法定資本の額であり，株式会社が最低限維持しなければならない金額。

(7) 株式会社の純資産のうち，株主からの出資額である元手部分と活動により獲得した利益部分からなり，資本金・資本剰余金・利益剰余金に分類される金額。

(8) 株式会社が獲得した利益のうち，処分等が未決のため留保されている金額。

〈語群〉

A．株主の有限責任　　　B．株主資本　　　C．所有と経営の分離

D．繰越利益剰余金　　　E．定款　　　　　F．資本（純資産）

G．資本金　　　　　　　H．利益準備金　　I．証券取引所

J．株券　　　　　　　　K．代表取締役　　L．設立

M．増資　　　　　　　　N．株主総会　　　O．株式会社

Theme

27

株式の発行

▼ 解答欄

(1)	(2)	(3)	(4)	(5)	(6)

(7)	(8)

解答〈82〉ページ

179

理解度チェック

問題27-3 ★★★

次の取引について仕訳しなさい。

〈指定勘定科目〉

当 座 預 金　　　資 本 金

(1) 東京㈱は，会社の設立にあたり株式20株を1株の払込金額80,000円で発行し，全株式の払い込みを受け，払込金額は当座預金とした。

(2) 千葉㈱は，会社が発行する株式の総数200株のうち，会社設立に際してその4分の1の50株を1株の払込金額70,000円で発行し，全株式の払い込みを受け，払込金額は当座預金とした。

(3) 鹿児島㈱は，会社設立に際し，株式総数400株のうち100株を，1株の払込金額100,000円で発行し，払込金額を当座預金とした。

▼ 解答欄

	借 方 科 目	金 額	貸 方 科 目	金 額
(1)				
(2)				
(3)				

解答〈82〉ページ

理解度チェック

問題27-4 ★★☆

次の取引について仕訳しなさい。

〈指定勘定科目〉

当 座 預 金　　　資 本 金

(1) 鳥取商店㈱は，株式300株を1株の払込金額80,000円で新たに発行し，払込金額を当座預金とした。

(2) 和歌山電気㈱は，取締役会の決議により，未発行株式のうち30株を1株の払込金額70,000円で発行し，全株式について払い込みを受け，払込金額を当座預金に預け入れた。

▼ 解答欄

	借 方 科 目	金 額	貸 方 科 目	金 額
(1)				
(2)				

解答〈82〉ページ

180

Theme
28 剰余金の配当と処分

理解度チェック

問題28-1 ★★★

次に示す株式会社の各取引について，仕訳しなさい。

〈**指定勘定科目**〉　繰越利益剰余金・損益

(1)　当期純利益250,000円を計上した。
(2)　第×2期決算において当期純利益240,000円を計上した。なお，決算直前の繰越利益剰余金勘定の貸方残高は124,000円であった。
(3)　第×7期決算において当期純利益160,000円を計上した。なお，決算直前の繰越利益剰余金勘定の借方残高は50,000円であった。
(4)　第×4期決算において当期純利益65,000円を計上した。なお，決算直前の繰越利益剰余金勘定の借方残高は127,000円であった。
(5)　当期純損失140,000円を計上した。
(6)　第×3期決算において当期純損失140,000円を計上した。なお，決算直前の繰越利益剰余金勘定の貸方残高は32,000円であった。
(7)　第×6期決算において当期純損失222,000円を計上した。なお，決算直前の繰越利益剰余金勘定の借方残高は55,000円であった。
(8)　第×5期決算において当期純損失45,000円を計上した。なお，決算直前の繰越利益剰余金勘定の貸方残高は111,000円であった。

Theme
28
剰余金の配当と処分

▼ 解答欄

	借　方　科　目	金　額	貸　方　科　目	金　額
(1)				
(2)				
(3)				
(4)				
(5)				
(6)				
(7)				
(8)				

解答〈83〉ページ

理解度チェック

問題28-2 ★★★

次の一連の各取引について仕訳し，解答欄の繰越利益剰余金勘定（×1年4月1日～×2年3月31日）に転記しなさい。なお，転記にあたっては，日付，相手科目，金額を記入し，締め切りなさい。

〈指定勘定科目〉

当 座 預 金　　　未 払 配 当 金　　　利 益 準 備 金　　　繰越利益剰余金　　　損　　　益

(1) ×1年3月31日　　第1期決算において，当期純利益200,000円を計上した。
(2) ×1年6月24日　　定時株主総会において，繰越利益剰余金200,000円を次のとおり配当および処分することが確定した。

　　　　　　　　　　利益準備金：　10,000円
　　　　　　　　　　株主配当金：100,000円

(3) ×1年6月27日　　株主配当金を当座預金口座より支払った。
(4) ×2年3月31日　　第2期決算において，当期純利益250,000円を計上した。

▼ 解答欄

	借 方 科 目	金 額	貸 方 科 目	金 額
(1)				
(2)				
(3)				
(4)				

繰越利益剰余金

		4／1　　前期繰越	200,000
3／31　　次期繰越			
		4／1　　前期繰越	

解答〈84〉ページ

182

理解度チェック

問題28-3 ★★★

次の取引について仕訳しなさい。

〈指定勘定科目〉

未払配当金　　　利益準備金　　　繰越利益剰余金

×5年9月25日の定時株主総会において，繰越利益剰余金2,000,000円を次のとおり配当および処分することが確定した。

利益準備金：150,000円　　　　株主配当金：1,500,000円

▼ 解答欄

借　方　科　目	金　　額	貸　方　科　目	金　　額

解答〈84〉ページ

問題28-4 ★★☆

理解度チェック

次の一連の各取引について仕訳し，解答欄の繰越利益剰余金勘定（×5年4月1日～×6年3月31日）に転記しなさい。なお，転記にあたっては，日付，相手科目，金額を記入し，締め切りなさい。

〈指定勘定科目〉

利益準備金　　　　繰越利益剰余金　　　損　　　益

(1) ×5年3月31日　第5期決算において，当期純損失100,000円を計上した。なお，繰越利益剰余金勘定の残高はない。

(2) ×5年6月25日　定時株主総会において，繰越利益剰余金勘定の借方残高（損失）について，利益準備金60,000円を取り崩して補てんした。

(3) ×6年3月31日　第6期決算において，当期純利益55,000円を計上した。

▼ 解答欄

	借　方　科　目	金　　額	貸　方　科　目	金　　額
(1)				
(2)				
(3)				

繰越利益剰余金

4／1　　前期繰越	
3／31　　次期繰越	
	4／1　　前期繰越

解答〈84〉ページ

MEMO

Theme

29 税　金

問題29-1　★★★

理解度チェック ☐☐☐

次の一連の各取引（期中取引および決算）について仕訳しなさい。

〈指定勘定科目〉

当 座 預 金　　　仮払法人税等　　　未払法人税等　　　法人税, 住民税及び事業税

(1) ×2年3月31日　第1期決算において, 本年度の法人税, 住民税及び事業税が16,000円と確定した。なお, 本年度は中間納付を行っていない。

(2) ×2年5月20日　第1期の確定申告にあたり, 未払法人税等を当座預金口座より支払った。

(3) ×2年11月10日　第2期の中間申告にあたり, 前年度の実績にもとづいて仮払法人税等として8,000円を当座預金口座より支払った。

(4) ×3年3月31日　第2期決算において, 本年度の法人税, 住民税及び事業税が15,000円と確定した。この金額から中間納付額を差し引いた金額を未払分として計上した。

(5) ×3年5月22日　第2期の確定申告にあたり, 未払法人税等を当座預金口座より支払った。

▼ 解答欄

	借　方　科　目	金　　額	貸　方　科　目	金　　額
(1)				
(2)				
(3)				
(4)				
(5)				

解答〈85〉ページ

	理解度チェック

問題29-2 ★★★

次の一連の取引（期中取引および決算）について仕訳しなさい。

〈指定勘定科目〉

当座預金　　　仮払法人税等　　　未払法人税等　　　法人税，住民税及び事業税

11月15日　法人税等の中間申告を行い，270,000円を小切手を振り出して支払った。

3月31日　決算に際し，今年度の法人税，住民税及び事業税が620,000円と確定したため，中間納付額を差し引いた金額を未払法人税等とした。

5月20日　確定申告を行い，未払法人税等を小切手を振り出して納付した。

▼ 解答欄

	借　方　科　目	金　　　額	貸　方　科　目	金　　　額
11/15				
3/31				
5/20				

解答〈85〉ページ

	理解度チェック

問題29-3 ★★★

次の決算における法人税等の計上処理について仕訳しなさい。

〈指定勘定科目〉　仮払法人税等・未払法人税等・法人税，住民税及び事業税

決算に際し，法人税，住民税及び事業税計600,000円を計上するとともに，その金額から中間納付額270,000円を控除した差額を未払分として計上した。

▼ 解答欄

借　方　科　目	金　　　額	貸　方　科　目	金　　　額

解答〈85〉ページ

Theme
29
税

金

187

理解度チェック

問題29-4 ★★★

次の消費税に関する一連の取引（期中取引および決算）について，税抜方式による仕訳を示しなさい（消費税率は10％とする）。

〈指定勘定科目〉

| 現　　　金 | 当 座 預 金 | 仮払消費税 | 仮受消費税 | 未払消費税 |
| 売　　　上 | 仕　　　入 | | | |

2月1日　商品を税込価格39,600円で売り上げ，代金は現金で受け取った。
3月1日　商品を税込価格13,200円で仕入れ，代金は現金で支払った。
3月31日　本日決算につき，確定申告において納付する消費税額を未払計上する。
5月10日　確定申告を行い，未払消費税を小切手を振り出して納付した。

▼ 解答欄

	借 方 科 目	金　　　額	貸 方 科 目	金　　　額
2 / 1				
3 / 1				
3 /31				
5 /10				

解答〈86〉ページ

理解度チェック

問題29-5 ★★★

次の一連の各取引（決算および期中取引）について仕訳しなさい。

〈指定勘定科目〉

| 当 座 預 金 | 仮払消費税 | 未収還付消費税 | 仮受消費税 |

(1)　×3年3月31日　本日，決算につき消費税の処理を行う。当社では，税抜方式により処理しており，決算整理前の仮払消費税勘定が40,000円，仮受消費税勘定が35,000円であった。差額につき還付請求の手続きを行った。

(2)　×3年5月26日　前期末に計上した消費税の還付が行われ，当座預金口座の入金を確認した。

188

▼ 解答欄

	借 方 科 目	金 額	貸 方 科 目	金 額
(1)				
(2)				

解答〈86〉ページ

理解度チェック

問題29-6　★★★

　次に示す決算整理前残高試算表の勘定記録（一部）から，必要な消費税（税抜方式）の決算仕訳を示しなさい。

〈指定勘定科目〉

　仮払消費税　　　　仮受消費税　　　　未払消費税

決算整理前残高試算表
×年3月31日

借　　方	勘 定 科 目	貸　　方
2,680,000	仮 払 消 費 税	
	仮 受 消 費 税	4,200,000

▼ 解答欄

	借 方 科 目	金 額	貸 方 科 目	金 額
3/31				

解答〈86〉ページ

	理解度チェック

問題29-7 ★★★

次の(1)決算整理前残高試算表と(2)決算整理事項等にもとづいて，解答欄の決算整理後残高試算表を完成しなさい。なお，消費税は(2)決算整理事項等の6.以外は考慮しないものとする。会計期間は×1年4月1日から×2年3月31日までの1年間である。

(1) 決算整理前残高試算表

決算整理前残高試算表

×2年3月31日 （単位：円）

借　　方	勘 定 科 目	貸　　方
74,750	現　　　　　金	
333,150	当 座 預 金	
172,500	受 取 手 形	
32,000	クレジット売掛金	
225,500	売　　掛　　金	
33,450	仮 払 消 費 税	
8,000	仮 払 法 人 税 等	
43,000	繰 越 商 品	
100,000	貸　　付　　金	
63,000	仮　　払　　金	
90,000	備　　　　　品	
	買　　掛　　金	160,240
	前　　受　　金	20,000
	仮 受 消 費 税	70,810
	借　　入　　金	180,000
	貸 倒 引 当 金	6,750
	減価償却累計額	45,000
	資　　本　　金	400,000
	繰越利益剰余金	100,000
	売　　　　　上	708,100
	受 取 手 数 料	97,100
	受 取 利 息	12,000
334,500	仕　　　　　入	
94,750	給　　　　　料	
1,500	支 払 手 数 料	
78,000	保　　険　　料	
82,900	旅 費 交 通 費	
11,000	消 耗 品 費	
7,750	租 税 公 課	
14,250	支 払 利 息	
1,800,000		1,800,000

(2) 決算整理事項等

1. 仮払金は従業員の出張旅費についての前渡分である。この従業員はすでに帰社しており，その精算をしたところ，旅費交通費の実際発生額59,000円を差し引いた残額について現金による返金を受けていたが，この記帳がまだ行われていない。

2. 売掛金20,000円を現金で受け取った際に，以下の仕訳を行っていたことが判明したのでこれを適切に修正する。

   （借）現　金　20,000　（貸）前受金　20,000

3. 受取手形，クレジット売掛金および売掛金の期末残高に対し，実績率2％を用いて貸倒れを見積る。貸倒引当金の設定は差額補充法によること。

4. 期末商品棚卸高は44,000円である。売上原価は仕入勘定で計算すること。

5. 備品について定額法により減価償却を行う。なお，備品のうち30,000円は当期の12月1日に購入し，使用を開始しており，新備品の減価償却は月割計算による。耐用年数は旧備品が10年，新備品が5年であり，残存価額はいずれもゼロである。

6. 消費税の処理（税抜方式）を行う。

7. 租税公課のうち2,500円は未使用の収入印紙であったので，これを貯蔵品勘定に振り替える。

8. 保険料78,000円は，×1年7月1日に向こう1年分を前払いしたものである。

9. 受取手数料のうち64,800円を前受分として処理する。

10. 借入金180,000円は×1年6月1日に借入期間1年，利率年6％で借り入れたもので，利息は11月末日と返済日の5月末日に各半年分を支払うことになっている。利息は月割計算による。

11. 貸付金に対する利息の未収分5,000円を計上する。

12. 法人税，住民税及び事業税が20,000円と算定され，中間納付額を差し引いた金額を未払法人税等として計上する。

190

▼ 解答欄

決算整理後残高試算表
×2年3月31日 （単位：円）

借　方	勘定科目	貸　方
	現　　　　　金	
	当 座 預 金	
	受 取 手 形	
	クレジット売掛金	
	売 　掛　 金	
	繰 越 商 品	
	貸 　付　 金	
	備　　　　　品	
	買 　掛　 金	
	借 　入　 金	
	貸 倒 引 当 金	
	減 価 償 却 累 計 額	
	資 　本　 金	
	繰 越 利 益 剰 余 金	
	売　　　　　上	
	受 取 手 数 料	
	受 取 利 息	
	仕　　　　　入	
	給　　　　　料	
	支 払 手 数 料	
	保 　険　 料	
	旅 費 交 通 費	
	消 耗 品 費	
	租 税 公 課	
	支 払 利 息	
	貸 倒 引 当 金 繰 入	
	減 価 償 却 費	
	貯 　蔵　 品	
	前 払 保 険 料	
	前 受 手 数 料	
	未 払 利 息	
	未 収 利 息	
	未 払 消 費 税	
	未 払 法 人 税 等	
	法人税, 住民税及び事業税	

解答〈86〉ページ

| 問題29-8 ★★★ | 理解度チェック ☐☐☐ |

次の決算整理事項等にもとづいて，解答欄の精算表を完成しなさい。なお，消費税は決算整理事項等の6.以外は考慮しないものとする。会計期間は×1年4月1日から×2年3月31日までの1年である。

[決算整理事項等]

1. 仮払金は，従業員の出張旅費についての前渡分である。この従業員はすでに帰社しており，その精算をしたところ，旅費交通費の実際発生額59,000円を差し引いた残額について現金による返金を受けていたが，この記帳がまだ行われていない。

2. 売掛金20,000円を現金で受け取った際に，以下の仕訳を行っていたことが判明したのでこれを適切に修正する。

(借) 現 金 20,000 (貸) 前受金 20,000

3. 受取手形，クレジット売掛金および売掛金の期末残高に対し，実績率2%を用いて貸倒れを見積る。貸倒引当金の設定は差額補充法によること。

4. 期末商品棚卸高は44,000円である。売上原価は「仕入」の行で計算すること。

5. 備品について定額法により減価償却を行う。なお，備品のうち30,000円は当期の12月1日に購入し，使用を開始しており，新備品の減価償却は月割計算による。耐用年数は旧備品が10年，新備品が5年であり，残存価額はいずれもゼロである。

6. 消費税の処理（税抜方式）を行う。

7. 租税公課のうち2,500円は未使用の収入印紙であったので，これを貯蔵品勘定に振り替える。

8. 保険料78,000円は，×1年7月1日に向こう1年分を前払いしたものである。

9. 受取手数料のうち64,800円を前受分として処理する。

10. 借入金180,000円は×1年6月1日に借入期間1年，利率年6%で借り入れたもので，利息は11月末日と返済日の5月末日に各半年分を支払うことになっている。利息は月割計算による。

11. 貸付金に対する利息の未収分5,000円を計上する。

12. 法人税，住民税及び事業税が20,000円と算定され，中間納付額を差し引いた金額を未払法人税等として計上する。

▼ 解答欄

精 算 表

勘定科目	試算表 借方	試算表 貸方	修正記入 借方	修正記入 貸方	損益計算書 借方	損益計算書 貸方	貸借対照表 借方	貸借対照表 貸方
現　　　　金	74,750							
当 座 預 金	333,150							
受 取 手 形	172,500							
クレジット売掛金	32,000							
売 　掛　 金	225,500							
仮 払 消 費 税	33,450							
仮 払 法 人 税 等	8,000							
繰 越 商 品	43,000							
貸 　付　 金	100,000							
仮 　払　 金	63,000							
備 　　　 品	90,000							
買 　掛　 金		160,240						
前 　受　 金		20,000						
仮 受 消 費 税		70,810						
借 　入　 金		180,000						
貸 倒 引 当 金		6,750						
減 価 償 却 累 計 額		45,000						
資 　本　 金		400,000						
繰 越 利 益 剰 余 金		100,000						
売 　　　 上		708,100						
受 取 利 息		12,000						
受 取 手 数 料		97,100						
仕 　　　 入	334,500							
給 　　　 料	94,750							
支 払 手 数 料	1,500							
保 　険　 料	78,000							
旅 費 交 通 費	82,900							
消 耗 品 費	11,000							
租 税 公 課	7,750							
支 払 利 息	14,250							
	1,800,000	1,800,000						
貸倒引当金繰入								
減 価 償 却 費								
貯 　蔵　 品								
（　　　）保険料								
（　　　）手数料								
未 払 利 息								
未 収 利 息								
未 払 消 費 税								
法人税, 住民税及び事業税								
未 払 法 人 税 等								
当 期 純（　　　）								

解答〈88〉ページ

理解度チェック □□□□

問題29-9 ★★★

次の(1)決算整理前残高試算表と(2)決算整理事項等にもとづいて，解答欄の貸借対照表および損益計算書を完成しなさい。なお，消費税は(2)決算整理事項等の6．以外は考慮しないものとする。会計期間は×1年4月1日から×2年3月31日までの1年間である。

(1) 決算整理前残高試算表

決算整理前残高試算表

×2年3月31日　　（単位：円）

借　　方	勘　定　科　目	貸　　方
74,750	現　　　　　金	
333,150	当　座　預　金	
172,500	受　取　手　形	
32,000	クレジット売掛金	
225,500	売　　　掛　　　金	
33,450	仮　払　消　費　税	
8,000	仮　払　法　人　税　等	
43,000	繰　越　商　品	
100,000	貸　　　付　　　金	
63,000	仮　　　払　　　金	
90,000	備　　　　　品	
	買　　　掛　　　金	160,240
	前　　　受　　　金	20,000
	仮　受　消　費　税	70,810
	借　　　入　　　金	180,000
	貸　倒　引　当　金	6,750
	減　価　償　却　累　計　額	45,000
	資　　　本　　　金	400,000
	繰　越　利　益　剰　余　金	100,000
	売　　　　　上	708,100
	受　　取　　利　　息	12,000
	受　取　手　数　料	97,100
334,500	仕　　　　　入	
94,750	給　　　　　料	
1,500	支　払　手　数　料	
78,000	保　　　険　　　料	
82,900	旅　費　交　通　費	
11,000	消　　耗　　品　　費	
7,750	租　　税　　公　　課	
14,250	支　　払　　利　　息	
1,800,000		1,800,000

(2) 決算整理事項等

1．仮払金は従業員の出張旅費についての前渡分である。この従業員はすでに帰社しており，その精算をしたところ，旅費交通費の実際発生額59,000円を差し引いた残額について現金による返金を受けていたが，この記帳がまだ行われていない。

2．売掛金20,000円を現金で受け取った際に，以下の仕訳を行っていたことが判明したのでこれを適切に修正する。

　　（借）現　金　20,000　（貸）前受金　20,000

3．受取手形，クレジット売掛金および売掛金の期末残高に対し，実績率2％を用いて貸倒れを見積る。貸倒引当金の設定は差額補充法によること。

4．期末商品棚卸高は44,000円である。売上原価は仕入勘定で計算すること。

5．備品について定額法により減価償却を行う。なお，備品のうち30,000円は当期の12月1日に購入し，使用を開始しており，新備品の減価償却は月割計算による。耐用年数は旧備品が10年，新備品が5年であり，残存価額はいずれもゼロである。

6．消費税の処理（税抜方式）を行う。

7．租税公課のうち2,500円は未使用の収入印紙であったので，これを貯蔵品勘定に振り替える。

8．保険料78,000円は，×1年7月1日に向こう1年分を前払いしたものである。

9．受取手数料のうち64,800円を前受分として処理する。

10．借入金180,000円は×1年6月1日に借入期間1年，利率年6％で借り入れたもので，利息は11月末日と返済日の5月末日に各半年分を支払うことになっている。利息は月割計算による。

11．貸付金に対する利息の未収分5,000円を計上する。

12．法人税，住民税及び事業税が20,000円と算定され，中間納付額を差し引いた金額を未払法人税等として計上する。

194

▼ 解答欄

貸 借 対 照 表
×2年3月31日　　　　　　　　　　　　　　　　　（単位：円）

現　　　　　金	（　　　）		買　掛　金	（　　　）	
当 座 預 金	（　　　）		借　入　金	（　　　）	
受 取 手 形 （　　　）			未 払 消 費 税	（　　　）	
貸倒引当金 （△　　　）	（　　　）		未払法人税等	（　　　）	
クレジット売掛金 （　　　）			前 受 収 益	（　　　）	
貸倒引当金 （△　　　）	（　　　）		未 払 費 用	（　　　）	
売　掛　金 （　　　）			資　本　金	（　　　）	
貸倒引当金 （△　　　）	（　　　）		繰越利益剰余金	（　　　）	
商　　　　　品	（　　　）				
貯　蔵　品	（　　　）				
前 払 費 用	（　　　）				
未 収 収 益	（　　　）				
貸　付　金	（　　　）				
備　　　　　品 （　　　）					
減価償却累計額 （△　　　）	（　　　）				
	（　　　）			（　　　）	

損 益 計 算 書
×1年4月1日から×2年3月31日まで　　　　　　　（単位：円）

売 上 原 価	（　　　）		売　上　高	（　　　）	
給　　　　　料	（　　　）		受取手数料	（　　　）	
支 払 手 数 料	（　　　）		受 取 利 息	（　　　）	
保　険　料	（　　　）				
旅 費 交 通 費	（　　　）				
消 耗 品 費	（　　　）				
租 税 公 課	（　　　）				
貸倒引当金繰入	（　　　）				
減 価 償 却 費	（　　　）				
支 払 利 息	（　　　）				
法人税, 住民税及び事業税	（　　　）				
当 期 純 利 益	（　　　）				
	（　　　）			（　　　）	

解答〈89〉ページ

Theme

30 証ひょうと伝票

理解度チェック

問題30-1 ★★★

次に示す(1)〜(8)のそれぞれの内容について，最も関係が深いと思われる証ひょうを下記の**〈語群〉**から選び，A〜Kの記号で答えなさい。

(1) 注文していた商品を受け入れるとき「仕入れた商品の内容，数量，単価等」を記した書面を受け取る（梱包中に同封されている等）。

(2) 現金を支払った際，相手先より「支払日，支払先，金額等」を記した書面を受け取る。

(3) 当座預金口座を開設している銀行より，定期的に「口座の増減明細」が送られてくる。

(4) 小切手を振り出した際，手元の小切手帳に「振出日，相手先，小切手番号，金額等」を半券として残しておく。

(5) 商品の掛売上げについて，あとで得意先に対し「売上取引の明細，金額，支払日」等について記した書面を送付する。

(6) 現金を受け取った際，相手先に対し「受取日，当社の名称，金額等」を記した書面を渡し，その控を保存しておく。

(7) 従業員に対して行っていた出張旅費の仮払いについて，帰社後に精算する際に書面に支払内容等を記して提出してもらう。

(8) 法人税など国税を納付するときに記して提出する書面（複写したものを支払いを表す控えとして手元に残す）。

〈語群〉

A．領収書 　　　　　　　　 B．出張旅費報告書 　　　　 C．請求書控え

D．預金通帳 　　　　　　　 E．請求書 　　　　　　　　 F．小切手の控え

G．国税資金納付書（領収証書） 　　H．領収書控え 　　　　　　 I．注文書

J．当座勘定照合表 　　　　 K．納品書

▼ 解答欄

(1)	(2)	(3)	(4)	(5)	(6)

(7)	(8)

解答〈90〉ページ

理解度チェック

問題30-2　★★★			

次の取引について仕訳しなさい。

〈指定勘定科目〉

　普通預金　　旅費交通費

3月25日　従業員が出張から帰社し，下記の領収書を提示したので，当社（株式会社長崎）の普通
　　　　　預金口座から従業員の指定する普通預金口座へ振り込んで精算した。なお，出発前に前渡
　　　　　しは行っておらず，出張旅費の支払いは従業員の立替払いにより行ったとの報告を受け
　　　　　た。なお当社では，立替精算の出張旅費について，精算日に旅費交通費として処理するこ
　　　　　ととしている。

領　収　書

No.×××
××年3月20日

株式会社長崎　様

¥25,000※

但し　旅客運賃として
上記金額を正に領収いたしました。

ＡＡ旅客鉄道株式会社　（公印省略）
ＢＢ駅発行　取扱者　　（捺印省略）

Theme
30
証ひょうと伝票

▼ 解答欄

日　付	借　方　科　目	金　　　額	貸　方　科　目	金　　　額
3/25				

解答〈90〉ページ

197

理解度チェック

問題30-3 ★★★

次の取引について仕訳しなさい。

〈指定勘定科目〉

未 払 金　　　消 耗 品 費

6月16日　株式会社東京商店は，横浜文具㈱より事務用消耗品を購入し，品物とともに次の請求書を受け取り，代金は後日支払うこととした。

請 求 書

株式会社東京商店　御中

×年6月16日

横浜文具㈱

品物	数量	単価	金額
Ａ４紙（500枚入）	2	640	1,280円
Ｂ４紙（500枚入）	2	750	1,500円
ボールペン（10本入）	5	540	2,700円
クリアファイル（10枚入）	5	200	1,000円
		合　計	6,480円

×年6月30日までに合計額を下記口座へお振込み下さい。

ＹＹ銀行横浜支店　普通　1234567　ヨコハマブング（カ

▼ 解答欄

日　付	借 方 科 目	金　　額	貸 方 科 目	金　　額
6／16				

解答〈90〉ページ

198

問題30-4 ★★★	理解度チェック

次の取引について仕訳しなさい。

〈指定勘定科目〉

　仮　払　金　　　備　　品

11月30日　株式会社東京商店は，川崎K電気商会㈱より事務用パソコン（備品）を購入し，本日品物とともに次の領収書を受け取り，ただちにセッティング作業を施してもらい同日より使用を開始した。なお，代金は全額をすでに支払済みであり，仮払金勘定で処理してある。

領　収　書

株式会社東京商店　様

×年11月20日

川崎K電気商会㈱

品物	数量	単価	金額
パソコンPPCC-2211	2	350,000	700,000円
同上　付属用品	—	—	42,000円
配送料	—	—	10,200円
セッティング作業	2	5,400	10,800円
		合　　計	763,000円

上記の合計額を領収いたしました。

収入印紙
㊞　　××円

▼ 解答欄

日　　付	借　方　科　目	金　　額	貸　方　科　目	金　　額
11/30				

解答〈90〉ページ

理解度チェック

問題30-5 ★★★

次の取引について仕訳しなさい。なお，商品売買の記帳は三分法により，消費税を税抜方式で処理する。

〈指定勘定科目〉

仮払消費税　　　買　掛　金　　　仕　　入

5月29日　株式会社東京商店は，神奈川K物産株式会社より商品を仕入れ，品物とともに次の請求書（兼納品書）を受け取った。

請　求　書

株式会社東京商店　御中　　　　　　　　　　　　　　　　　×年5月29日

神奈川K物産株式会社

品物	数量	単価	金額
A品	20	10,000	200,000円
B品	20	8,000	160,000円
C品	15	7,400	111,000円
小　計			471,000円
消費税（10%）			47,100円
合　計			518,100円

×年6月29日までに合計額を下記口座へお振込み下さい。

神奈川YK銀行××支店　普通　7654321　カナガワケイブッサン（カ

▼ 解答欄

日　付	借　方　科　目	金　　額	貸　方　科　目	金　　額
5/29				

解答〈90〉ページ

理解度チェック

問題30-6 ★★★

次の取引について仕訳しなさい。なお，商品売買の記帳は三分法により，消費税を税抜方式で処理する。

〈指定勘定科目〉

売　掛　金　　　　仮受消費税　　　　売　　　　上

5月29日　神奈川K物産株式会社は，株式会社東京商店に商品を販売し，品物とともに次の請求書（兼納品書）を発送した。

請　求　書（控）

株式会社東京商店　御中

×年5月29日

神奈川K物産株式会社

品物	数量	単価	金額
A品	20	10,000	200,000円
B品	20	8,000	160,000円
C品	15	7,400	111,000円
		小　計	471,000円
		消費税（10%）	47,100円
		合　計	518,100円

×年6月29日までに合計額を下記口座へお振込み下さい。

神奈川YK銀行××支店　普通　7654321　カナガワケイブッサン（カ

▼ 解答欄

日　付	借　方　科　目	金　　額	貸　方　科　目	金　　額
5 /29				

解答〈90〉ページ

理解度チェック

問題30-7 ★★★

次の取引について仕訳しなさい。なお，商品売買の記帳は三分法による。

〈指定勘定科目〉

現　金　　　当座預金　　　売　掛　金　　　売　　　上

3月25日　和歌山商事株式会社は，奈良株式会社に商品を販売し，品物とともに次の請求書の原本を発送し，代金の全額を掛代金として処理した。また，奈良株式会社への請求額と同額の発送料を現金で支払った（掛代金に含めて処理すること）。

請　求　書（控）

奈良株式会社　御中　　　　　　　　　　　　　　　　　×年3月25日

和歌山商事株式会社

品　　　　　物	数量	単価	金額
特別装飾品 α	20	2,500	50,000円
高級装備品 β	15	3,300	49,500円
特殊装着品 γ	30	2,750	82,500円
発送料	—	—	4,200円
		合　計	186,200円

×年4月30日までに合計額を下記口座へお振込み下さい。

紀伊W銀行××支店　当座　12344321　ワカヤマショウジ（カブ シキガイシャ

4月30日　和歌山商事株式会社は，奈良株式会社より3月25日に販売した商品代金が指定口座に入金されたことを確認した。

▼解答欄

日　付	借　方　科　目	金　　　額	貸　方　科　目	金　　　額
3/25				
4/30				

解答〈90〉ページ

202

理解度チェック

問題30-8 ★★★

次の取引について仕訳しなさい。

〈指定勘定科目〉

　　現　　金　　仮　払　金　　　旅費交通費

5月20日　従業員（東京大輔氏）が出張から戻り，次の「出張旅費報告書」を必要な領収書とともに受け取り，旅費交通費として計上した。この出張については出発前に20,000円を仮払いしており，支払額との差額を現金で受け取った。なお，当社では1回3,000円以下の電車賃は領収書の提出を不要としている。

領収書

運賃　¥4,320

上記のとおり領収いたしました

静岡タクシー㈱

領収書

宿泊費（1名）¥9,720

またのご利用をお待ちしております

ホテル静岡

出張旅費報告書　　×年5月20日

東京大輔

移動先	手段等	領収書	金　額
静岡ビル	電車	無	1,080
静岡商店㈱	タクシー	有	4,320
ホテル静岡	宿泊	有	9,720
帰社	電車	無	1,080
		合　計	16,200円

▼ 解答欄

日　付	借 方 科 目	金　　額	貸 方 科 目	金　　額
5／20				

解答〈91〉ページ

203

問題30-9 ★★★

理解度チェック ☐☐☐

次の取引について仕訳しなさい。

〈指定勘定科目〉

　普 通 預 金　　仮払法人税等

10月25日　東京都商事株式会社は，法人税等につき，以下の納付書のとおり，当社の普通預金口座から振り込んだ。

（納　付　書）	領　収　証　書		
科目　　　　　法人税	本　　税	620,000	納期等の区分
	重 加 算 税		×0401 ～ ×0331
	加 算 税		中間申告 確定申告
住所　東京都××○○	利子税		
	延滞税		
氏名　東京都商事株式会社	合計額	¥620,000	印

▼ 解答欄

日　付	借 方 科 目	金　　額	貸 方 科 目	金　　額
10/25				

解答〈91〉ページ

204

理解度チェック

問題30-10 ★★★

さいたまＳ商事株式会社は，取引銀行のインターネットバンキングサービスから，当座勘定照合表（入出金明細）を次のとおり出力した。そこで，解答欄に示した日付における仕訳を答えなさい。なお，当社にとって㈱群馬商店は仕入先，長野商店㈱は得意先である。

〈指定勘定科目〉

当 座 預 金　　　売 掛 金　　　支 払 手 形　　　借 入 金　　　支 払 利 息

×年6月30日

当座勘定照合表

さいたまＳ商事株式会社　様

○○銀行△△支店

取引日	摘　　　要	お支払金額	お預り金額	取引残高
6/20	融資ご返済	600,000		省
6/20	融資ご返済お利息	2,000		
6/21	お振込　㈱群馬商店	725,000		
6/21	お振込手数料	324		
6/24	お振込　長野商店㈱		540,000	略
6/25	小切手引落（№222）	300,000		
6/30	約束手形引落（№416）	500,000		

▼ 解答欄

日　付	借 方 科 目	金　　額	貸 方 科 目	金　　額
6/20				
6/24				
6/30				

解答〈91〉ページ

理解度チェック

問題30-11 ★★★

次の伝票について取引を推定し，仕訳を答えなさい。

〈指定勘定科目〉

現　金　　売　掛　金　　備　品　　支払手形　　仕　入

(1)

入　金　伝　票	
科　　　　　目	金　　　額
売　掛　金	500,000

(2)

出　金　伝　票	
科　　　　　目	金　　　額
備　　　品	300,000

(3)

振　替　伝　票			
借方科目	金　　額	貸方科目	金　　額
仕　　入	400,000	支払手形	400,000

▼ 解答欄

	借　方　科　目	金　　　額	貸　方　科　目	金　　　額
(1)				
(2)				
(3)				

解答〈91〉ページ

206

理解度チェック

問題30-12 ★★☆

次の2枚の伝票からそれぞれ取引を推定し，その仕訳を解答欄の仕訳帳に記入しなさい。小書きは不要である。

〈指定勘定科目〉

現　金　　売　掛　金　　支払家賃

入　金　伝　票	
×1年10月6日	
売　掛　金	450,000

出　金　伝　票	
×1年10月7日	
支　払　家　賃	200,000

▼ 解答欄

仕　訳　帳

10ページ

×1年		摘　　　　　　　要	元丁	借　　方	貸　　方
		前ページから		235,000	235,000
10	6	（　　　　　　）		（　　　　）	
		（　　　　　　　）			（　　　　）
	7	（　　　　　　）		（　　　　）	
		（　　　　　　　）			（　　　　）

解答〈91〉ページ

理解度チェック

問題30-13 ★★★

次の(1)および(2)に示した各2枚の伝票は，それぞれある1つの取引について作成されたものである。これらの伝票から取引を推定して，その仕訳を答えなさい。

〈**指定勘定科目**〉

現　　金　　買　掛　金　　仕　　入

(1)

出　金　伝　票	
科　　　目	金　　額
仕　　　入	200,000

振　替　伝　票			
借方科目	金　　額	貸方科目	金　　額
仕　　　入	300,000	買　掛　金	300,000

(2)

出　金　伝　票	
科　　　目	金　　額
買　掛　金	200,000

振　替　伝　票			
借方科目	金　　額	貸方科目	金　　額
仕　　　入	500,000	買　掛　金	500,000

▼ 解答欄

	借　方　科　目	金　　　額	貸　方　科　目	金　　　額
(1)				
(2)				

解答〈91〉ページ

問題30-14 ★★★

商品を仕入れ，代金500,000円のうち200,000円を現金で支払い，残額を掛けとした取引について，出金伝票を(1)のように作成した場合と(2)のように作成した場合のそれぞれについて，解答欄の振替伝票の記入を示しなさい。

〈指定勘定科目〉
買　掛　金　　　仕　　入

(1)

出　金　伝　票	
仕　　入	200,000

(2)

出　金　伝　票	
買　掛　金	200,000

▼解答欄

(1)

振　替　伝　票			
借　方　科　目	金　　額	貸　方　科　目	金　　額

(2)

振　替　伝　票			
借　方　科　目	金　　額	貸　方　科　目	金　　額

解答〈92〉ページ

理解度チェック

問題30-15 ★★★

次の(1)および(2)に示した各2枚の伝票は，それぞれある1つの取引について作成されたものである。これらの伝票から取引を推定して，その仕訳を答えなさい。

〈指定勘定科目〉

現　　金　　　売　掛　金　　　売　　　　上

(1)

入　金　伝　票	
科　　　目	金　　　額
売　　　上	200,000

振　替　伝　票			
借方科目	金　　　額	貸方科目	金　　　額
売　掛　金	400,000	売　　　上	400,000

(2)

入　金　伝　票	
科　　　目	金　　　額
売　掛　金	200,000

振　替　伝　票			
借方科目	金　　　額	貸方科目	金　　　額
売　掛　金	600,000	売　　　上	600,000

▼解答欄

	借　方　科　目	金　　　額	貸　方　科　目	金　　　額
(1)				
(2)				

解答〈92〉ページ

理解度チェック

問題30-16　★★★

　商品を売り上げ，代金600,000円のうち200,000円を現金で受け取り，残額を掛けとした取引について，入金伝票を(1)のように作成した場合と(2)のように作成した場合のそれぞれについて，解答欄の振替伝票の記入を示しなさい。

〈指定勘定科目〉

　　売　掛　金　　　売　　　上

(1)

入　金　伝　票	
売　　上	200,000

(2)

入　金　伝　票	
売　掛　金	200,000

▼ 解答欄

(1)

振　替　伝　票			
借　方　科　目	金　　　額	貸　方　科　目	金　　　額

(2)

振　替　伝　票			
借　方　科　目	金　　　額	貸　方　科　目	金　　　額

解答〈92〉ページ

211

問題30-17 ★★☆

理解度チェック ☐ ☐ ☐

次の各取引について，下記のように入金伝票または出金伝票を作成したとして，解答欄の振替伝票の記入を示しなさい。

〈指定勘定科目〉
売掛金　　買掛金　　売　上　　仕　入

(1) 商品300,000円を売り上げ，代金のうち100,000円は現金で受け取り，残りは掛けとした。

入　金　伝　票	
売　　上	100,000

(2) 商品400,000円を仕入れ，代金のうち300,000円は現金で支払い，残りは掛けとした。

出　金　伝　票	
買　掛　金	300,000

▼ 解答欄

(1)

振　替　伝　票			
借　方　科　目	金　　　額	貸　方　科　目	金　　　額

(2)

振　替　伝　票			
借　方　科　目	金　　　額	貸　方　科　目	金　　　額

解答〈93〉ページ

理解度チェック

問題30-18　★★★

次の6月1日に作成された各伝票にもとづいて，仕訳日計表を作成し，現金勘定および売上勘定へ転記しなさい。

入 金 伝 票	No. 101
売 掛 金	5,000

入 金 伝 票	No. 102
売　　　上	12,000

出 金 伝 票	No. 201
買 掛 金	4,000

出 金 伝 票	No. 202
仕　　　入	9,500

振 替 伝 票	No. 301
売 掛 金	15,000
売　　　上	15,000

振 替 伝 票	No. 302
売　　　上	1,500
売 掛 金	1,500

▼ 解答欄

仕 訳 日 計 表

×年6月1日　　　　　　　　　　　　　　6

借　　方	元丁	勘 定 科 目	元丁	貸　　方
		現　　　　金		
		売　掛　金		
		買　掛　金		
		売　　　上		
		仕　　　入		

総 勘 定 元 帳

現　　金　　　　　　　　　　　　　　1

×　年	摘　　要	仕丁	借　　方	×　年	摘　　要	仕丁	貸　　方
6　1	前 月 繰 越	✓	20,000				

売　　上　　　　　　　　　　　　　12

×　年	摘　　要	仕丁	借　　方	×　年	摘　　要	仕丁	貸　　方

解答〈93〉ページ

問題30-19 ★★☆

東京商店㈱は，毎日の取引を入金伝票，出金伝票，振替伝票に記入し，これを1日分ずつ集計して仕訳日計表を作成し，この仕訳日計表から総勘定元帳に転記している。同社の9月1日の取引について作成された次の各伝票（略式）にもとづいて，(1)仕訳日計表を作成し，(2)解答欄に示した総勘定元帳の各勘定に転記しなさい。

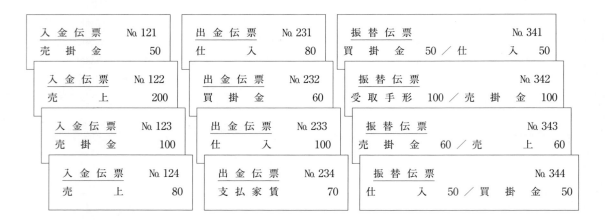

▼解答欄

(1)

仕 訳 日 計 表
×年9月1日
91

借　　方	元丁	勘 定 科 目	元丁	貸　　方
		現　　　　金		
		受　取　手　形		
		売　　掛　　金		
		買　　掛　　金		
		売　　　　上		
		仕　　　　入		
		支　払　家　賃		

(2)

総 勘 定 元 帳
現　　金
1

×　年		摘　　　要	仕丁	借　方	貸　方	借／貸	残　高
9	1	前　月　繰　越	✓	800		借	800

売　　上
25

×　年		摘　　　要	仕丁	借　方	貸　方	借／貸	残　高
9	1	前　月　繰　越	✓		1,500	貸	1,500

解答〈94〉ページ

215

問題30-20 ★★★

　新潟商店㈱は，毎日の取引を入金伝票，出金伝票および振替伝票の３種類の伝票に記入し，これらを１日分ずつ集計して仕訳日計表を作成し，この日計表から各関係元帳に転記している。同社の×5年５月１日の取引について作成された次の伝票にもとづいて，(1)仕訳日計表を作成し，(2)解答欄に示した総勘定元帳と仕入先元帳の諸勘定に転記しなさい。

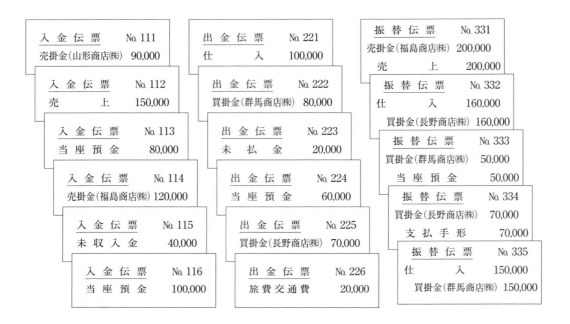

▼解答欄

(1)

仕 訳 日 計 表
×5年5月1日   32

借　方	元丁	勘 定 科 目	元丁	貸　方
		現　　　　　　金		
		当 座 預 金		
		売　　掛　　金		
		未 収 入 金		
		支 払 手 形		
		買　　掛　　金		
		未　　払　　金		
		売　　　　　　上		
		仕　　　　　　入		
		旅 費 交 通 費		

(2)

総 勘 定 元 帳

現　　金						11
×5 年	摘　要	仕丁	借方	貸方	借/貸	残　高
5 1	前月繰越	✓	250,000		借	250,000

売　掛　金						15
×5 年	摘　要	仕丁	借方	貸方	借/貸	残　高
5 1	前月繰越	✓	300,000		借	300,000

仕 入 先 元 帳

群 馬 商 店 ㈱						仕3
×5 年	摘　要	仕丁	借　方	貸　方	借/貸	残　高
5 1	前月繰越	✓		150,000	貸	150,000

長 野 商 店 ㈱						仕6
×5 年	摘　要	仕丁	借　方	貸　方	借/貸	残　高
5 1	前月繰越	✓		200,000	貸	200,000

解答〈95〉ページ

問題30-21 ★☆☆

新潟商店㈱は，毎日の取引を入金伝票，出金伝票および振替伝票に記入し，これを1日分ずつ集計して仕訳日計表を作成し，この仕訳日計表から総勘定元帳に転記している。同社の×1年6月1日の取引に関して作成された次の各伝票（略式）にもとづいて，解答欄の(1)仕訳日計表を作成し，(2)総勘定元帳（一部）への転記を行い，(3)得意先元帳および(4)仕入先元帳への記入を示しなさい。

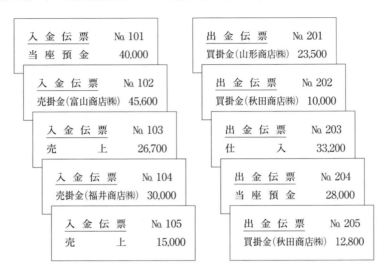

▼解答欄

(1)

仕 訳 日 計 表

×1年6月1日　　　　　　　　　　　　　　61

借　方	元丁	勘 定 科 目	元丁	貸　方
		現　　　　　金		
		当 座 預 金		
		売 　掛　 金		
		備　　　　品		
		買 　掛　 金		
		未 　払　 金		
		売　　　　上		
		仕　　　　入		

(2) 総勘定元帳（一部）

現　　金　　　　11

6/1前月繰越	71,500	6/1	[　]（　　）
〃	[　]（　　）		

売　掛　金　　　　15

6/1前月繰越	51,100	6/1仕訳日計表[　]（　　）
〃	[　]（　　）	

買　掛　金　　　　27

6/1	[　]（　　）	6/1前月繰越	42,400
		〃	[　]（　　）

売　　上　　　　44

		6/1前月繰越	488,000
		〃	[　]（　　）

(3) 得意先元帳

富山商店㈱

6/1前月繰越	25,000	6/1	[　]（　　）
〃	[　]（　　）		

福井商店㈱

6/1前月繰越	26,100	6/1入金伝票[　]（　　）
〃	[　]（　　）	

(4) 仕入先元帳

秋田商店㈱

6/1出金伝票[　]（　　）	6/1前月繰越	27,400
〃　　[　]（　　）	〃	[　]（　　）

山形商店㈱

6/1	[　]（　　）	6/1前月繰越	15,000
〃	[　]（　　）	〃	[　]（　　）

（注）総勘定元帳，得意先元帳，仕入先元帳の記入においては，摘要として転記元の資料名および
　　　[　]内にその番号を，また（　　）内には金額を示すこと。

解答〈96〉ページ

問題30-22 ★★★

新潟商店㈱は，毎日の取引を入金伝票，出金伝票および振替伝票に記入し，これを1日分ずつ集計して仕訳日計表を作成し，この仕訳日計表から総勘定元帳に転記している。同社の×1年6月1日の取引に関して作成された次の各伝票（略式）と各関係元帳の記入にもとづいて，解答欄の仕訳日計表を完成しなさい。なお，（　）の金額は各自算定すること。

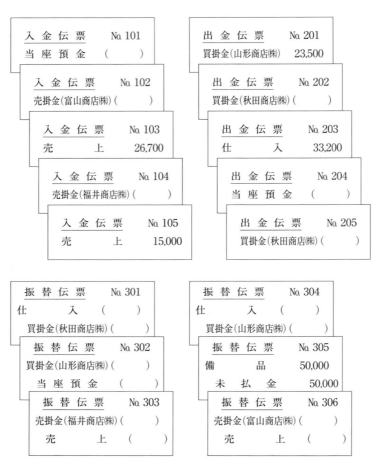

総 勘 定 元 帳 （一部）

現 金 11	売 上 44
6/1 前月繰越　71,500 ｜ 6/1 仕訳日計表[61] 107,500	｜ 6/1 前月繰越　488,000
〃 仕訳日計表[61] 157,300 ｜	｜ 〃 仕訳日計表[61] 174,900

得 意 先 元 帳

富山商店㈱	福井商店㈱
6/1 前月繰越　25,000 ｜ 6/1 入金伝票[102]　45,600	6/1 前月繰越　26,100 ｜ 6/1 入金伝票[104]　30,000
〃 振替伝票[306]（　　　）｜	〃 振替伝票[303]　63,200 ｜

仕 入 先 元 帳

秋田商店㈱	山形商店㈱
6/1 出金伝票[202]　10,000 ｜ 6/1 前月繰越　27,400	6/1 出金伝票[201]　23,500 ｜ 6/1 前月繰越　15,000
〃 出金伝票[205]　12,800 ｜ 〃 振替伝票[301]　58,500	〃 振替伝票[302]　25,000 ｜ 〃 振替伝票[304]　49,400

▼ 解答欄

仕 訳 日 計 表
×1年 6 月 1 日　　　　　　　　　　　　　　61

借　　方	元丁	勘 定 科 目	元丁	貸　　方
		現　　　　　金		
		当 座 預 金		
		売　　掛　　金		
		備　　　　　品		
		買　　掛　　金		
		未　　払　　金		
		売　　　　　上		
		仕　　　　　入		

解答〈97〉ページ

よくわかる簿記シリーズ

合格トレーニング 日商簿記3級 Ver.12.0

1999年12月10日	初 版	第1刷発行
2021年3月22日	第12版	第1刷発行
2021年6月16日		第2刷発行

編 著 者	ＴＡＣ株式会社
	（簿記検定講座）
発 行 者	多 田 敏 男
発 行 所	ＴＡＣ株式会社 出版事業部
	（ＴＡＣ出版）

〒101-8383
東京都千代田区神田三崎町3-2-18
電話 03（5276）9492（営業）
FAX 03（5276）9674
https://shuppan.tac-school.co.jp

組 版	朝日メディアインターナショナル株式会社
印 刷	株式会社 ワコープラネット
製 本	株式会社 常 川 製 本

© TAC 2021　　　　Printed in Japan　　　　ISBN 978-4-8132-9603-4
N.D.C 336

本書は、「著作権法」によって、著作権等の権利が保護されている著作物です。本書の全部または一部につき、無断で転載、複写されると、著作権等の権利侵害となります。上記のような使い方をされる場合、および本書を使用して講義・セミナー等を実施する場合には、小社宛許諾を求めてください。

乱丁・落丁による交換、および正誤のお問合せ対応は、該当書籍の改訂版刊行月末日までといたします。なお、交換につきましては、書籍の在庫状況等により、お受けできない場合もございます。
また、各種本試験の実施の延期、中止を理由とした本書の返品はお受けいたしません。返金もいたしかねますので、あらかじめご了承くださいますようお願い申し上げます。

簿記検定講座のご案内

選べる学習メディアでご自身に合うスタイルでご受講ください！

通学講座
3級コース ／ 3・2級コース ／ 2級コース ／ 1級コース ／ 1級上級・アドバンスコース

教室講座（通って学ぶ）
定期的な日程で通学する学習スタイル。常に講師と接することができるという教室講座の最大のメリットがありますので、疑問点はその日のうちに解決できます。また、勉強仲間との情報交換も積極的に行えるのが特徴です。

ビデオブース講座（通って学ぶ／予約制）
ご自身のスケジュールに合わせて、TACのビデオブースで学習するスタイル。日程を自由に設定できるため、忙しい社会人に人気の講座です。

直前期教室出席制度
直前期以降、教室受講に振り替えることができます。

無料体験入学
ご自身の目で、耳で体験し納得してご入学いただくために、無料体験入学をご用意しました。

無料講座説明会
もっとTACのことを知りたいという方は、無料講座説明会にご参加ください。

無料／予約不要※

※ビデオブース講座の無料体験入学は要予約。
無料講座説明会は一部校舎では要予約。

通信講座
3級コース ／ 3・2級コース ／ 2級コース ／ 1級コース ／ 1級上級・アドバンスコース

Web通信講座（スマホやタブレットにも対応／見て学ぶ）
教室講座の生講義をブロードバンドを利用し動画で配信します。ご自身のペースに合わせて、24時間いつでも何度でも繰り返し受講することができます。また、講義動画はダウンロードして2週間視聴可能です。有効期間内は何度でもダウンロード可能です。
※Web通信講座の配信期間は、お申込コースの目標月の翌月末までです。

WEB SCHOOL ホームページ
URL https://portal.tac-school.co.jp/
※お申込み前に、左記のサイトにて必ず動作環境をご確認ください。

DVD通信講座（見て学ぶ）
講義を収録したデジタル映像をご自宅にお届けします。講義の臨場感をクリアな画像でご自宅にて再現することができます。
※DVD-Rメディア対応のDVDプレーヤーでのみ受講が可能です。パソコン・ゲーム機での動作保証はいたしておりません。

資料通信講座（1級のみ）
テキスト・添削問題を中心として学習します。

Webでも無料配信中！「TAC動画チャンネル」（スマホ・タブレット・パソコン）

- 講座説明会 ※収録内容の変更のため、配信されない期間が生じる場合がございます。
- 1回目の講義（前半分）が視聴できます

詳しくは、TACホームページ「TAC動画チャンネル」をクリック！
[TAC動画チャンネル 簿記] 検索
https://www.tac-school.co.jp/kouza_boki/tacchannel.html

コースの詳細は、簿記検定講座パンフレット・TACホームページをご覧ください。

パンフレットのご請求・お問い合わせは、TACカスタマーセンターまで

通話無料 0120-509-117（ゴウカク イイナ）
受付時間 月〜金 土・日・祝 10:00〜17:00
※携帯電話からもご利用になれます。

TAC簿記検定講座ホームページ [TAC 簿記] 検索
https://www.tac-school.co.jp/kouza_boki/

資格の学校 TAC

簿記検定講座

お手持ちの教材がそのまま使用可能!
【テキストなしコース】のご案内

TAC簿記検定講座のカリキュラムは市販の教材を使用しておりますので、こちらのテキストを使ってそのまま受講することができます。独学では分かりにくかった論点や本試験対策も、TAC講師の詳しい解説で理解度も120%UP!本試験合格に必要なアウトプット力が身につきます。独学との差を体感してください。

左記の各メディアが【テキストなしコース】でお得に受講可能!

こんな人にオススメ!
- ● テキストにした書き込みをそのまま活かしたい!
- ● これ以上テキストを増やしたくない!
- ● とにかく受講料を安く抑えたい!

※お申込み前に必ずお手持ちのテキストのバージョンをご確認ください。場合によっては最新のものに買い直していただくことがございます。詳細はお問い合わせください。

お手持ちの教材をフル活用!!

合格テキスト

合格トレーニング

会計業界への就職・転職支援サービス

TACの100％出資子会社であるTACプロフェッションバンク（TPB）は、会計・税務分野に特化した転職エージェントです。勉強された知識とご希望に合ったお仕事を一緒に探しませんか？ 相談だけでも大歓迎です！ どうぞお気軽にご利用ください。

人材コンサルタントが無料でサポート

Step1 相談受付 完全予約制です。HPからご登録いただくか、各オフィスまでお電話ください。

Step2 面談 ご経験やご希望をお聞かせください。あなたの将来について一緒に考えましょう。

Step3 情報提供 ご希望に適うお仕事があれば、その場でご紹介します。強制はいたしませんのでご安心ください。

正社員で働く
- 安定した収入を得たい
- キャリアプランについて相談したい
- 面接日程や入社時期などの調整をしてほしい
- 今就職すべきか、勉強を優先すべきか迷っている
- 職場の雰囲気など、求人票でわからない情報がほしい

TACキャリアエージェント
https://tacnavi.com/

派遣で働く（関東のみ）
- 勉強を優先して働きたい
- 将来のために実務経験を積んでおきたい
- まずは色々な職場や職種を経験したい
- 家庭との両立を第一に考えたい
- 就業環境を確認してから正社員で働きたい

TACの経理・会計派遣
https://tacnavi.com/haken/

※ご経験やご希望内容によってはご支援が難しい場合がございます。予めご了承ください。　※面談時間は原則お一人様30分とさせていただきます。

自分のペースでじっくりチョイス

正社員・アルバイトで働く
- 自分の好きなタイミングで就職活動をしたい
- どんな求人案件があるのか見たい
- 企業からのスカウトを待ちたい
- WEB上で応募管理をしたい

Webで

TACキャリアナビ
https://tacnavi.com/kyujin/

就職・転職・派遣就労の強制は一切いたしません。会計業界への就職・転職を希望される方への無料支援サービスです。どうぞお気軽にお問い合わせください。

TACプロフェッションバンク

有料職業紹介事業 許可番号13-ユ-010678　一般労働者派遣事業 許可番号（派）13-010932

東京オフィス
〒101-0051
東京都千代田区神田神保町1-103
東京パークタワー2F
TEL.03-3518-6775

大阪オフィス
〒530-0013
大阪府大阪市北区茶屋町6-20
吉田茶屋町ビル5F
TEL.06-6371-5851

名古屋 登録会場
〒450-0002
愛知県名古屋市中村区名駅1-2-4
名鉄バスターミナルビル10F
TEL.0120-757-655

10860572(07)

2020年2月現在

TAC出版 書籍のご案内

TAC出版では、資格の学校TAC各講座の定評ある執筆陣による資格試験の参考書をはじめ、資格取得者の開業法や仕事術、実務書、ビジネス書、一般書などを発行しています！

TAC出版の書籍
＊一部書籍は、早稲田経営出版のブランドにて刊行しております。

資格・検定試験の受験対策書籍

- 日商簿記検定
- 建設業経理士
- 全経簿記上級
- 税理士
- 公認会計士
- 社会保険労務士
- 中小企業診断士
- 証券アナリスト
- ファイナンシャルプランナー(FP)
- 証券外務員
- 貸金業務取扱主任者
- 不動産鑑定士
- 宅地建物取引士
- マンション管理士
- 管理業務主任者
- 司法書士
- 行政書士
- 司法試験
- 弁理士
- 公務員試験(大卒程度・高卒者)
- 情報処理試験
- 介護福祉士
- ケアマネジャー
- 社会福祉士　ほか

実務書・ビジネス書

- 会計実務、税法、税務、経理
- 総務、労務、人事
- ビジネススキル、マナー、就職、自己啓発
- 資格取得者の開業法、仕事術、営業術
- 翻訳書 (T's BUSINESS DESIGN)

一般書・エンタメ書

- エッセイ、コラム
- スポーツ
- 旅行ガイド (おとな旅プレミアム)
- 翻訳小説 (BLOOM COLLECTION)

TAC出版

(2018年5月現在)

書籍のご購入は

1 全国の書店、大学生協、ネット書店で

2 TAC各校の書籍コーナーで

資格の学校TACの校舎は全国に展開！
校舎のご確認はホームページにて

資格の学校TAC ホームページ
https://www.tac-school.co.jp

3 TAC出版書籍販売サイトで

CYBER BOOK STORE　TAC出版書籍販売サイト

TAC出版　で　検索

24時間ご注文受付中

https://bookstore.tac-school.co.jp/

- 新刊情報をいち早くチェック！
- たっぷり読める立ち読み機能
- 学習お役立ちの特設ページも充実！

TAC出版書籍販売サイト「サイバーブックストア」では、TAC出版および早稲田経営出版から刊行されている、すべての最新書籍をお取り扱いしています。
また、無料の会員登録をしていただくことで、会員様限定キャンペーンのほか、送料無料サービス、メールマガジン配信サービス、マイページのご利用など、うれしい特典がたくさん受けられます。

サイバーブックストア会員は、特典がいっぱい！（一部抜粋）

通常、1万円（税込）未満のご注文につきましては、送料・手数料として500円（全国一律・税込）頂戴しておりますが、1冊から無料となります。

専用の「マイページ」は、「購入履歴・配送状況の確認」のほか、「ほしいものリスト」や「マイフォルダ」など、便利な機能が満載です。

メールマガジンでは、キャンペーンやおすすめ書籍、新刊情報のほか、「電子ブック版TACNEWS（ダイジェスト版）」をお届けします。

書籍の発売を、販売開始当日にメールにてお知らせします。これなら買い忘れの心配もありません。

日商簿記検定試験対策書籍のご案内

TAC出版の日商簿記検定試験対策書籍は、学習の各段階に対応していますので、あなたのステップに応じて、合格に向けてご活用ください！

3タイプのインプット教材

❶

> 簿記を専門的な知識にしていきたい方向け

● 満点合格を目指し
次の級への土台を築く
「合格テキスト」＆「合格トレーニング」

- 大判のB5判、3級～1級累計300万部超の、信頼の定番テキスト＆トレーニング！TACの教室でも使用している公式テキストです。
- 出題論点はすべて網羅しているので、簿記をきちんと学んでいきたい方にぴったりです！
- ◆3級　□2級 商簿、2級 工簿　■1級 商・会 各3点、1級 工・原 各3点

❷

> スタンダードにメリハリつけて学びたい方向け

● 教室講義のような
わかりやすさでしっかり学べる
「簿記の教科書」＆「簿記の問題集」　滝澤 ななみ 著

- A5判、4色オールカラーのテキスト＆模擬試験つき問題集！
- 豊富な図解と実例つきのわかりやすい説明で、もうモヤモヤしない!!
- ◆3級　□2級 商簿、2級 工簿　■1級 商・会 各3点、1級 工・原 各3点

DVDの併用で、さらに理解が深まります！

『簿記の教科書DVD』
- 「簿記の教科書」3、2級の準拠DVD。わかりやすい解説で、合格力が短時間で身につきます！
- ◆3級　□2級 商簿、2級 工簿

❸

> 気軽に始めて、早く全体像をつかみたい方向け

● 初学者でも楽しく続けられる！
「スッキリわかる」
テキスト／問題集一体型
滝澤 ななみ 著（1級は商・会のみ）

- 小型のA5判によるテキスト／問題集一体型。これ一冊でOKの、圧倒的に人気の教材です。
- 豊富なイラストとわかりやすいレイアウト！かわいいキャラの「ゴエモン」と一緒に楽しく学べます。
- ◆3級　□2級 商簿、2級 工簿　■1級 商・会 4点、1級 工・原 4点

DVDの併用で、さらに理解が深まります！

『スッキリわかる 講義DVD』
- 「スッキリわかる」3、2級の準拠DVD。超短時間でも要点はのがさず解説。3級10時間、2級14時間＋10時間で合格へひとっとび。
- ◆3級　□2級 商簿、2級 工簿

シリーズ待望の問題集が誕生！
「スッキリとける本試験予想問題集」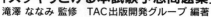
滝澤 ななみ 監修　TAC出版開発グループ 編著
- 本試験タイプの予想問題9回分を掲載
- ◆3級　□2級

TAC出版

コンセプト問題集

● **得点力をつける！**
『みんなが欲しかった！ やさしすぎる解き方の本』
B5判　滝澤 ななみ 著
● 授業で解き方を教わっているような新感覚問題集。再受験にも有効。
◆3級　□2級

本試験対策問題集

● **本試験タイプの問題集**
『合格するための本試験問題集』
（1級は過去問題集）
B5判
● 12回分（1級は14回分）の問題を収載。ていねいな「解答への道」、各問対策が充実。
◆3級　□2級　■1級

● **知識のヌケをなくす！**
『まるっと完全予想問題集』
（1級は網羅型完全予想問題集）
A4判
● オリジナル予想問題（3級10回分、2級12回分、1級8回分）で本試験の重要出題パターンを網羅。
● 実力養成にも直前の本試験対策にも有効。
◆3級　□2級　■1級

直前予想

● 『第○回をあてる
TAC直前予想模試』
A4判
● TAC講師陣による4回分の予想問題で最終仕上げ。
● 年3回（1級は年2回）、各試験に向けて発行します。
◆3級　□2級　■1級

あなたに合った合格メソッドをもう一冊！

 『究極の仕訳集』
B6変型判
● 悩む仕訳をスッキリ整理。ハンディサイズ、一問一答式で基本の仕訳を一気に覚える。
◆3級　□2級

 『究極の計算と仕訳集』
B6変型判　境 浩一朗 著
● 1級商会で覚えるべき計算と仕訳がすべてつまった1冊！
■1級 商・会

 『究極の会計学理論集』
B6変型判
● 会計学の理論問題を論点別に整理、手軽なサイズが便利です。
■1級 商・会、全経上級

 『カンタン電卓操作術』
A5変型判　TAC電卓研究会 編
● 実践的な電卓の操作方法について、丁寧に説明します！

:本番とまったくおなじ環境でネット試験の演習ができる模擬試験プログラムつき（2級・3級）
・2021年3月現在　・刊行内容、表紙等は変更することがあります　・とくに記述がある商品以外は、TAC簿記検定講座編です

書籍の正誤についてのお問合わせ

万一誤りと疑われる箇所がございましたら、以下の方法にてご確認いただきますよう、お願いいたします。

なお、正誤のお問合わせ以外の書籍内容に関する解説・受験指導等は、**一切行っておりません。**
そのようなお問合わせにつきましては、お答えいたしかねますので、あらかじめご了承ください。

1 正誤表の確認方法

TAC出版書籍販売サイト「Cyber Book Store」の
トップページ内「正誤表」コーナーにて、正誤表をご確認ください。

CYBER TAC出版書籍販売サイト
BOOK STORE

URL:https://bookstore.tac-school.co.jp/

2 正誤のお問合わせ方法

正誤表がない場合、あるいは該当箇所が掲載されていない場合は、書名、発行年月日、お客様のお名前、ご連絡先を明記の上、下記の方法でお問合わせください。
なお、回答までに1週間前後を要する場合もございます。あらかじめご了承ください。

文書にて問合わせる

● 郵 送 先　　〒101-8383 東京都千代田区神田三崎町3-2-18
TAC株式会社 出版事業部 正誤問合わせ係

FAXにて問合わせる

● FAX番号　　**03-5276-9674**

e-mailにて問合わせる

● お問合わせ先アドレス　　**syuppan-h@tac-school.co.jp**

※お電話でのお問合わせは、お受けできません。また、土日祝日はお問合わせ対応をおこなっておりません。
※正誤のお問合わせ対応は、該当書籍の改訂版刊行月末日までといたします。

乱丁・落丁による交換は、該当書籍の改訂版刊行月末日までといたします。なお、書籍の在庫状況等により、お受けできない場合もございます。
また、各種本試験の実施の延期、中止を理由とした本書の返品はお受けいたしません。返金もいたしかねますので、あらかじめご了承くださいますようお願い申し上げます。

TACにおける個人情報の取り扱いについて
■お預かりした個人情報は、TAC(株)で管理させていただき、お問い合わせへの対応、当社の記録保管および当社商品・サービスの向上にのみ利用いたします。お客様の同意なしに業務委託先以外の第三者に開示、提供することはございません(法令等により開示を求められた場合を除く)。その他、個人情報保護管理者、お預かりした個人情報の開示等及びTAC(株)への個人情報の提供の任意性については、当社ホームページ(https://www.tac-school.co.jp)をご覧いただくか、個人情報に関するお問い合わせ窓口(E-mail:privacy@tac-school.co.jp)までお問合せください。

(2020年10月現在)

解答解説

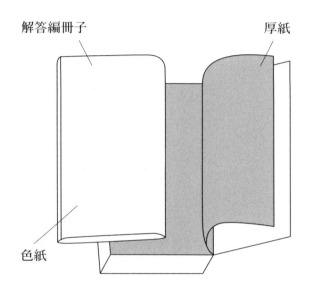

解答編冊子　　厚紙　　色紙

───〈解答編ご利用時の注意〉───

厚紙から，冊子を取り外します。

※　冊子と厚紙が，のりで接着されています。乱暴に扱いますと，破損する危険性がありますので，丁寧に抜き取るようにしてください。

※　抜き取る際の損傷についてのお取替えはご遠慮願います。

解 答 編

合格トレーニング

日商簿記 **3** 級

CONTENTS

解答編

Theme 01	簿記の基礎	〈3〉
Theme 02	日常の手続き	〈4〉
Theme 03	商品売買Ⅰ	〈7〉
Theme 04	商品売買Ⅱ	〈10〉
Theme 05	現金・預金	〈15〉
Theme 06	小口現金	〈18〉
Theme 07	クレジット売掛金	〈19〉
Theme 08	手形取引	〈20〉
Theme 09	電子記録債権・債務	〈21〉
Theme 10	さまざまな帳簿の関係	〈22〉
Theme 11	その他の取引Ⅰ	〈25〉
Theme 12	その他の取引Ⅱ	〈26〉
Theme 13	その他の取引Ⅲ	〈28〉
Theme 14	訂正仕訳	〈30〉
Theme 15	試算表	〈31〉
Theme 16	決　算	〈33〉
Theme 17	決算整理Ⅰ（現金過不足）	〈35〉
Theme 18	決算整理Ⅱ（貯蔵品・当座借越）	〈38〉
Theme 19	決算整理Ⅲ（売上原価）	〈41〉
Theme 20	決算整理Ⅳ（貸倒れ）	〈43〉
Theme 21	決算整理Ⅴ（減価償却）	〈45〉
Theme 22	決算整理Ⅵ（経過勘定項目）	〈49〉
Theme 23	決算整理後残高試算表	〈56〉
Theme 24	精算表	〈63〉
Theme 25	帳簿の締め切り（英米式決算）	〈72〉
Theme 26	損益計算書と貸借対照表	〈78〉
Theme 27	株式の発行	〈82〉
Theme 28	剰余金の配当と処分	〈83〉
Theme 29	税　金	〈85〉
Theme 30	証ひょうと伝票	〈90〉

Theme 01 簿記の基礎

問題1-1

①	②	③	④
財 政	経 営	損益計算書	貸借対照表

解答への道

貸借対照表（Balance Sheet：B/S）は，企業の期末における財政状態を明らかにする報告書です。

損益計算書（Profit and Loss Statement：P/L）は，企業の一会計期間における経営成績を明らかにする報告書です。

問題1-2

解答への道

貸借対照表の左側には「資産」，右側には「負債」および「資本」の各要素を表示します。損益計算書の左側には「費用」，右側には「収益」の各要素を表示します。なお，「資本」は，貸借対照表では「純資産」と表示します。

問題1-3

①	②	③	④
資 産	負 債	資 本	収 益

⑤	⑥	⑦
費 用	貸借対照表	損益計算書

解答への道

簿記の5要素について，資産は貸借対照表の左側に，負債および資本は貸借対照表の右側に表示します。また，収益は損益計算書の右側に，費用は損益計算書の左側に表示します。

問題1-4

①	②	③	④
会計期間	期 首	期 末	期 中

⑤	⑥	⑦
当 期	前 期	次 期

解答への道

簿記では，企業の会計期間中（期首から期末までの1年間＝期中）の活動を記録します。期末に1年間の記録を整理して報告書を作成します。

Theme 02 日常の手続き

問題2-1

(1)	(2)	(3)	(4)
×	○	×	○
(5)	(6)	(7)	(8)
○	×	○	○

解答への道

　一般に「取引」といえば，「相手とのやりとり」を意味しますが，「簿記上の取引」は，「資産・負債および資本に増減変化が生じるもの」を意味します。

問題2-2

(1)	(2)	(3)	(4)
借方	借方	貸方	借方
(5)	(6)	(7)	(8)
貸方	貸方	貸方	借方

解答への道

　資産と費用の要素は，増加・発生を借方（減少・消滅が貸方）に記録し，負債，資本および収益の要素は，増加・発生を貸方（減少・消滅が借方）に記録します。

問題2-3

資	産
（ ＋ ）	（ － ）

負	債
（ － ）	（ ＋ ）

資	本
（ － ）	（ ＋ ）

収	益
（ － ）	（ ＋ ）

費	用
（ ＋ ）	（ － ）

解答への道

　資産と費用の要素は，増加・発生を借方（減少・消滅が貸方）に記録し，負債，資本および収益の要素は，増加・発生を貸方（減少・消滅が借方）に記録します。

問題2-4

①	②	③	④	⑤	⑥
H	A	C	D	O	I
⑦	⑧	⑨	⑩	⑪	⑫
G	K	P	R	N	J

問題2-5

日付	借方科目	金　額	貸方科目	金　額
4／1	普 通 預 金	50,000	資 本 金	50,000
6／1	現　　　金	100,000	借 入 金	100,000
8／1	仕　　　入	70,000	現　　　金	70,000
10／1	現　　　金	150,000	売　　　上	150,000
12／1	借 入 金	80,000	現　　　金	80,000

現　　　金		
6／1	100,000	8／1　70,000
10／1	150,000	12／1　80,000

借　入　金		
12／1	80,000	6／1　100,000

普 通 預 金	
4／1	50,000

資　本　金	
	4／1　50,000

仕　　　入	
8／1	70,000

売　　　上	
	10／1　150,000

解答への道

4月1日：株式の発行
　　普通預金（資産）の増加＝借方
　　資本金（資本）の増加＝貸方
6月1日：借入れ
　　現金（資産）の増加＝借方
　　借入金（負債）の増加＝貸方
8月1日：仕入れ
　　仕入（費用）の増加（発生）＝借方
　　現金（資産）の減少＝貸方
10月1日：売上げ
　　現金（資産）の増加＝借方
　　売上（収益）の増加（発生）＝貸方
12月1日：借入の返済
　　借入金（負債）の減少＝借方
　　現金（資産）の減少＝貸方

〈4〉

問題2-6

現　　金

6/1	借入金	100,000	8/1	仕　入	70,000
10/1	売　上	150,000	12/1	借入金	80,000

普 通 預 金

4/1	資本金	50,000			

仕　　入

8/1	現　金	70,000			

借 入 金

12/1	現　金	80,000	6/1	現　金	100,000

資 本 金

			4/1	普通預金	50,000

売　　上

			10/1	現　金	150,000

解答への道

　勘定への転記は，仕訳の借方を見て，その勘定口座の借方に「日付，相手勘定科目，金額」を書き移します。また仕訳の貸方を見て，その勘定口座の貸方に「日付，相手勘定科目，金額」を書き移します。本問は，仕訳が5つあり，借方・貸方それぞれ1つずつ書き移すので，合計10回（10か所）の転記となります。転記は本来，仕訳のつど行うものですが，ここではまとめて転記作業を行っています。

問題2-7

残 高 試 算 表
×2年3月31日

借　方	勘定科目	貸　方
100,000	現　　金	
50,000	普 通 預 金	
	借 入 金	20,000
	資 本 金	50,000
	売　　上	150,000
70,000	仕　　入	
220,000		220,000

解答への道

　試算表は，一定時点の勘定記録の一覧表です。総勘定元帳から，勘定科目をすべて書き出し，勘定口座の借方と貸方の差額（残高）を記入します。最後に各欄の合計（試算表の一番下）を計算し，借方金額と貸方金額が一致していることを確認します。

問題2-8

貸 借 対 照 表
×2年3月31日

資　産	金　額	負債及び純資産	金　額
現　　金	100,000	借 入 金	20,000
普 通 預 金	50,000	資 本 金	50,000
		繰越利益剰余金	80,000
	150,000		150,000

損 益 計 算 書
×1年4月1日〜×2年3月31日

費　用	金　額	収　益	金　額
売 上 原 価	70,000	売 上 高	150,000
当 期 純 利 益	80,000		
	150,000		150,000

解答への道

　貸借対照表の借方に資産（現金と普通預金）を，貸方に負債および資本（借入金と資本金）を表示します。損益計算書の借方に費用を，貸方に収益を表示します。なお，損益計算書では仕入勘定は売上原価，売上勘定は売上高と表示します。損益計算書の貸借差額を当期純利益として表示しますが，この金額は貸借対照表上では，繰越利益剰余金として表示します。

〈5〉

問題2-9

	期首			期末			収益	費用	純損益
	資産	負債	資本	資産	負債	資本			
1	25,000	(1,000)	(24,000)	30,000	(5,000)	25,000	9,000	(8,000)	1,000
2	60,000	(15,000)	45,000	55,000	12,000	(43,000)	(20,000)	22,000	(△2,000)
3	(43,000)	26,000	17,000	(39,000)	20,000	(19,000)	(16,000)	14,000	2,000

解答への道

純損益(当期純利益または当期純損失)の計算方法には次の2つがあり、両者の結果は一致します。

財産法：期末資本－期首資本＝当期純利益(マイナスの場合は当期純損失)

損益法：収益－費用＝当期純利益(マイナスの場合は当期純損失)

1.

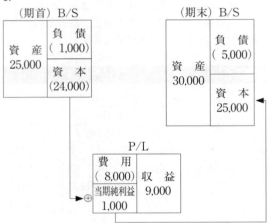

2.

3.

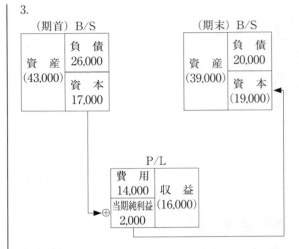

Theme 03 商品売買 I

問題3-1

日付	借方科目	金額	貸方科目	金額
4／2	商　　品	30,000	現　　金	30,000
5	現　　金	41,000	商　　品	25,000
			商品売買益	16,000

	商　　品		
4／2　現　金　30,000	4／5　現　金　25,000

	商品売買益		
	4／5　現　金　16,000

解答への道

　分記法では，商品を仕入れたときに商品勘定の借方に原価を記入し，販売したときに原価を商品勘定の貸方に記入するとともに，販売益を商品売買益勘定の貸方に記入します。

問題3-2

日付	借方科目	金額	貸方科目	金額
4／2	仕　　入	30,000	現　　金	30,000
5	現　　金	41,000	売　　上	41,000

	仕　　入		
4／2　現　金　30,000	

	売　　上		
	4／5　現　金　41,000

解答への道

　三分法では，商品を仕入れたときに仕入勘定の借方に原価を記入し，販売したときに売価を売上勘定の貸方に記入します。なお，販売分の原価については仕訳しません。

問題3-3

日付	借方科目	金額	貸方科目	金額
5／2	仕　　入	50,000	買　掛　金	50,000
6	売　掛　金	60,000	売　　上	60,000
15	買　掛　金	30,000	現　　金	30,000
20	現　　金	40,000	売　掛　金	40,000

	現　　金		
	70,000	5／15　買掛金	30,000
5／20　売掛金	40,000		

	売　掛　金		
5／6　売　上　60,000	5／20　現　金　40,000

	仕　　入		
5／2　買掛金　50,000	

	買　掛　金		
5／15　現　金　30,000	5／2　仕　入　50,000

	売　　上		
	5／6　売掛金　60,000

〈7〉

問題3-4

日付	借方科目	金額	貸方科目	金額
6/2	仕　　入	100,000	現　　金	30,000
			買　掛　金	70,000
8	現　　金	80,000	売　　上	160,000
	売　掛　金	80,000		
25	買　掛　金	50,000	現　　金	50,000
30	現　　金	60,000	売　掛　金	60,000

現　　金

			6/2	仕入	30,000
50,000					
6/8	売上	80,000	25	買掛金	50,000
30	売掛金	60,000			

売　掛　金

			6/30	現　金	60,000
70,000					
6/8	売上	80,000			

仕　　入

6/2	諸　口	100,000	

買　掛　金

6/25	現金	50,000			40,000
			6/2	仕入	70,000

売　　上

		6/8	諸　口	160,000

6/2仕入勘定借方と6/8売上勘定貸方の転記のように相手科目が2つ以上あるときは，相手科目のかわりに「諸口」と記入します。

問題3-5

〔設問1〕売掛金勘定および買掛金勘定を用いて仕訳する場合

日付	借方科目	金額	貸方科目	金額
3/2	仕　　入	25,000	現　　金	10,000
			買　掛　金	15,000
19	買　掛　金	10,000	現　　金	10,000
25	現　　金	20,000	売　　上	70,000
	売　掛　金	50,000		
30	現　　金	35,000	売　掛　金	35,000

〔設問2〕人名勘定を用いて仕訳する場合

日付	借方科目	金額	貸方科目	金額
3/2	仕　　入	25,000	現　　金	10,000
			福　岡　㈱	15,000
19	福　岡　㈱	10,000	現　　金	10,000
25	現　　金	20,000	売　　上	70,000
	広　島　㈱	50,000		
30	現　　金	35,000	広　島　㈱	35,000

解答への道

掛け取引について，人名勘定を使用するときは売掛金勘定，買掛金勘定に代えて，相手先の会社名を勘定科目とします。

問題3-6

日付	借方科目	金額	貸方科目	金額
5/3	前　払　金	100,000	現　　金	100,000
15	仕　　入	800,000	前　払　金	100,000
			買　掛　金	700,000
20	現　　金	60,000	前　受　金	60,000
26	前　受　金	60,000	売　　上	600,000
	売　掛　金	540,000		

前　払　金

5/3	現金	100,000	5/15	仕入	100,000

仕　　入

5/15	諸　口	800,000	

前　受　金

5/26	売上	60,000	5/20	現金	60,000

売　　上

		5/26	諸　口	600,000

〈8〉

解答への道

　商品売買において，商品代金の全部または一部を商品の受け渡し前に受け払いした場合の処理は，次の点に注意してください。
(1) 注文については仕訳しませんが，手付金を支払ったときは，後日商品を受け取る権利が生じるため「前払金」勘定（資産）で処理します。
(2) 後日，商品を受け取ったときは，商品を受け取る権利を表す前払金を減少させます。残額は買掛金で処理します。
(3) 注文については仕訳しませんが，手付金を受け取ったときは，後日商品を引き渡す義務が生じるため「前受金」勘定（負債）で処理します。
(4) 後日，商品を引き渡したときは，商品を引き渡す義務を表す前受金を減少させます。残額は売掛金で処理します。

問題3-7

日付	借方科目	金　額	貸方科目	金　額
5 /15	受取商品券	50,000	売　　　上	45,000
			現　　　金	5,000
31	現　　　金	50,000	受取商品券	50,000

解答への道

　受け取った商品券は，発行した企業に請求し入金を受ける権利として，受取商品券勘定（資産）で処理します。

問題3-8

	借 方 科 目	金　　額	貸 方 科 目	金　　額
(1)	受 取 商 品 券	50,000	売　　　　上	80,000
	現　　　　金	30,000		
(2)	現　　　　金	20,000	受 取 商 品 券	20,000

〈9〉

Theme 04 商品売買Ⅱ

問題4-1

〔設問1〕三分法の場合

日付	借方科目	金 額	貸方科目	金 額
4 / 2	仕　　入	400,000	買 掛 金	400,000
10	買 掛 金	30,000	仕　　入	30,000

仕　　　入

4 / 2	買掛金	400,000	4 /10	買掛金	30,000

買　掛　金

4 /10	仕　入	30,000	4 / 2	仕　入	400,000

〔設問2〕分記法の場合

日付	借方科目	金 額	貸方科目	金 額
4 / 2	商　　品	400,000	買 掛 金	400,000
10	買 掛 金	30,000	商　　品	30,000

商　　　品

4 / 2	買掛金	400,000	4 /10	買掛金	30,000

買　掛　金

4 /10	商　品	30,000	4 / 2	商　品	400,000

問題4-2

〔設問1〕三分法の場合

日付	借方科目	金 額	貸方科目	金 額
4 / 8	売 掛 金	700,000	売　　上	700,000
15	売　　上	15,000	売 掛 金	15,000

売　掛　金

4 / 8	売 上	700,000	4 /15	売 上	15,000

売　　　上

4 /15	売掛金	15,000	4 / 8	売掛金	700,000

〔設問2〕分記法の場合

日付	借方科目	金 額	貸方科目	金 額
4 / 8	売 掛 金	700,000	商　　　品	420,000
			商品売買益	280,000
15	商　　　品	9,000	売 掛 金	15,000
	商品売買益	6,000		

売　掛　金

4 / 8	諸 口	700,000	4 /15	諸 口	15,000

商　　　品

4 /15	売掛金	9,000	4 / 8	売掛金	420,000

商 品 売 買 益

4 /15	売掛金	6,000	4 / 8	売掛金	280,000

解答への道

分記法の場合：

4 / 8　商品を販売したときは，資産の減少として商品勘定の貸方に原価を記入し，売価との差額を収益の増加として商品売買益勘定の貸方に記入します。

15　販売時の仕訳の逆仕訳をします。

問題4-3

	借方科目	金 額	貸方科目	金 額
(1)	買 掛 金	200,000	仕　　入	200,000
(2)	売　　上	43,750	売 掛 金	43,750

解答への道

(1)　@10,000円 × 100個 × $\dfrac{1}{5}$ = 200,000円

(2)　@8,750円〈売価〉× 5個 = 43,750円

問題4-4

	借方科目	金額	貸方科目	金額
(1)	仕　　入	430,000	買　掛　金	400,000
			現　　金	30,000
(2)	売　掛　金	700,000	売　　上	700,000
	発　送　費	40,000	現　　金	40,000

解答への道

(1) 引取運賃などの仕入諸掛りは商品代金の一部として，仕入原価に加算します。三分法では仕入勘定（費用）に含めます。

(2) 発送運賃などの売上諸掛りは，発送費勘定（費用）で処理します。なお，他の科目を用いる場合もあります。

問題4-5

	借方科目	金額	貸方科目	金額
(1)	仕　　入	510,000	買　掛　金	300,000
			現　　金	210,000
(2)	売　掛　金	600,000	売　　上	600,000
	発　送　費	4,500	現　　金	4,500

問題4-6

	借方科目	金額	貸方科目	金額
(1)	仕　　入	550,000	買　掛　金	500,000
			現　　金	50,000
(2)	仕　　入	500,000	買　掛　金	450,000
			現　　金	50,000
(3)	売　掛　金	800,000	売　　上	800,000
	発　送　費	60,000	現　　金	60,000
(4)	売　掛　金	860,000	売　　上	800,000
			現　　金	60,000

解答への道

(1) 引取運賃などの仕入諸掛りは商品代金の一部として，仕入原価に加算します。三分法では仕入勘定に含めます。

(2) 諸掛りを立て替えたときは，通常，買掛金と相殺します。

（参考）立替金勘定で処理する場合
（仕　　入）500,000　（買　掛　金）500,000
（立　替　金）50,000　（現　　金）50,000

(3) 発送運賃などの売上諸掛りは，発送費勘定や支払運賃勘定（どちらも費用）で処理します。

(4) 諸掛りを立て替えたときは，通常，売掛金勘定で処理します。

（参考）立替金勘定で処理する場合
（売　掛　金）800,000　（売　　上）800,000
（立　替　金）60,000　（現　　金）60,000

問題4-7

	借方科目	金額	貸方科目	金額
(1)	売　掛　金	300,000	売　　上	300,000
	立　替　金	6,000	現　　金	6,000
(2)	仕　　入	200,000	買　掛　金	200,000
	立　替　金	5,000	現　　金	5,000
(3)	保　管　費	6,000	現　　金	6,000

解答への道

問題の指示により，諸掛り（発送費・引取費用）は掛に加減せず，立替金勘定（資産）で処理します。

問題4-8

売 掛 金 元 帳
静 岡 商 店 ㈱

×1 年		摘 要	借 方	貸 方	借/貸	残 高
4	1	前月繰越	300,000		借	300,000
	12	返 品		25,000	〃	275,000
	24	売 上	90,000		〃	365,000
	30	回 収		100,000	〃	265,000
	〃	次月繰越		265,000		
			390,000	390,000		
5	1	前月繰越	265,000		借	265,000

解答への道

　本問では，売掛金元帳のうち静岡商店㈱のみについて記入が求められているので，三重商店㈱に関する取引を記入しないように注意しましょう。なお，日付が同じときは，数字に代えて「〃」とします。

　以下，本問での取引について仕訳を示します。

4/1　前月繰越　静岡商店㈱ 300,000円,
　　　　　　　　三重商店㈱ 150,000円

12　（売　　　上）25,000　（売掛金・静岡）25,000

24　（売掛金・静岡）90,000　（売　　　上）165,000
　　（売掛金・三重）75,000

30　（現　　　金）180,000　（売掛金・静岡）100,000
　　　　　　　　　　　　　（売掛金・三重）80,000

　参考として売掛金勘定と売掛金元帳（相手先別の口座）の関係を示すと以下のとおりです。

売 掛 金

4/1	繰越	450,000	4/12		25,000
	24	165,000	30		180,000

↓

売 掛 金 元 帳
静 岡 商 店 ㈱

4/1	繰越	300,000	4/12		25,000
	24	90,000	30		100,000

三 重 商 店 ㈱

4/1	繰越	150,000	4/30		80,000
	24	75,000			

問題4-9

買 掛 金 元 帳
長 崎 商 店 ㈱

×1 年		摘 要	借 方	貸 方	借/貸	残 高
5	1	前月繰越		450,000	貸	450,000
	11	仕 入		200,000	〃	650,000
	18	返 品	50,000		〃	600,000
	28	支 払	400,000		〃	200,000
	31	次月繰越	200,000			
			650,000	650,000		
6	1	前月繰越		200,000	貸	200,000

解答への道

　本問では，買掛金元帳のうち長崎商店㈱のみについて記入が求められているので，熊本商店㈱に関する取引を記入しないように注意しましょう。

　以下，本問での取引について仕訳を示します。

5/1　前月繰越　長崎商店㈱ 450,000円,
　　　　　　　　熊本商店㈱ 300,000円

11　（仕　　　入）400,000　（買掛金・熊本）200,000
　　　　　　　　　　　　　（買掛金・長崎）200,000

18　（買掛金・長崎）50,000　（仕　　　入）50,000

28　（買掛金・熊本）300,000　（現　　　金）700,000
　　（買掛金・長崎）400,000

　参考として買掛金勘定と買掛金元帳（相手先別の口座）の関係を示すと以下のとおりです。

買 掛 金

5/18		50,000	5/1	繰越	750,000
28		700,000	11		400,000

↓

買 掛 金 元 帳
長 崎 商 店 ㈱

5/18		50,000	5/1	繰越	450,000
28		400,000	11		200,000

熊 本 商 店 ㈱

5/28		300,000	5/1	繰越	300,000
			11		200,000

問題4-10

(1) 売掛金

総 勘 定 元 帳

売 掛 金

	1,200	6/25	500
6/23	900		
30	500		

売 掛 金 元 帳

高 知 商 店 ㈱

	400	6/25	200
6/23	400		
30	300		

横 浜 商 店 ㈱

	800	6/25	300
6/23	500		
30	200		

(2) 買掛金

総 勘 定 元 帳

買 掛 金

6/22	500		350
27	150	6/21	900

買 掛 金 元 帳

京 都 商 店 ㈱

6/22	300		200
		6/21	400

石 川 商 店 ㈱

6/22	200		150
27	150	6/21	500

掛け取引を相手先別に仕訳すると以下のとおりです。

日付	借方科目	金額	貸方科目	金額
6/21	仕　入	900	買掛金・京都	400
			買掛金・石川	500
22	買掛金・京都	300	現　金	500
	買掛金・石川	200		
23	売掛金・高知	400	売　上	900
	売掛金・横浜	500		
25	現　金	500	売掛金・高知	200
			売掛金・横浜	300
27	買掛金・石川	150	現　金	150
30	売掛金・高知	300	売　上	500
	売掛金・横浜	200		

問題4-11

商 品 有 高 帳

（先入先出法）　　　　　ハンカチ（婦人用）

×1年	摘要	受入高			払出高			残高		
		数量	単価	金額	数量	単価	金額	数量	単価	金額
6 1	①前月繰越	120	150	18,000				120	150	18,000
6	仕　入	230	150	34,500				350	②150	52,500
12	売　上				150	150	22,500	200	150	30,000
18	仕　入	100	165	16,500				200	③150	30,000
								100	③165	16,500
24	売　上				200	④150	30,000			
					20	④165	3,300	80	165	13,200
30	仕　入	40	170	6,800				80	165	13,200
								40	170	6,800

売上原価の計算

月初商品棚卸高	18,000円
当月商品仕入高	57,800
合　計	75,800円
月末商品棚卸高	20,000
売上原価	55,800円

売上総利益の計算

売　上　高	74,000円
売上原価	55,800
売上総利益	18,200円

解答への道

〈商品有高帳の記入〉

　商品有高帳に売価を記入することはありません。売上時には払出高欄へ記入を行いますが，原価（いくらで仕入れた商品を払い出したのか）を記入することに注意します。

（先入先出法）

① 前月繰越は，受入高欄と残高欄に記入します。

② 仕入単価が同じ場合は，まとめて記入します。

③ 仕入単価が異なるときは，残高欄に区別して記入します。

④ 6月18日の残高のうち，先に仕入れた単価150円の商品を払い出し，不足分は後に仕入れた単価165円の商品を払い出したとして記入します。

〈売上高・売上原価の計算〉

商 品 有 高 帳

月初商品棚卸高		売上原価	
6/1	18,000 円	6/12	22,500 円
当月商品仕入高		24	33,300 円
6/6	34,500 円		55,800 円
18	16,500 円		
30	6,800 円	月末商品棚卸高	
	57,800 円		20,000 円

〈13〉

① 商品有高帳の払出高欄の合計額が売上原価（販売した商品の原価）となります。
② 売上高は売上取引の合計額です。

$$30,000円(6/12) + 44,000円(6/24) = 74,000円$$

問題4-12

商品有高帳
（移動平均法）　ハンカチ（婦人用）

×1年	摘要	受入高 数量	単価	金額	払出高 数量	単価	金額	残高 数量	単価	金額
6 1	前月繰越	120	150	18,000				120	150	18,000
6	仕入	230	150	34,500				350	150	52,500
12	売上				150	①150	22,500	200	150	30,000
18	仕入	100	165	16,500				300	②155	46,500
24	売上				220	③155	34,100	80	155	12,400
30	仕入	40	170	6,800				120	④160	19,200

売上原価の計算

月初商品棚卸高	18,000円
当月商品仕入高	57,800
合計	75,800円
月末商品棚卸高	19,200
売上原価	56,600円

売上総利益の計算

売上高	74,000円
売上原価	56,600
売上総利益	17,400円

解答への道

〈商品有高帳の記入〉

（移動平均法）

① 6月6日の残高欄の単価を用います。
② 平均単価を計算します。

$$\frac{30,000円 + 16,500円}{200枚 + 100枚} = 155円／枚$$

③ 6月18日の残高欄の単価を用います。
④ 平均単価を計算します。

$$\frac{12,400円 + 6,800円}{80枚 + 40枚} = 160円／枚$$

〈売上高・売上原価の計算〉

商品有高帳

月初商品棚卸高		売上原価	
6／1	18,000 円	6／12	22,500 円
当月商品仕入高		24	34,100 円
6／6	34,500 円		56,600 円
18	16,500 円		
30	6,800 円	月末商品棚卸高	
	57,800 円		19,200 円

① 商品有高帳の払出高欄の合計額が売上原価（販売した商品の原価）となります。
② 売上高は売上取引の合計額です。

$$30,000円(6/12) + 44,000円(6/24) = 74,000円$$

問題4-13

商品有高帳
（先入先出法）　ネクタイ

×1年	摘要	受入高 数量	単価	金額	払出高 数量	単価	金額	残高 数量	単価	金額
1 1	前月繰越	15	6,000	90,000				15	6,000	90,000
7	仕入	15	6,000	90,000				30	6,000	180,000
14	売上				20	6,000	120,000	10	6,000	60,000
21	仕入	40	6,500	260,000				{ 10	6,000	60,000
								40	6,500	260,000 }
28	売上				{ 10	6,000	60,000			
					10	6,500	65,000 }	30	6,500	195,000

売上原価の計算

月初商品棚卸高	90,000円
当月商品仕入高	350,000
合計	440,000円
月末商品棚卸高	195,000
売上原価	245,000円

売上総利益の計算

売上高	348,000円
売上原価	245,000
売上総利益	103,000円

解答への道

仕入および売上の取引内容から，日付順に商品有高帳に記入します。

〈商品有高帳の記入〉

1月21日の残高のうち，先に仕入れた単価6,000円の商品を払い出し，不足分は後に仕入れた単価6,500円の商品を払い出したとして記入します。

〈売上高・売上原価の計算〉

商品有高帳

月初商品棚卸高		売上原価	
1／1	90,000 円	1／14	120,000 円
当月商品仕入高		1／28	125,000 円
1／7	90,000 円		245,000 円
1／21	260,000 円	月末商品棚卸高	
	350,000 円		195,000 円

① 商品有高帳の払出高欄の合計額が売上原価（販売した商品の原価）となります。
② 売上高は次のように求めます。

$$172,000円(1/14) + 176,000円(1/28) = 348,000円$$

Theme 05 現金・預金

問題5-1

	借方科目	金 額	貸方科目	金 額
(1)	現　　　金	80,000	売　　　上	80,000
(2)	仕　　　入	50,000	現　　　金	50,000
(3)	現　　　金	40,000	売　掛　金	40,000

解答への道

　他社振出の小切手，郵便為替証書，送金小切手は「通貨代用証券」であり，現金（資産）として取り扱います。

問題5-2

日付	借方科目	金 額	貸方科目	金 額
4／10	当座預金	100,000	現　　　金	100,000
5／3	買　掛　金	30,000	当座預金	30,000
6／6	当座預金	20,000	売　掛　金	20,000

現　　　金

4／1		200,000	4／10	当座預金	100,000

売　掛　金

4／1		70,000	6／6	当座預金	20,000

当　座　預　金

4／10	現　金	100,000	5／3	買掛金	30,000
6／6	売掛金	20,000			

買　掛　金

5／3	当座預金	30,000	4／1		50,000

解答への道

　小切手に関する問題は，以下の4パターンがあります。

① 自分が小切手を振り出した場合

（　○　　　○　）　×× 　（当座預金）　×××

② 自分が振り出した小切手を受け取った場合

（当座預金）　×× 　（　○　　　○　）　×××

考え方：小切手を振り出したときは，いずれ引き落とされるので当座預金を減少させましたが，これが戻ってきたので，銀行の当座預金残高は減少していません。したがって，借方に「当座預金」を記入することで，元に戻します。

③ 他人が振り出した小切手を受け取る場合

（現　　　金）　×× 　（　○　　　○　）　×××

考え方：他人振出の小切手はいつでも銀行で通貨と引き換えることができるので，「現金」で処理します。

④ 他人が振り出した小切手で支払う場合

（　○　　　○　）　×× 　（現　　　金）　×××

考え方：他人振出の小切手は簿記上の現金なので「現金」を減少させます。

　上記のパターンを整理すると次のようになります。

だれが振り出した小切手か？	処理する勘定
自　　　　　分	当　座　預　金
他　　　　　人	現　　　　　金

　6月6日の取引については，上記③の他人振出の小切手の受け取りですが，問題文で「ただちに当座預金へ預け入れた」と指示されているので，現金の増加と減少の記入を同時に行ったと考えて，借方は当座預金とします。

〈15〉

問題5-3

日付	借方科目	金額	貸方科目	金額
4/5	当座預金	300,000	売　　上	500,000
	売　掛　金	200,000		
10	現　　金	480,000	売　掛　金	480,000
15	現　　金	100,000	売　　上	100,000
20	現　　金	50,000	売　掛　金	50,000

現　　金

4/1		400,000			
10	売掛金	480,000			
15	売　上	100,000			
20	売掛金	50,000			

売　掛　金

4/1		500,000	4/10	現　金	480,000
5	売　上	200,000	20	現　金	50,000

当　座　預　金

4/1		300,000			
5	売　上	300,000			

売　　上

			4/5	諸　口	500,000
			15	現　金	100,000

解答への道

　紙幣や硬貨のほかに，他人振出の小切手，郵便為替証書，送金小切手などの通貨代用証券は現金勘定で処理します。

問題5-4

日付	借方科目	金額	貸方科目	金額
3/1	当座預金	100,000	現　　金	100,000
9	買　掛　金	70,000	当座預金	70,000
10	広　告　費	50,000	当座預金	50,000
15	仕　　入	61,000	当座預金	61,000
17	当座預金	70,000	売　掛　金	70,000

当　座　預　金

3/1	100,000	3/9	70,000	
17	70,000	10	50,000	
		15	61,000	

解答への道

　当座預金に関する取引は当座預金勘定（資産）で処理します。

　当座預金残高を超えて引き出した場合も，その金額を当座預金勘定で処理します。

問題5-5

	借方科目	金額	貸方科目	金額
(1)	仕　　入	500,000	当座預金	500,000
(2)	仕　　入	320,000	当座預金	320,000
(3)	買　掛　金	100,000	当座預金	100,000

解答への道

(1)(2)　当座預金の借方残高（＝資産）を超えて引き出されても，当座預金勘定で処理します。なお，この時点で200,000円の貸方残高（当座借越）となります。

(2)　引取運賃は仕入原価に加算します。

(3)　小切手を振り出した時点で貸方残高（当座借越）でも，当座預金を減少させます。

問題5-6

日付	借方科目	金 額	貸方科目	金 額
4／5	普 通 預 金	50,000	現　　　　金	50,000
10	通 信 費	12,000	普 通 預 金	12,000
15	定 期 預 金	60,000	現　　　　金	40,000
			普 通 預 金	20,000
20	現　　　　金	15,000	普 通 預 金	15,000

現　　　金

4／1		100,000	4／5	普通預金	50,000
20	普通預金	15,000	15	定期預金	40,000

普 通 預 金

4／5	現　金	50,000	4／10	通信費	12,000
			15	定期預金	20,000
			20	現　金	15,000

定 期 預 金

4／15	諸　口	60,000			

問題5-7

日付	借方科目	金 額	貸方科目	金 額
9／1	普通預金A銀行	120,000	現　　　　金	170,000
	当座預金B銀行	50,000		
10	普通預金C信用金庫	14,000	当座預金B銀行	14,000
20	現　　　　金	20,000	普通預金A銀行	20,000

解答への道

　預金口座（当座預金，普通預金，定期預金等）について，取扱金融機関ごとに勘定科目を設ける場合があります。当座預金○○銀行，当座預金□□信用金庫，普通預金××銀行，定期預金○○銀行のように使用します。

〈17〉

Theme 06 小口現金

問題6-1

日付	借方科目	金　額	貸方科目	金　額
4/1	小口現金	20,000	当座預金	20,000
30	通信費	7,000	小口現金	9,000
	旅費交通費	2,000		
5/1	小口現金	9,000	当座預金	9,000

問題6-2

日付	借方科目	金　額	貸方科目	金　額
4/1	小口現金	20,000	当座預金	20,000
30	通信費	7,000	当座預金	9,000
	旅費交通費	2,000		

〈別解〉

4/30 （通信費） 7,000 （小口現金） 9,000
　　　（旅費交通費） 2,000
　　　（小口現金） 9,000 （当座預金） 9,000

解答への道

インプレスト・システムを採用している場合，報告を受けた支出額と補給額が同額であるため，報告と補給が同時に（「ただちに」）行われたときは小口現金勘定を用いずに仕訳します。

問題6-3

(1)

小口現金出納帳

受入	×1年		摘　要	支払	内　訳			
					旅費交通費	通信費	光熱費	雑　費
20,000	10	15	前週繰越					
		〃	郵便切手	600		600		
		16	紅茶・コーヒー代	500				500
		17	バス回数券	1,500	1,500			
		18	電気代	5,000			5,000	
		19	新聞代	1,200				1,200
		20	ガス代	4,000			4,000	
			合計	①12,800	1,500	600	9,000	1,700
②12,800		20	本日補給					
		〃	次週繰越	③20,000				
④32,800				④32,800				
20,000	10	22	前週繰越					

(2)

借方科目	金　額	貸方科目	金　額
旅費交通費	1,500	当座預金	12,800
通信費	600		
光熱費	9,000		
雑費	1,700		

解答への道

本問(1)では下記の点について注意してください。

① 土曜日（10/20）には，合計と記した行に内訳の合計額を記入します。その合計額は支払欄の合計と一致します。

② 資金の補給が土曜日（10/20）に行われるため，10/20付で本日補給と記した行の受入欄に12,800円を記入します。

③ 受入欄の合計額と支払合計額との差額20,000円が次週繰越額となります。週末補給の場合には，次週繰越額が定額（20,000円）となります。

④ 受入欄の合計と支払欄の合計は一致します。

〈18〉

Theme 07 クレジット売掛金

問題7-1

日付	借方科目	金　額	貸方科目	金　額
6 /10	クレジット売掛金	29,400	売　　　上	30,000
	支払手数料	600		
7 /20	当 座 預 金	29,400	クレジット売掛金	29,400

解答への道

　クレジットカード決済により商品を販売したときは，クレジット売掛金勘定（資産）で処理します。なお，信販会社に対する手数料の支払額は，原則として商品の販売時に支払手数料を計上するため，売上高から差し引いた金額をクレジット売掛金とします。

　支払手数料：30,000円× 2 ％＝600円

問題7-2

日付	借方科目	金　額	貸方科目	金　額
6 /10	クレジット売掛金	30,000	売　　　上	30,000
7 /20	当 座 預 金	29,400	クレジット売掛金	30,000
	支払手数料	600		

解答への道

　クレジットカード決済により商品を販売したときは，原則として，商品の販売時に支払手数料を計上しますが，本問では，指示により，入金時に支払手数料を計上します。

　信販会社からの入金額は，売上高30,000円からクレジット手数料（30,000円× 2 ％＝600円）を差し引いた金額となります。

Theme 06／07

解答　小口現金／クレジット売掛金

〈19〉

Theme 08 手形取引

問題8-1

〔仙台商店㈱〕

日付	借方科目	金 額	貸方科目	金 額
5/1	仕 入	3,000	支払手形	3,000
31	支払手形	3,000	当座預金	3,000

〔群馬商店㈱〕

日付	借方科目	金 額	貸方科目	金 額
5/1	受取手形	3,000	売 上	3,000
31	当座預金	3,000	受取手形	3,000

解答への道

手形取引は，支払う義務を負う者が支払手形勘定を，受け取る権利をもつ者が受取手形勘定を用います。

① 約束手形を振り出したとき

  （○   ○）　× ×　（**支 払 手 形**）　× ×

② 約束手形の代金を支払ったとき

  （**支 払 手 形**）　× ×　（当 座 預 金）　× ×

③ 約束手形を受け取ったとき

  （**受 取 手 形**）　× ×　（○   ○）　× ×

④ 約束手形の代金を受け取ったとき

  （当 座 預 金）　× ×　（**受 取 手 形**）　× ×

問題8-2

〔鳥取商店㈱〕

日付	借方科目	金 額	貸方科目	金 額
7/1	仕 入	50,000	買 掛 金	50,000
31	買 掛 金	50,000	支払手形	50,000
9/20	支払手形	50,000	当座預金	50,000

〔佐賀商店㈱〕

日付	借方科目	金 額	貸方科目	金 額
7/1	売 掛 金	50,000	売 上	50,000
31	受取手形	50,000	売 掛 金	50,000
9/20	当座預金	50,000	受取手形	50,000

問題8-3

	借 方 科 目	金 額	貸 方 科 目	金 額
(1)	仕 入	220,000	支払手形	200,000
			買 掛 金	20,000
(2)	買 掛 金	25,000	当座預金	10,000
			支払手形	15,000
(3)	買 掛 金	65,000	現 金	45,000
			支払手形	20,000
(4)	受取手形	300,000	売 上	350,000
	売 掛 金	50,000		
(5)	現 金	60,000	売 上	100,000
	受取手形	40,000		
(6)	受取手形	70,000	売 掛 金	90,000
	当座預金	20,000		

〈20〉

09 電子記録債権・債務

問題9-1

日付	借方科目	金　額	貸方科目	金　額
11/ 5	電子記録債権	150,000	売 掛 金	150,000
30	当 座 預 金	150,000	電子記録債権	150,000

解答への道

　売掛金について，電子記録債権の発生記録を行った場合，債権者（富山商店㈱）は売掛金を減少し，電子記録債権勘定（資産）の借方に記入します。電子記録債権は，支払期日に取扱銀行等を通じて自動的に決済されます。

問題9-2

日付	借方科目	金　額	貸方科目	金　額
11/ 5	買 掛 金	150,000	電子記録債務	150,000
30	電子記録債務	150,000	当 座 預 金	150,000

解答への道

　買掛金について，電子記録債務の発生記録を行った場合，債務者（福井商店㈱）は買掛金を減少し，電子記録債務勘定（負債）の貸方に記入します。電子記録債務は，支払期日に取扱銀行等を通じて自動的に決済されます。

〈21〉

Theme 10 さまざまな帳簿の関係

問題10-1

	1	2	3	4	5
当座預金出納帳	○	○		○	
仕 入 帳		○			
売 上 帳					○
商 品 有 高 帳		○			○
売 掛 金 元 帳					○
買 掛 金 元 帳	○	○	○		
受取手形記入帳				○	
支払手形記入帳			○		

解答への道

　仕訳の勘定科目から，記帳する補助簿が判明します。

1. 買掛金元帳 ← （買 掛 金）×× （当座預金）×× → 当座預金出納帳

2. 仕 入 帳 と
商品有高帳 ← （仕　　入）×× （当座預金）×× → 当座預金出納帳
　　　　　　　　　　　　　　（買 掛 金）×× → 買掛金元帳

3. 買掛金元帳 ← （買 掛 金）×× （支払手形）×× → 支払手形記入帳

4. 当座預金出納帳 ← （当座預金）×× （受取手形）×× → 受取手形記入帳

5. 売 上 帳 と
商品有高帳 ← （売　　上）×× （売 掛 金）×× → 売掛金元帳

問題10-2

当 座 預 金 出 納 帳

×1年	摘　要	預　入	引　出	借貸	残　高
4 1	当座預金開設	100,000		借	100,000
3	買掛金支払		70,000	〃	30,000
6	広告費支払		50,000	貸	20,000
10	売掛金回収	80,000		借	60,000
13	売掛金回収	30,000		〃	90,000
15	売掛金回収	50,000		〃	140,000

解答への道

4/1	（当座預金）	100,000	（現　　　金）	100,000
3	（買 掛 金）	70,000	（当座預金）	70,000
6	（広 告 費）	50,000	（当座預金）	50,000
10	（当座預金）	80,000	（売 掛 金）	80,000
13	（当座預金）	30,000	（売 掛 金）	30,000
15	（当座預金）	50,000	（売 掛 金）	50,000

問題10-3

日付	借方科目	金　額	貸方科目	金　額
4/1	当 座 預 金	100,000	現　　　金	100,000
3	買 掛 金	70,000	当 座 預 金	70,000
6	広 告 費	50,000	当 座 預 金	50,000
10	当 座 預 金	80,000	売 掛 金	80,000
13	当 座 預 金	30,000	売 掛 金	30,000
15	当 座 預 金	50,000	売 掛 金	50,000

当 座 預 金

4/1	現　金	100,000	4/3	買掛金	70,000
10	売掛金	80,000	6	広告費	50,000
13	売掛金	30,000			
15	売掛金	50,000			

問題10-4

仕 入 帳

×1年	摘　　　要	内　訳	金　額
3 1	松 山 商 店㈱　　　掛　け		
	ブラウス 80枚 @ 2,000 円		160,000
12	松 山 商 店㈱　戻し(掛代金と相殺)		
	ブラウス （20)枚 @(2,000)円		(△ 40,000)
15	熊 本 商 店㈱　　　掛　け		
	ブラウス (100)枚 @(1,200)円	(120,000)	
	Ｔシャツ (50)枚 @(1,500)円	(75,000)	195,000
29	熊 本 商 店㈱　現金及び掛け		
	ブラウス (100)枚 @(1,800)円	(180,000)	
	Ｔシャツ (40)枚 @(1,500)円	(60,000)	(240,000)
31	総 仕 入 高		(595,000)
〃	仕 入 戻 し 高		(△ 40,000)
	純 仕 入 高		(555,000)

〈22〉

問題10-5

日付	借方科目	金 額	貸方科目	金 額
3／1	仕　　入	160,000	買　掛　金	160,000
12	買　掛　金	40,000	仕　　入	40,000
15	仕　　入	195,000	買　掛　金	195,000
29	仕　　入	240,000	現　　金	80,000
			買　掛　金	160,000

現　　金

		100,000	3／29	仕　入	80,000

仕　　入

3／1	買掛金	160,000	3／12	買掛金	40,000
15	買掛金	195,000			
29	諸　口	240,000			

買　掛　金

3／12	仕　入	40,000			200,000
			3／1	仕　入	160,000
			15	仕　入	195,000
			29	仕　入	160,000

問題10-6

売　上　帳

×1 年	摘　　　　要	内　訳	金　　額
8　2	東海商店㈱　　　　　　掛　け		
	紳士靴　15 足　＠　8,000 円	120,000	
	婦人靴　15 足　＠ 12,000 円	180,000	(300,000)
15	北陸商店㈱　　　　　　掛　け		
	婦人靴（25）足　＠（12,000）円		(300,000)
18	北陸商店㈱　　戻り（掛代金と相殺）		
	婦人靴（10）足　＠（12,000）円		(△120,000)
30	信越商店㈱　　　現金及び掛け		
	紳士靴（25）足　＠（ 8,000）円	(200,000)	
	婦人靴（15）足　＠（12,000）円	(180,000)	(380,000)
31	総　売　上　高		(980,000)
〃	売　上　戻　り　高		(△120,000)
	純　売　上　高		(860,000)

問題10-7

日付	借方科目	金 額	貸方科目	金 額
8／2	売　掛　金	300,000	売　　上	300,000
15	売　掛　金	300,000	売　　上	300,000
18	売　　上	120,000	売　掛　金	120,000
30	売　掛　金	380,000	売　　上	380,000

売　　上

8／18	売掛金	120,000	8／2	売掛金	300,000
			15	売掛金	300,000
			30	売掛金	380,000

問題10-8

帳簿の名称（受取手形記入帳）

取引日	仕　　訳			
	借方科目	金 額	貸方科目	金 額
9　15	受取手形	300,000	売　掛　金	300,000
10　12	受取手形	350,000	売　掛　金	350,000
11　12	当座預金	300,000	受取手形	300,000

解答への道

1．帳簿の名称

　　摘要欄の売掛金，てん末欄の取立等の記入から，受取手形記入帳と判明します。したがって，仕訳の借方または貸方に受取手形勘定を用います。

2．仕訳

　9月15日…相手勘定を記入する摘要欄に「売掛金」とあるので，売掛金の回収取引です。

　10月12日…相手勘定を記入する摘要欄に「売掛金」とあるので，売掛金の回収取引です。

　11月12日…てん末欄の記入内容により，当座預金による決済取引です。

問題10-9

帳簿の名称（支払手形記入帳）

取引日		仕 訳			
		借方科目	金 額	貸方科目	金 額
3	15	秋田商店㈱	200,000	支払手形	200,000
5	20	青森商店㈱	300,000	支払手形	300,000
	31	支 払 手 形	200,000	当座預金	200,000

解答への道

1．帳簿の名称

摘要欄の買掛金，てん末欄の支払済等の記入から，支払手形記入帳と判明します。したがって，仕訳の借方または貸方に支払手形勘定を用いることになります。また，買掛金については問題の指示により人名勘定を用います。

2．仕訳

3月15日…当社が秋田商店㈱の買掛金を約束手形で支払うため，借方科目は秋田商店㈱勘定となります。

5月20日…当社が青森商店㈱の買掛金を約束手形で支払うため，借方科目は青森商店㈱勘定となります。

5月31日…てん末欄の記入内容により，当座預金による決済取引です。

問題10-10

（摘要欄の小書きは不要）

仕 訳 帳 3ページ

×1年		摘 要	元丁	借 方	貸 方
		前ページから		500,000	500,000
4	1	諸 口（売 上）	25		500,000
		（現 金）	1	100,000	
		（売掛金）	7	400,000	
	30	（現 金）	1	400,000	
		（売掛金）	7		400,000

総 勘 定 元 帳

現 金 1

×1年		摘 要	仕丁	借 方	×1年		摘 要	仕丁	貸 方
4	1	売 上	3	100,000					
	30	売掛金	3	400,000					

売 掛 金 7

×1年		摘 要	仕丁	借 方	×1年		摘 要	仕丁	貸 方
4	1	売 上	3	400,000	4	30	現 金	3	400,000

売 上 25

×1年		摘 要	仕丁	借 方	×1年		摘 要	仕丁	貸 方
					4	1	諸 口	3	500,000

Theme 11 その他の取引Ⅰ

問題11-1

日付	借方科目	金 額	貸方科目	金 額
5／1	貸 付 金	1,000,000	現　　金	1,000,000
1／31	現　　金	1,026,250	貸 付 金	1,000,000
			受 取 利 息	26,250

解答への道

受取利息の計算：

$$1,000,000円 \times 3.5\% \times \frac{9か月}{12か月} = 26,250円$$

（9か月分の利息）

問題11-2

日付	借方科目	金 額	貸方科目	金 額
6／1	現　　金	300,000	借 入 金	300,000
8／31	借 入 金	300,000	当座預金	301,500
	支 払 利 息	1,500		

問題11-3

	借 方 科 目	金 額	貸 方 科 目	金 額
(1)	役員貸付金	3,000,000	当座預金	3,000,000
(2)	当座預金	3,048,000	役員貸付金	3,000,000
			受 取 利 息	48,000
(3)	普通預金	2,000,000	役員借入金	2,000,000

解答への道

(2) 受取利息の計算
3,000,000円 × 1.6% = 48,000円

問題11-4

	借方科目	金 額	貸方科目	金 額
(1)	手形貸付金	100,000	現　　金	100,000
(2)	現　　金	200,000	手形借入金	200,000

解答への道

(1) 金銭の貸し付けの際に約束手形を受け取った場合は，商品売買取引ではないため受取手形勘定ではなく，手形貸付金勘定（資産）で処理します。

(2) 金銭の借り入れの際に約束手形を振り出した場合は，商品売買取引ではないため支払手形勘定ではなく，手形借入金勘定（負債）で処理します。

問題11-5

	借 方 科 目	金 額	貸 方 科 目	金 額
(1)	当 座 預 金	493,000	手形借入金	500,000
	支 払 利 息	7,000		
(2)	手形借入金	700,000	当 座 預 金	700,000
(3)	手形貸付金	1,000,000	当 座 預 金	980,000
			受 取 利 息	20,000
(4)	当 座 預 金	500,000	手形貸付金	500,000

解答への道

(1)の貸方および(2)の借方を「借入金」，(3)の借方および(4)の貸方を「貸付金」とすることもあります。

(1) 約束手形の振り出しによる借入れです。利息は借入時に支払うパターンと返済時に支払うパターンがありますが，本問は前者で，次の①と②を相殺した仕訳になります。

（当座預金）500,000 （手形借入金）500,000
　　　　　　　①

（支払利息）　7,000 （当座預金）　7,000
　　　　　　　　　　　　　　　②

（注）支払利息の計算

$$500,000円 \times 7\% \times \frac{73日}{365日} = 7,000円$$

(3) 約束手形の受け入れによる貸付けです。利息は貸付時に受け取るパターンと，返済時に受け取るパターンがありますが，本問は前者で，次の①と②を相殺した仕訳になります。

（手形貸付金）1,000,000 （当座預金）1,000,000
　　　　　　　　①

（当座預金）　20,000 （受取利息）　20,000
　　　　　　②

（注）受取利息の計算

$$1,000,000円 \times 6\% \times \frac{4か月}{12か月} = 20,000円$$

〈25〉

12 その他の取引Ⅱ

問題12-1

	借方科目	金　額	貸方科目	金　額
(1)	建　　　物	5,000,000	当 座 預 金	5,000,000
(2)	備　　　品	110,000	当 座 預 金	100,000
			現　　　金	10,000
(3)	車 両 運 搬 具	800,000	現　　　金	800,000

解答への道

(2) 備品の取得原価110,000円は購入代金100,000円＋付随費用10,000円です。

問題12-2

日付	借方科目	金　額	貸方科目	金　額
5/1	土　　　地	4,150,000	当 座 預 金	4,000,000
			現　　　金	150,000
7	土　　　地	35,000	現　　　金	35,000

解答への道

固定資産の取得原価は次のように計算します。
取得原価＝購入代価＋付随費用
5/1　20,000円/㎡×200㎡＋100,000円＋50,000円＝4,150,000円
5/7　追加で支払った整地費用は，取得原価に含めます。

問題12-3

	借方科目	金　額	貸方科目	金　額
(1)	支 払 手 数 料	200,000	当 座 預 金	500,000
	差 入 保 証 金	300,000		
(2)	支 払 家 賃	120,000	普 通 預 金	480,000
	差 入 保 証 金	240,000		
	支 払 手 数 料	120,000		
(3)	普 通 預 金	140,000	差 入 保 証 金	240,000
	修　繕　費	100,000		

解答への道

支払家賃および支払手数料は費用として処理しますが，敷金（保証金）については，解約時等に精算のうえ返金を受ける権利として，差入保証金勘定（資産）で処理します。

なお，契約解除の際の原状回復にかかる金額は修繕費勘定（費用）で処理します。

問題12-4

日付	借方科目	金　額	貸方科目	金　額
4/10	土　　　地	3,400,000	未 払 金	3,400,000
5/20	未 払 金	3,400,000	当 座 預 金	3,400,000
7/31	未 収 入 金	4,000,000	土　　　地	3,400,000
			固定資産売却益	600,000

解答への道

土地の取得原価3,400,000円は，購入代価3,000,000円＋付随費用400,000円です。なお，固定資産としての土地は商品ではないので，購入代金を後で支払うときは未払金勘定（負債）の貸方に，売却代金を後で受け取るときは，未収入金勘定（資産）の借方に記入します。

問題12-5

〔船橋商店㈱〕

日付	借方科目	金　額	貸方科目	金　額
6/1	車 両 運 搬 具	3,000,000	未 払 金	3,000,000
30	未 払 金	250,000	当 座 預 金	250,000

〔水戸モータース㈱〕

日付	借方科目	金　額	貸方科目	金　額
6/1	売 掛 金	3,000,000	売　　　上	3,000,000
30	現　　　金	250,000	売 掛 金	250,000

解答への道

船橋商店㈱が購入したトラックは，商品運送用に使うものであり，販売を目的とした商品の仕入れではありません。

これに対して，自動車販売業（ディーラー）を営む水戸モータース㈱では，トラックの販売は売上げです。

問題12-6

借 方 科 目	金 額	貸 方 科 目	金 額
修 繕 費	1,000	当 座 預 金	51,000
建 物	50,000		

解答への道

　固定資産に対する支出のうち，破損部分の修理のための金額は修繕費勘定（費用）で，改築に係る（資産価値の増加）金額は固定資産の勘定で処理します。

Theme 13 その他の取引Ⅲ

問題13-1

日付	借方科目	金 額	貸方科目	金 額
7/1	仮 払 金	35,000	現 金	35,000
7	旅費交通費	36,000	仮 払 金	35,000
			現 金	1,000

解答への道

出張前に渡す金額は内容が未確定なため仮払金勘定で処理します。後日，金額が確定したときは，これを適当な勘定（旅費交通費）に振り替えます。

問題13-2

日付	借方科目	金 額	貸方科目	金 額
11/1	仮 払 金	10,000	現 金	10,000
5	旅費交通費	840	仮 払 金	1,340
	消 耗 品 費	500		

問題13-3

日付	借方科目	金 額	貸方科目	金 額
7/4	当 座 預 金	95,000	仮 受 金	95,000
7	仮 受 金	95,000	売 掛 金	95,000

解答への道

内容不明の入金は処理すべき勘定科目が不明なため仮受金勘定で処理します。後日，処理すべき勘定科目が判明したときは適当な勘定（売掛金）に振り替えます。

問題13-4

	借方科目	金 額	貸方科目	金 額
(1)	旅費交通費	44,000	仮 払 金	66,000
	現 金	22,000		
(2)	仮 受 金	150,000	売 掛 金	80,000
			前 受 金	70,000

問題13-5

日付	借方科目	金 額	貸方科目	金 額
12/1	従業員立替金	1,500	現 金	1,500
2	現 金	1,500	従業員立替金	1,500
5	現 金	100,000	従業員預り金	100,000
10	従業員預り金	100,000	現 金	100,000

解答への道

従業員立替金勘定（資産）は立替金勘定（資産），従業員預り金勘定（負債）は預り金勘定（負債）とすることもあります。立替金勘定および預り金勘定は，科目に相手先や内容を表す名称を付して用いることが一般的です。

問題13-6

日付	借方科目	金 額	貸方科目	金 額
4/25	給 料	200,000	所得税預り金	20,000
			現 金	180,000

（注）所得税預り金勘定（負債）は預り金勘定（負債）とすることもあります。

問題13-7

日付	借方科目	金 額	貸方科目	金 額
2/25	給 料	300,000	所得税預り金	20,000
			社会保険料預り金	30,000
			普 通 預 金	250,000
3/2	社会保険料預り金	30,000	普 通 預 金	60,000
	法定福利費	30,000		
10	所得税預り金	20,000	現 金	20,000

解答への道

所得税預り金は，原則として翌月の10日までに税務署に納付します。社会保険料は，従業員から預かった個人負担分と会社負担分を合わせて支払います。会社負担分は法定福利費勘定（費用）で処理します。

〈28〉

問題13-8

日付	借方科目	金　額	貸方科目	金　額
8/20	従業員立替金	80,000	現　　金	80,000
25	給　　料	870,000	所得税預り金	120,000
			従業員立替金	80,000
			現　　金	670,000
9/10	所得税預り金	120,000	現　　金	120,000

解答への道

8/20　従業員の給料を前払いしたときは従業員立替金勘定（資産）で処理します。

8/25　従業員の給料から源泉徴収（天引き）した所得税を預かったときは，所得税預り金勘定（負債）または預り金勘定（負債）で処理します。給料の総額870,000円から，前払いしていた分と源泉所得税の預り分を差し引いた残額670,000円を現金で渡します。

9/10　従業員から預かった所得税は，原則として翌月の10日までに税務署に納付します。

問題13-9

日付	借方科目	金　額	貸方科目	金　額
10/15	諸　会　費	6,000	現　　金	6,000
11/10	諸　会　費	18,000	未　払　金	18,000
12/15	未　払　金	18,000	当 座 預 金	18,000

解答への道

同業者団体や，商工会，商友会，町内会，納税協会等の様々な団体が発行する納入通知書（請求書）により支払う年会費や組合費等は諸会費勘定（費用）で処理します。

Theme 14 訂正仕訳

問題14-1

	借方科目	金　　額	貸方科目	金　　額
(1)	売　　　上	200,000	売　掛　金	200,000
(2)	現　　　金	1,000,000	売　掛　金	1,000,000
(3)	買　掛　金	54,000	当　座　預　金	54,000

解答への道

(1) ①誤った仕訳の逆仕訳：(売　　上) 200,000 (現　　金) 200,000
　　②正しい仕訳：　　　　　(現　　金) 200,000 (売 掛 金) 200,000
　　①＋②＝訂正仕訳：　　　(売　　上) 200,000 (売 掛 金) 200,000

(2) ①誤った仕訳の逆仕訳：(現　　金) 500,000 (売 掛 金) 500,000
　　②正しい仕訳：　　　　　(現　　金) 500,000 (売 掛 金) 500,000
　　①＋②＝訂正仕訳：　　　(現　　金) 1,000,000 (売 掛 金) 1,000,000

(3) ①誤った仕訳の逆仕訳：(当座預金) 206,000 (買 掛 金) 206,000
　　②正しい仕訳：　　　　　(買 掛 金) 260,000 (当座預金) 260,000
　　①＋②＝訂正仕訳：　　　(買 掛 金) 54,000 (当座預金) 54,000

問題14-2

	借方科目	金　　額	貸方科目	金　　額
(1)	旅 費 交 通 費	400	現　　　金	400
(2)	現　　　金	700,000	当　座　預　金	700,000
(3)	売　掛　金	50,000	前　受　金	50,000

解答への道

(1) ①誤った仕訳の逆仕訳：(現　　金) 24,000 (旅費交通費) 24,000
　　②正しい仕訳：　　　　　(旅費交通費) 24,400 (現　　金) 24,400
　　①＋②＝訂正仕訳：　　　(旅費交通費) 400 (現　　金) 400

(2) ①誤った仕訳の逆仕訳：(現　　金) 700,000 (買 掛 金) 700,000
　　②正しい仕訳：　　　　　(買 掛 金) 700,000 (当座預金) 700,000
　　①＋②＝訂正仕訳：　　　(現　　金) 700,000 (当座預金) 700,000

(3) ①誤った仕訳の逆仕訳：(売 掛 金) 50,000 (現　　金) 50,000
　　②正しい仕訳：　　　　　(現　　金) 50,000 (前 受 金) 50,000
　　①＋②＝訂正仕訳：　　　(売 掛 金) 50,000 (前 受 金) 50,000

Theme 15 試算表

問題15-1

日付		借方科目	金額	貸方科目	金額
7/26	イ	仕　　入	17,600	買　掛　金	17,600
	ロ	当座預金	14,000	売　掛　金	14,000
	ハ	買　掛　金	7,000	支払手形	7,000
27	イ	売　掛　金	23,000	売　　上	23,000
	ロ	買　掛　金	2,000	仕　　入	2,000
	ハ	受取手形	6,000	売　掛　金	6,000
28	イ	仕　　入	16,000	買　掛　金	16,000
	ロ	買　掛　金	4,000	当座預金	4,000
29	イ	売　掛　金	15,000	売　　上	15,000
	ロ	買　掛　金	7,000	支払手形	7,000
30	イ	仕　　入	21,000	買　掛　金	21,000
31	イ	売　掛　金	22,000	売　　上	22,000
	ロ	買　掛　金	26,000	支払手形	26,000

現　金
24,100	10,600

当座預金
346,000	133,000
14,000	4,000

受取手形
230,000	50,000
6,000	

売　掛　金
363,000	192,000
23,000	14,000
15,000	6,000
22,000	

支払手形
41,000	59,700
	7,000
	7,000
	26,000

買　掛　金
124,000	264,000
7,000	17,600
2,000	16,000
4,000	21,000
7,000	
26,000	

資　本　金
	200,000

繰越利益剰余金
	100,000

売　上
11,000	350,000
	23,000
	15,000
	22,000

仕　入
222,000	1,800
17,600	2,000
16,000	
21,000	

残 高 試 算 表
×1年7月31日

借　方	勘定科目	貸　方
13,500	現　　　金	
223,000	当　座　預　金	
186,000	受　取　手　形	
211,000	売　　掛　　金	
	支　払　手　形	58,700
	買　　掛　　金	148,600
	資　　本　　金	200,000
	繰越利益剰余金	100,000
	売　　　上	399,000
272,800	仕　　　入	
906,300		906,300

問題15-2

合計試算表

合 計 試 算 表
×1年10月31日

借　方	勘定科目	貸　方
1,650,000	現　　　金	725,000
1,100,000	売　　掛　　金	450,000
475,000	買　　掛　　金	850,000
	資　　本　　金	650,000
150,000	売　　　上	2,225,000
1,200,000	仕　　　入	50,000
375,000	給　　　料	
4,950,000		4,950,000

〈31〉

残高試算表

残 高 試 算 表
×1年10月31日

借　方	勘 定 科 目	貸　方
925,000	現　　　　金	
650,000	売　掛　金	
	買　掛　金	375,000
	資　本　金	650,000
	売　　　上	2,075,000
1,150,000	仕　　　入	
375,000	給　　　料	
3,100,000		3,100,000

解答への道

(A)に示された試算表をもとにT字勘定を作り，試算表の金額を書き移します（「T/B」と表記）。次に，(B)に示された取引の仕訳を行い，転記します。転記後の勘定記録をもとに，各勘定科目ごとの(1)借方合計および貸方合計，(2)貸借差額による残高を試算表に記入します。

（仕訳）

2日　現金仕入れ

（仕　　入）　150,000　（現　　金）　150,000

7日　現金売上げ

（現　　金）　375,000　（売　　上）　375,000

15日　給料の支払い

（給　　料）　75,000　（現　　金）　75,000

20日　掛けによる仕入れ

（仕　　入）　450,000　（買 掛 金）　450,000

22日　掛けによる売上げ

（売 掛 金）　350,000　（売　　上）　350,000

25日　売掛金の回収

（現　　金）　300,000　（売 掛 金）　300,000

31日　買掛金の支払い

（買 掛 金）　250,000　（現　　金）　250,000

（勘定記入）※日付と金額のみ表示

現　　金

T/B	975,000	T/B 250,000
7日	375,000	2日 150,000
25日	300,000	15日 75,000
		31日 250,000

資　本　金

	T/B 650,000

仕　　入

T/B	600,000	T/B 50,000
2日	150,000	
20日	450,000	

売　掛　金

T/B	750,000	T/B 150,000
22日	350,000	25日 300,000

買　掛　金

T/B	225,000	T/B 400,000
31日	250,000	20日 450,000

売　　上

T/B	150,000	T/B 1,500,000
		7日 375,000
		22日 350,000

給　　料

T/B	300,000	
15日	75,000	

〈32〉

Theme 16 決 算

問題16-1

①	②	③	④
貸借対照表	損益計算書	決算整理	精算表
⑤			
一 致			

問題16-2

決算手続：決算整理前残高試算表の作成
→ （ 2 ）→（ 4 ）→（ 3 ）→（ 1 ）
|
（ 5 ）

問題16-3

(1)

	借方科目	金　額	貸方科目	金　額
1	当座預金	20,000	売　掛　金	20,000
2	売　掛　金	4,000	前　受　金	4,000
3	備　　　品	100,000	仮　払　金	100,000
4	仮　受　金	30,000	売　掛　金	30,000

(2)

残 高 試 算 表

借　　方	勘 定 科 目	貸　　方
170,000	当　座　預　金	
154,000	売　　掛　　金	
520,000	備　　　　　品	
	仮　　払　　金	
	前　　受　　金	19,000
	仮　　受　　金	

解答への道

　決算にあたり，決算整理に先立って記入もれの追加や誤りの訂正を行います。これら未処理の内容を処理した後，決算整理を行います。

問題16-4

	借方科目	金　額	貸方科目	金　額
1	買　掛　金	220,000	未　払　金	220,000
2	前　受　金	145,000	売　掛　金	145,000
3	受取手形	27,000	当　座　預　金	27,000

解答への道

　決算にあたり，決算整理に先立って記入もれの追加や誤りの訂正を行います。これら未処理の内容を処理した後，決算整理を行います。本問は訂正仕訳です。1および2は勘定科目の誤りの訂正，3は金額の誤りの訂正です（訂正仕訳についてはテーマ14を参照）。

〈33〉

問題16-5

精 算 表

勘 定 科 目	試 算 表		修 正 記 入		損益計算書		貸借対照表	
	借 方	貸 方	借 方	貸 方	借 方	貸 方	借 方	貸 方
資 産 の 科 目 A	130,000			10,000			120,000	
資 産 の 科 目 B	240,000		12,000				252,000	
資 産 の 科 目 C	150,000		65,000	73,000			142,000	
負 債 の 科 目 D		100,000	1,000					99,000
負 債 の 科 目 E		85,000		3,000				88,000
負 債 の 科 目 F		50,000	4,000	5,000				51,000
資 本 の 科 目		800,000						800,000
収 益 の 科 目 G		250,000	5,000			245,000		
収 益 の 科 目 H		160,000		6,600		166,600		
収 益 の 科 目 I		33,000	500	12,000		44,500		
費 用 の 科 目 J	48,000			9,000	39,000			
費 用 の 科 目 K	185,000		1,800		186,800			
費 用 の 科 目 L	135,000		4,200	2,800	136,400			

解答への道

　本問は，精算表記入における5要素の計算のルールの確認問題です。

試算表欄：
　　資産の科目および費用の科目 … 借方残高
　　負債の科目，資本の科目および収益の科目
　　　　… 貸方残高

修正記入欄：
　　資産の科目および費用の科目
　　　　… 借方は増加・貸方は減少
　　負債の科目，資本の科目および収益の科目
　　　　… 借方は減少・貸方は増加

損益計算書欄：
　　収益の科目（修正後の金額）を貸方に
　　費用の科目（修正後の金額）を借方に

貸借対照表欄：
　　資産の科目（修正後の金額）を借方に
　　負債の科目（修正後の金額）を貸方に
　　資本の科目（修正後の金額）を貸方に

Theme 17 決算整理Ⅰ（現金過不足）

問題17-1

日付	借方科目	金額	貸方科目	金額
7/3	現金過不足	500	現　　金	500
5	買　掛　金	500	現金過不足	500

解答への道

7/3　現金が500円不足しているので，帳簿残高を実際有高に修正するために現金勘定を減少させます。借方の科目は不明のため，現金過不足勘定（仮の勘定）を使用します。

7/5　現金過不足勘定（借方：不足）の原因が判明したときは，貸方に記入して消去し，借方に正しい科目を記入して振り替えます。

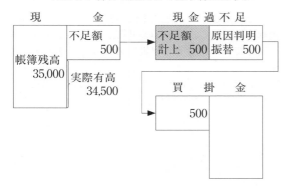

問題17-2

日付	借方科目	金額	貸方科目	金額
2/10	現　　金	2,000	現金過不足	2,000
15	現金過不足	2,000	売　掛　金	2,000

解答への道

2/10　現金が2,000円過剰なので，帳簿残高を実際有高に修正するために現金勘定を増加させます。貸方の科目は不明のため，現金過不足勘定（仮の勘定）を使用します。

2/15　現金過不足勘定（貸方：過剰）の原因が判明したときは，借方に記入して消去し，貸方に正しい科目を記入して振り替えます。

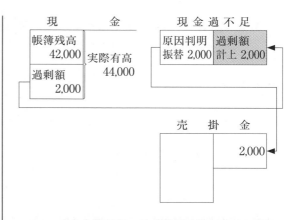

問題17-3

日付	借方科目	金額	貸方科目	金額
1/31	現金過不足	600	現　　金	600
2/3	通　信　費	400	現金過不足	400

解答への道

1/31　現金過不足：実際有高13,400円－帳簿残高14,000円＝△600円（不足額）

2/3　現金過不足勘定（借方：不足）の原因が判明したときは，貸方に記入して消去し，借方に正しい科目を記入して振り替えます。本問では400円が判明し，200円は現金過不足勘定に残ったままなので，原因調査を継続します。

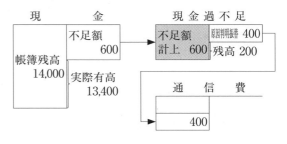

問題17-4

	借方科目	金額	貸方科目	金額
(1)	支 払 利 息	1,500	現金過不足	1,500
(2)	現金過不足	800	受 取 利 息	800
(3)	旅費交通費	2,400	現金過不足	950
			受取手数料	1,450

解答への道

(1)(2)および(3)は、すでに不一致が生じたときの仕訳は行われており、ここでは原因が判明したときの仕訳を行います。

(3) 現金過不足が生じる原因はひとつとは限りません。本問のように、支払いの記帳もれ（実際額が不足）と入金の記帳もれ（実際額の過剰）が原因のような場合、両方を相殺した差額が不一致金額となります。次のように仕訳することもできます。

（旅費交通費） 2,400 （現金過不足） 2,400
（現金過不足） 1,450 （受取手数料） 1,450

問題17-5

	借方科目	金額	貸方科目	金額
(1)	買 掛 金	3,000	現金過不足	3,000
(2)	雑 損	3,000	現金過不足	3,000
(3)	買 掛 金	2,000	現金過不足	3,000
	雑 損	1,000		

解答への道

すでに生じている現金過不足勘定残高（借方残高：不足）についての決算処理の問題です。決算では、仮の勘定である現金過不足勘定の残高を必ず消去します。

(1) 原因が判明したときは、貸方に記入して消去し、借方に正しい科目を記入します。

(2) 原因が不明のときは、費用（雑損勘定）で処理します。

(3) 一部原因判明、一部不明のときは、原因が判明した分を正しい科目に振り替え、不明の分を雑損勘定に振り替えます。

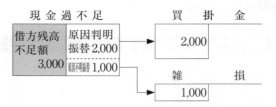

問題17-6

	借方科目	金額	貸方科目	金額
(1)	現金過不足	5,500	売 掛 金	5,500
(2)	現金過不足	5,500	雑 益	5,500
(3)	現金過不足	5,500	売 掛 金	5,000
			雑 益	500

解答への道

すでに生じている現金過不足勘定残高（貸方残高：過剰）についての決算処理の問題です。決算では、仮の勘定である現金過不足勘定の残高を必ず消去します。

(1) 原因が判明したときは、借方に記入して消去し、貸方に正しい科目を記入します。

(2) 原因が不明のときは、収益（雑益勘定）で処理します。

(3) 一部原因判明、一部不明のときは、原因判明分を正しい科目に振り替え、不明分を雑益勘定に振り替えます。

問題17-7

	借方科目	金　額	貸方科目	金　額
(1)	通　信　費	1,200	現　　金	1,200
(2)	雑　　損	1,000	現　　金	1,000
(3)	雑　　損	500	現　　金	500
(4)	現　　金	1,800	雑　　益	1,800
(5)	現　　金	2,500	受取利息	3,500
	通　信　費	2,000	雑　　益	1,000

解答への道

決算において現金の実際有高を確認（実査）し，不一致が生じたときは，決算手続き中に原因を調査し，原因判明または不明の処理を行います。決算時は，現金過不足勘定を使用しないで仕訳します。

(1)①実際有高28,800円－帳簿残高30,000円
　　＝△1,200円（不足の発生）
　　（現金過不足）　1,200　（現　　金）　1,200
　②原因判明
　　（通　信　費）　1,200　（現金過不足）　1,200
　①および②の仕訳の現金過不足勘定を相殺し，解答とします。
(2)①不足の発生1,000円
　　（現金過不足）　1,000　（現　　金）　1,000
　②原因不明
　　（雑　　損）　1,000　（現金過不足）　1,000
(3)①不足の発生500円
　　（現金過不足）　500　（現　　金）　500
　②原因不明…「適切な処理」は費用処理（雑損）を意味します。
　　（雑　　損）　500　（現金過不足）　500
(4)①過剰の発生1,800円
　　（現　　金）　1,800　（現金過不足）　1,800
　②原因不明…「適切な処理」は収益処理（雑益）を意味します。
　　（現金過不足）　1,800　（雑　　益）　1,800
(5)①実際有高62,500円－帳簿残高60,000円
　　＝2,500円（過剰の発生）
　　（現　　金）　2,500　（現金過不足）　2,500
　②一部原因判明
　　（通　信　費）　2,000　（現金過不足）　2,000
　　（現金過不足）　3,500　（受取利息）　3,500

③原因不明
　この時点で現金過不足勘定は貸方残高1,000円
（＝①2,500円＋②2,000円－3,500円）なので，これを雑益勘定に振り替えます。
　（現金過不足）　1,000　（雑　　益）　1,000

問題17-8

精　算　表

勘定科目	試　算　表		修正記入		損益計算書		貸借対照表	
	借方	貸方	借方	貸方	借方	貸方	借方	貸方
現　　金	30,000			1,500			28,500	
雑（損）			1,500		1,500			

解答への道

現金過不足に関する精算表記入の問題です。現金勘定は資産の勘定として，実際有高を貸借対照表欄に記載します。

現金実際手許有高28,500円－帳簿残高T/B欄現金勘定30,000円＝△1,500円（不足の発生）

なお，原因は不明とあるため，雑損勘定に振り替えます。
　（雑　　損）　1,500　（現　　金）　1,500

問題17-9

精　算　表

勘定科目	試　算　表		修正記入		損益計算書		貸借対照表	
	借方	貸方	借方	貸方	借方	貸方	借方	貸方
現　　金	42,200		200				42,400	
雑（益）				200		200		

解答への道

現金実際手許有高42,400円－帳簿残高T/B欄現金勘定42,200円＝200円（過剰の発生）

なお，原因は不明とあるため，雑益勘定に振り替えます。
　（現　　金）　200　（雑　　益）　200

〈37〉

Theme 18 決算整理Ⅱ（貯蔵品・当座借越）

問題18-1

	借方科目	金 額	貸方科目	金 額
(1)	固定資産税	15,000	当 座 預 金	15,000
(2)	自 動 車 税	20,000	現　　　金	20,000
(3)	租 税 公 課	150,000	現　　　金	150,000
(4)	租 税 公 課	25,000	当 座 預 金	25,000
(5)	租 税 公 課	1,000	現　　　金	1,000
(6)	租 税 公 課	5,000	現　　　金	7,000
	通 信 費	2,000		

解答への道

固定資産税，自動車税，印紙税（収入印紙の購入）の支払いは，費用として処理します。勘定科目を分けて記帳することもありますが，通常は「租税公課勘定」を使用します。

問題18-2

日付	借方科目	金 額	貸方科目	金 額
3/15	租 税 公 課	10,000	現　　　金	14,000
	通 信 費	4,000		
31	貯 蔵 品	3,500	租 税 公 課	2,000
			通 信 費	1,500
4/1	租 税 公 課	2,000	貯 蔵 品	3,500
	通 信 費	1,500		

解答への道

- 3/31　決算時に未使用分の収入印紙や切手がある場合は，貯蔵品勘定（資産）に振り替え，次期に繰り越します。
- 4/1　前期末に計上した貯蔵品勘定（収入印紙や切手の未使用分）は，翌期首（決算日の翌日）において，決算時の仕訳の貸借逆の仕訳を行うことにより，元の勘定に戻して費用とします。これを再振替仕訳といいます。

問題18-3

	借方科目	金 額	貸方科目	金 額
(1)	租 税 公 課	1,000	現　　　金	1,000
(2)	貯 蔵 品	500	租 税 公 課	500
(3)	通 信 費	1,200	貯 蔵 品	1,200

問題18-4

精 算 表

勘定科目	試 算 表		修 正 記 入		損益計算書		貸借対照表	
	借方	貸方	借方	貸方	借方	貸方	借方	貸方
通 信 費	1,800			300	1,500			
租 税 公 課	5,200			800	4,400			
貯 蔵 品			1,100				1,100	

決算整理後残高試算表

借 方	勘 定 科 目	貸 方
1,100	貯 蔵 品	
1,500	通 信 費	
4,400	租 税 公 課	

貸 借 対 照 表　　（単位：円）

資 産	金 額	負債及び純資産	金 額
貯 蔵 品	(1,100)		

損 益 計 算 書　　（単位：円）

費 用	金 額	収 益	金 額
通 信 費	(1,500)		
租 税 公 課	(4,400)		

解答への道

租税公課および通信費の各勘定から差し引いた金額（計1,100円）は、貯蔵品として資産に計上し、貸借対照表の借方に表示します。

（貯蔵品）　1,100　（通信費）　　300
　　　　　　　　　（租税公課）　800

問題18-5

日付	借方科目	金額	貸方科目	金額
2/1	当座預金	100,000	現　金	100,000
3/10	買掛金	120,000	当座預金	120,000
31	当座預金	20,000	当座借越	20,000
4/1	当座借越	20,000	当座預金	20,000

解答への道

3/31　決算時の当座預金勘定の貸方残高は、預金残高を超えた引出額（当座借越額）を表します。決算整理として、これを当座借越勘定（負債）または借入金勘定（負債）の貸方に振り替えます。本問では、指示により、当座借越勘定に振り替えます。

```
      当 座 預 金                  当座借越（または借入金）
2/1         3/10                         3/31 20,000
100,000     120,000
3/31 20,000
```

4/1　前期末に当座借越勘定（または借入金勘定）で計上した借越額（当座預金の貸方残高分）は、翌期首（決算日の翌日）において、決算時の仕訳の貸借逆の仕訳を行うことにより、当座預金勘定の貸方に戻します。これを再振替仕訳といいます。

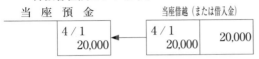

問題18-6

	借方科目	金額	貸方科目	金額
(1)	当座預金	55,000	当座借越	55,000
(2)	当座預金B銀行	20,000	当座借越	20,000
(3)	当座預金	25,000	借入金	25,000
(4)	当座借越	44,000	当座預金	44,000
(5)	借入金	15,000	当座預金E銀行	15,000

解答への道

決算における当座借越額の振替処理および期首の再振替仕訳については、使用する勘定科目に注意が必要です。当座預金（資産）を、当座預金勘定で一括して処理しているか、銀行口座ごとに勘定科目を分けて設定しているか、また、当座借越（負債）を、当座借越勘定で処理しているか、借入金勘定で処理しているかなど、問題ごとに異なります。

問題18-7

精算表

勘定科目	試算表 借方	試算表 貸方	修正記入 借方	修正記入 貸方	損益計算書 借方	損益計算書 貸方	貸借対照表 借方	貸借対照表 貸方
当座預金		24,000	24,000					
当座借越				24,000				24,000

解答への道

当座預金勘定の貸方残高を、当座借越勘定に振り替えます。当座預金勘定の残高はゼロとなり、貸借対照表には記載しません。

（当座預金）　24,000　（当座借越）　24,000

問題18-8

精　算　表

勘定科目	試　算　表		修 正 記 入		損益計算書		貸借対照表	
	借方	貸方	借方	貸方	借方	貸方	借方	貸方
当座預金	43,000		2,000				45,000	
当座借越				2,000				2,000

解答への道

　借越額であるG銀行分のみを当座借越勘定に振り替えます。当座預金勘定（資産）の残高はF銀行分の預金残高として，貸借対照表の借方に記載し，当座借越勘定（負債）の残高はG銀行分の借越額として，貸借対照表の貸方に記載します。

　（当 座 預 金）　　2,000　（当 座 借 越）　　2,000

問題18-9

精　算　表

勘定科目	試　算　表		修 正 記 入		損益計算書		貸借対照表	
	借方	貸方	借方	貸方	借方	貸方	借方	貸方
当座預金H銀行	560,000						560,000	
当座預金I銀行		29,000	29,000					
当座借越				29,000				29,000

解答への道

　借越額であるI銀行分のみを当座借越勘定に振り替えます。当座預金H銀行勘定（資産）の残高は預金残高として，貸借対照表の借方に記載し，当座借越勘定（負債）の残高はI銀行分の借越額として，貸借対照表の貸方に記載します。

　（当座預金I銀行）　　29,000　（当 座 借 越）　　29,000

〈40〉

Theme 19 決算整理Ⅲ（売上原価）

問題19-1

(1)

日付	借方科目	金　額	貸方科目	金　額
3/31	仕　　　入	30,000	繰越商品	30,000
	繰越商品	50,000	仕　　　入	50,000

(2)

繰越商品

	30,000	3/31	仕　入	30,000
3/31 仕　入	50,000			

仕　　入

	600,000	3/31	繰越商品	50,000
3/31 繰越商品	30,000			

(3)

決算整理後残高試算表
×1年3月31日

借　　方	勘定科目	貸　　方
50,000	繰　越　商　品	
580,000	仕　　　　　入	

(4) 売上原価の金額：580,000 円

解答への道

「仕入」勘定で売上原価を計算する場合は，決算時に次の仕訳を行います。

（仕　　入）30,000 （繰越商品）30,000 ← 期首商品棚卸高
（繰越商品）50,000 （仕　　入）50,000 ← 期末商品棚卸高

売上原価は，以下のように計算します。

売上原価（580,000円）＝期首商品棚卸高（30,000円）＋当期商品仕入高（600,000円）－期末商品棚卸高（50,000円）

問題19-2

精　算　表

勘定科目	試　算　表		修　正　記　入		損益計算書		貸借対照表	
	借方	貸方	借方	貸方	借方	貸方	借方	貸方
繰越商品	30,000		50,000	30,000			50,000	
仕　　入	600,000		30,000	50,000	580,000			

解答への道

試算表欄の繰越商品30,000円が期首商品棚卸高を表すので，決算整理仕訳は次のようになります。

（仕　　入）30,000 （繰越商品）30,000 ← 期首商品棚卸高
（繰越商品）50,000 （仕　　入）50,000 ← 期末商品棚卸高

この仕訳により，「仕入」の行で売上原価580,000円を計算し，費用として損益計算書欄に記入します。

仕　　入

当期仕入高 600,000	期末商品 50,000
期首商品 30,000	売上原価 580,000

また，「繰越商品」の行では，期末の売れ残り商品50,000円を資産として貸借対照表欄に記入します。

問題19-3

精　算　表

勘定科目	試　算　表		修　正　記　入		損益計算書		貸借対照表	
	借方	貸方	借方	貸方	借方	貸方	借方	貸方
繰越商品	30,000		50,000	30,000			50,000	
仕　　入	600,000			600,000				
売上原価			30,000	50,000	580,000			
			600,000					

〈41〉

解答への道

〈決算整理仕訳〉

(売上原価)	30,000	(繰越商品)	30,000	←期首商品棚卸高
(売上原価)	600,000	(仕　入)	600,000	←当期商品仕入高
(繰越商品)	50,000	(売上原価)	50,000	←期末商品棚卸高

この仕訳により，「仕入」の行ではなく，「売上原価」の行で売上原価580,000円を計算し，費用として損益計算書欄に記入します。

問題19-4

繰　越　商　品

4/1　前期繰越　(160,000)	3/31 (仕　　入) (160,000)
3/31 (仕　　入) (170,000)	

仕　　入

当期仕入高　(760,000)	3/31 (繰越商品) (170,000)
3/31 (繰越商品) (160,000)	

売　　上

	当期売上高　(930,000)

解答への道

1．勘定記入に必要な金額を計算します。
   (1) 当期売上高　@1,000円×300個＋@1,050円×600個＝930,000円…売上勘定の貸方へ転記します。
   (2) 期首商品，期末商品，売上原価

移動平均法　　　　　　　　　　　商　品　有　高　帳

摘　要	受　入　高			払　出　高			残　高		
	数量	単価	金額	数量	単価	金額	数量	単価	金額
期首商品　前期繰越	200	800	160,000				200	800	160,000
仕　　入	400	800	320,000				600	800	480,000
売　　上				300	800	240,000	300	800	240,000
仕　　入	500	880	440,000				800	850*	680,000
売　　上				600	850	510,000	200	850	170,000

　　　　　　　　　当期仕入高　　　　　　売上原価　　　　　　　期末商品

＊　平均単価の計算
$$\frac{240,000円 + 440,000円}{300個 + 500個} = @850円$$

2．上記の金額を，それぞれ仕訳にあてはめて，各勘定へ転記します。
   (1) (仕　　入) 期首商品　(繰越商品) 期首商品
   (2) (繰越商品) 期末商品　(仕　　入) 期末商品

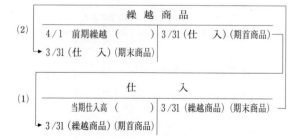

Theme 20 決算整理Ⅳ（貸倒れ）

問題20-1

	借方科目	金　額	貸方科目	金　額
(1)	貸倒引当金	70,000	売　掛　金	70,000
(2)	貸倒引当金 貸倒損失	30,000 20,000	売　掛　金	50,000
(3)	貸倒損失	10,000	売　掛　金	10,000
(4)	貸倒損失	12,000	売　掛　金	12,000
(5)	現　　金	60,000	償却債権取立益	60,000

解答への道

(1)(2)(3)
売掛金などの債権が貸倒れになった場合の処理は，下記の3パターンがあります。

① 貸倒引当金残高がある場合
　　貸倒金額＜貸倒引当金残高
　　　…貸倒金額はすべて，貸倒引当金を取崩します。
　　　　　↓
　　（貸倒引当金）×××（売掛金）×××

② 貸倒引当金残高がある場合
　　貸倒金額＞貸倒引当金残高
　　　…貸倒金額のうち貸倒引当金で充当できる額は貸倒引当金を取崩し，不足分は「貸倒損失」とします。
　　　　　↓
　　（貸倒引当金）××（売　掛　金）×××
　　（貸倒損失）　×

③ 貸倒引当金残高がない場合
　　　…貸倒金額のすべてを「貸倒損失」とします。
　　　　　↓
　　（貸倒損失）××（売　掛　金）××

(4) 当期販売分の売掛金が貸し倒れたときは，貸倒引当金勘定残高があっても取崩さずに，全額を「貸倒損失」とします。

(5)
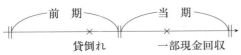

前期の貸倒時に行われた仕訳
（貸倒損失*）200,000（売　掛　金）200,000
＊　貸倒引当金のときもあります。

前期の貸倒時に売掛金200,000円を減らしているので，当期に一部現金回収できたとしても，前期以前に発生した貸倒損失などの費用を取り消す意味で償却債権取立益とします。

問題20-2

(1)

精　算　表

勘定科目	試算表 借方	試算表 貸方	修正記入 借方	修正記入 貸方	損益計算書 借方	損益計算書 貸方	貸借対照表 借方	貸借対照表 貸方
売掛金	80,000						80,000	
貸倒引当金		1,000		600				1,600
貸倒引当金繰入			600		600			

(2)

日付	借方科目	金　額	貸方科目	金　額
3/31	貸倒引当金繰入	600	貸倒引当金	600

(3)

貸倒引当金

			1,000
		3/31 貸倒引当金繰入	600

貸倒引当金繰入

3/31 貸倒引当金	600		

(4)

決算整理後残高試算表
×年3月31日

借　方	勘定科目	貸　方
	貸倒引当金	1,600
600	貸倒引当金繰入	

解答への道

(1)①貸倒引当金の見積り

　　売掛金の期末残高×貸倒実績率＝貸倒見積額
　　80,000円× 2 ％ ＝1,600円
　　1,600円は,「貸倒引当金」として貸借対照表欄へ
記入する金額です。

②貸倒引当金の繰り入れ

　　貸倒見積額－貸倒引当金残高＝貸倒引当金繰入額
　　1,600円－1,000円＝600円
　　　　　　　　試算表欄より

問題20-3

精　算　表

勘定科目	試　算　表		修正記入		損益計算書		貸借対照表	
	借方	貸方	借方	貸方	借方	貸方	借方	貸方
現　　　金	350,000		10,000				360,000	
売　掛　金	90,000			10,000			80,000	
貸倒引当金		1,000		600				1,600
貸倒引当金繰入			600		600			

解答への道

〈未処理事項〉

（現　　　金）	10,000	（売　掛　金）	10,000

〈決算整理仕訳〉

（貸倒引当金繰入）	600	（貸倒引当金）	600

(1)　貸倒引当金の見積り

　　売掛金の期末残高×貸倒実績率＝貸倒見積額
　　80,000円（＝90,000円－未処理事項10,000円）
　　×2％＝1,600円
　　1,600円は「貸倒引当金」として貸借対照表欄へ
記入する金額です。

(2)　貸倒引当金の繰り入れ

　　貸倒見積額－貸倒引当金残高＝貸倒引当金繰入額
　　1,600円－1,000円＝600円
　　　　　　　　試算表欄より

問題20-4

精　算　表

勘定科目	試　算　表		修正記入		損益計算書		貸借対照表	
	借方	貸方	借方	貸方	借方	貸方	借方	貸方
受取手形	40,000						40,000	
売　掛　金	20,000						20,000	
貸倒引当金		2,000		1,000				3,000
貸倒引当金(繰入)			1,000		1,000			

解答への道

〈決算整理仕訳〉

（貸倒引当金繰入）	1,000*	（貸倒引当金）	1,000

＊ （40,000円＋20,000円）× 5 ％ － 2,000円 ＝ 1,000円
　　受取手形　　売掛金　　　　　　試算表欄より
　　　　売上債権

〈44〉

Theme 21 決算整理Ⅴ（減価償却）

問題21-1

日付	借方科目	金額	貸方科目	金額
3/31	減価償却費	50,000	減価償却累計額	50,000

備　品
4/1　250,000

減価償却費
3/31　減価償却累計額　50,000

減価償却累計額
　　　　　　　　　　　3/31　減価償却費　50,000

解答への道

1. 定額法による減価償却費の計算

$$1年間の減価償却費 = \frac{取得原価 - 残存価額}{耐用年数}$$

$$= \frac{250,000円 - 0円}{5年}$$

$$= 50,000円$$

2. 記帳（間接法）

　固定資産の価値の減少額（減価償却費）について，減価償却累計額勘定（資産の評価勘定）を使って間接的に控除します。取得後1年経過した備品の簿価（帳簿価額）は200,000円です。

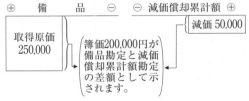

3. 貸借対照表

貸借対照表は，以下のように記載します。

貸借対照表
×年3月31日　　　　　　　（単位：円）

資産	金額		負債及び純資産	金額
備品	250,000			
減価償却累計額	△ 50,000	200,000		

問題21-2

日付	借方科目	金額	貸方科目	金額
3/31	減価償却費	50,000	減価償却累計額	50,000

備　品
10/1　600,000

減価償却費
3/31　減価償却累計額　50,000

減価償却累計額
　　　　　　　　　　　3/31　減価償却費　50,000

解答への道

　取得した10月1日から期末の3月31日までの6か月分を月割りで償却します。

$$\frac{600,000円 - 0円}{6年} \times \frac{6か月}{12か月} = 50,000円$$

問題21-3

借方科目	金額	貸方科目	金額
減価償却費	20,000	減価償却累計額	20,000

精算表

勘定科目	試算表 借方	試算表 貸方	修正記入 借方	修正記入 貸方	損益計算書 借方	損益計算書 貸方	貸借対照表 借方	貸借対照表 貸方
備品	100,000						100,000	
減価償却累計額		40,000		20,000				60,000
減価償却費			20,000		20,000			

解答への道

（減価償却費の計算）

$$\frac{100,000円 - 0円}{5年} = 20,000円$$

問題21-4

借方科目	金　額	貸方科目	金　額
減 価 償 却 費	40,000	建物減価償却累計額	15,000
		備品減価償却累計額	25,000

精　算　表

勘定科目	試　算　表		修正記入		損益計算書		貸借対照表	
	借方	貸方	借方	貸方	借方	貸方	借方	貸方
建　　物	500,000						500,000	
備　　品	200,000						200,000	
建物減価償却累計額		30,000		15,000				45,000
備品減価償却累計額		50,000		25,000				75,000
減価償却費			40,000		40,000			

解答への道

（減価償却費の計算）

建物

$$\frac{500,000 円 - 500,000 円 \times 10\%}{30 年} = 15,000 円$$

備品

$$\frac{200,000 円 - 0 円}{8 年} = 25,000 円$$

問題21-5

日付	借方科目	金　額	貸方科目	金　額
3/31	減価償却費	10,000	建物減価償却累計額	4,500
			備品減価償却累計額	5,500

精　算　表

勘定科目	試　算　表		修正記入		損益計算書		貸借対照表	
	借方	貸方	借方	貸方	借方	貸方	借方	貸方
建　　物	150,000						150,000	
備　　品	34,000						34,000	
建物減価償却累計額		63,000		4,500				67,500
備品減価償却累計額		12,000		5,500				17,500
減価償却費			10,000		10,000			

解答への道

建物

$$\frac{150,000 円 - 150,000 円 \times 10\%}{30 年} = 4,500 円$$

備品

① 備品(A) $\dfrac{24,000 円 - 0 円}{6 年} = 4,000 円$

② 備品(B) $\dfrac{10,000 円 - 0 円}{5 年} \times \dfrac{9 か月^※}{12 か月} = 1,500 円$

③ 合　計　①＋②＝5,500円

※　月割計算について

　備品(B)は7月1日に取得し，使用を開始しているため，決算日の3月31日まで9か月間使ったとして月割計算します。

問題21-6

日付	借方科目	金　額	貸方科目	金　額
3/31	減価償却費	10,000	減価償却累計額	10,000

精　算　表

勘定科目	試　算　表		修正記入		損益計算書		貸借対照表	
	借方	貸方	借方	貸方	借方	貸方	借方	貸方
備　　品	600,000						600,000	
減価償却累計額		50,000		10,000				60,000
減価償却費	50,000		10,000		60,000			

解答への道

　有形固定資産の減価償却費は，期末決算時に一括して計上する以外に「毎月（1か月分ずつ）」計上することがあります（月次決算処理といいます）。

　10月末〜2月末までの5か月分が計上済みであり，これが試算表欄の減価償却累計額勘定および減価償却費勘定の金額です。

　　備品600,000円÷5年

　　＝120,000円（1年分の減価償却費）

　　120,000円÷12か月

　　＝10,000円（1か月分の減価償却費）

　　10,000円×5か月

　　＝50,000円（計上済みの減価償却費）

　決算では，3月分として1か月分の減価償却費のみを計上します。

問題21-7

①	②	③	④
3,100,000	600,000	600,000	1,000,000
⑤	⑥	⑦	⑧
2,500,000	200,000	250,000	450,000

解答への道

　固定資産台帳は，備品Aと備品Bについて，取得日および取得原価，前期末までの減価償却費合計（期首減価償却累計額），当期の減価償却費などを記載します。

① 取得原価の合計：備品A 1,600,000円 + 備品B 1,500,000円 = 3,100,000円

② 備品Aは，取得（×1年4月1日）から前期末（×4年3月31日）までの3年分が償却済みです。なお，備品Bは当期（×4年6月1日）に購入していることから，この欄の記入はありません。よって③の金額は②と同額です。

　　　備品A：取得原価1,600,000円÷耐用年数8年
　　　　　　×経過3年分 = 600,000円

④ 備品A：取得原価1,600,000円 − ②600,000円
　　　　　 = 1,000,000円

⑤ ④1,000,000円 + 備品B 1,500,000円 = 2,500,000円

⑥ 備品Aの当期減価償却費（1年分）：取得原価1,600,000円÷耐用年数8年 = 200,000円

⑦ 備品Bの当期減価償却費は取得日（×4年6月1日）から決算日（×5年3月31日）までの10か月分を月割りで計算します。

　　　備品B：取得原価1,500,000円÷耐用年数5年
　　　　　　×$\dfrac{10か月}{12か月}$ = 250,000円

⑧ ⑥200,000円 + ⑦250,000円 = 450,000円

問題21-8

日付	借方科目	金　　額	貸方科目	金　　額
3/31	減価償却費	450,000	減価償却累計額	450,000

備　　　　品

4/1	前期繰越	1,600,000	
6/1	未払金	(1,500,000)	

減価償却費

3/31	減価償却累計額	(450,000)	

減価償却累計額

		4/1	前期繰越	(600,000)
		3/31	減価償却費	(450,000)

解答への道

　固定資産台帳に，備品Aおよび備品Bについて，取得日および取得原価，前期末までの減価償却費合計（期首減価償却累計額），当期の減価償却費などを記載しています。減価償却費の計算条件が示されていますが，計算結果が示されているため，計算は不要です。

・備品勘定の借方「4/1 前期繰越」
　備品Aの取得原価1,600,000円（備品Bは当期購入）

・備品勘定の借方「6/1 未払金」
　備品Bの取得原価1,500,000円（備品Bは当期6/1に購入）

・減価償却累計額勘定の貸方「4/1 前期繰越」
　備品Aの期首減価償却累計額600,000円（3年分が償却済み）

・減価償却累計額勘定の貸方「3/31 減価償却費」と減価償却費勘定の借方「3/31 減価償却累計額」
　※　決算整理仕訳の記入部分です。
　備品AおよびBの当期減価償却費（合計）450,000円

問題21-9

	借方科目	金　額	貸方科目	金　額
(1)	未 収 入 金	760,000	建　　　　物	1,200,000
	建物減価償却累計額	432,000		
	固定資産売却損	8,000		
(2)	未 収 入 金	200,000	備　　　　品	400,000
	備品減価償却累計額	225,000	固定資産売却益	25,000

解答への道

(1) 建物（商品以外）の売却代金の未収分は，未収入金勘定で処理します。

760,000円－（1,200,000円－432,000円）＝△8,000円〈売却損〉
　　売　価　　　　　簿　価

固定資産売却損勘定は建物売却損勘定とすることもあります。

(2) 備品（商品以外）の売却代金の未収分は，未収入金勘定で処理します。

200,000円－（400,000円－225,000円）＝25,000円〈売却益〉
　　売　価　　　　簿　価

固定資産売却益勘定は備品売却益勘定とすることもあります。

問題21-10

	借方科目	金　額	貸方科目	金　額
(1)	備　　　　品	1,000,000	当 座 預 金	200,000
			未 払 金	800,000
(2)	減 価 償 却 費	200,000	減価償却累計額	200,000
(3)	未 収 入 金	250,000	備　　　　品	500,000
	減価償却累計額	200,000		
	固定資産売却損	50,000		
(4)	未 収 入 金	280,000	備　　　　品	500,000
	減価償却累計額	200,000	固定資産売却益	5,000
	減 価 償 却 費	25,000		

解答への道

(1) 備品（商品以外）の購入代金の未払い分は未払金勘定で処理します。

(2) 　減価償却費 ＝ $\dfrac{1,000,000円－0円}{5年}$
　　　　　　　　　＝ 200,000円

(3) 備品（商品以外）の売却代金の未収分は，未収入金勘定で処理します。

250,000円－（500,000円－200,000円*）＝△50,000円〈売却損〉
　　売　価　　　　簿　価

固定資産売却損勘定は備品売却損勘定とすることもあります。

* 減価償却累計額の計算

$\dfrac{500,000円－0円}{5年} × \underline{2}$ ＝ 200,000円
　　　　　↓
×2年3月31日と×3年3月31日の2回，決算で減価償却が行われています。

(4) 280,000円－（500,000円－200,000円－25,000円*）＝5,000円〈売却益〉
　　売　価　　　　　　　簿　価

固定資産売却益勘定は備品売却益勘定とすることもあります。

* 減価償却費の計算

$\dfrac{500,000円－0円}{5年} × \dfrac{3か月}{12か月}$ ＝ 25,000円
　　　　　↓
期首から売却時までの減価償却費を月割りで計上します。

問題21-11

日付	借方科目	金　額	貸方科目	金　額
×5/4/1	減価償却累計額	320,000	備　　　　品	480,000
	現　　　　金	150,000		
	固定資産売却損	10,000		

解答への道

取得日（×1年4月1日）から売却前日の決算日（×5年3月31日）まで，4年分が償却済みです。

減価償却累計額：取得原価480,000円÷耐用年数6年×経過4年分＝320,000円

150,000円－（480,000円－320,000円）＝△10,000円〈売却損〉
　　売　価　　　　簿　価

なお，固定資産売却損勘定は備品売却損勘定とすることもあります。

〈48〉

Theme 22 決算整理Ⅵ（経過勘定項目）

問題22-1

日付	借方科目	金額	貸方科目	金額
3/31	前払保険料	4,000	保険料	4,000

解答への道

決算において，保険料の前払分（未経過分，次期分）を保険料勘定（費用）から差し引いて前払保険料勘定（資産）に振り替えます。前払分の費用は，次期にそのサービスを受けることができる権利（代金は支払済み）を意味する資産です。

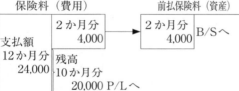

問題22-2

イ　仕訳

	借方科目	金額	貸方科目	金額
(1)	保険料	1,200	現金	1,200
(2)	前払保険料	700	保険料	700
(3)	保険料	700	前払保険料	700
(4)	保険料	1,200	現金	1,200

ロ　決算整理後残高

a　保険料勘定残高　　500円

b　前払保険料勘定残高　　700円

解答への道

(1) 保険料を支払ったときは，保険料勘定を用いて費用処理します。
(2) 決算において，保険料の前払分（未経過分，次期分）を保険料勘定（費用）から差し引いて前払保険料勘定（資産）に振り替えます。
　11月1日に支払った1年分（12か月分）の保険料のうち，11月1日～3月31日の決算日までの5か月分が当期分，4月1日～10月31日までの7か月が次期分（前払分）です。

前払保険料：$1,200円 \times \dfrac{7か月}{12か月} = 700円$

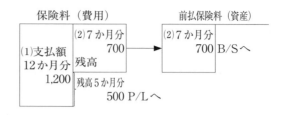

(3) 決算において前払（資産として）処理した保険料は，翌期首において費用に計上するため，「前期末に行った決算整理仕訳の貸借逆仕訳」を行い，保険料勘定に振り替えます。これを再振替仕訳といいます。
(4) 保険契約期間が経過したため，新規に契約または更新等により，新たに保険料を支払います。なお，このとき支払う年間の保険料は，前年（上記1）の金額と同じとは限りません。

問題22-3

精　算　表

勘定科目	試算表 借方	試算表 貸方	修正記入 借方	修正記入 貸方	損益計算書 借方	損益計算書 貸方	貸借対照表 借方	貸借対照表 貸方
保険料	30,000			7,500	22,500			
（前払）保険料			7,500				7,500	

解答への道

試算表欄の保険料30,000円は，7月1日に支払った1年分（12か月分）の金額です。このうち，7月1日～3月31日の決算日までの9か月分が当期分，4月1日～6月30日までの3か月分が次期分（前払分）です。

前払保険料：$30,000円 \times \dfrac{3か月}{12か月} = 7,500円$

（前払保険料）	7,500	（保険料）	7,500

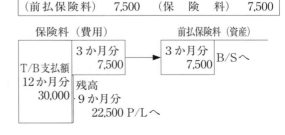

問題22-4

精　算　表

勘定科目	試算表 借方	試算表 貸方	修正記入 借方	修正記入 貸方	損益計算書 借方	損益計算書 貸方	貸借対照表 借方	貸借対照表 貸方
保　険　料	30,000			6,000	24,000			
（前払)保険料			6,000				6,000	

解答への道

本問の試算表欄の保険料30,000円は１年分（12か月分）の金額ではありません。「毎年７月１日に向こう１年分を支払っている」ことから，前期から当期にかけて，次のように記帳を行っていることを推定します。

〈前期の仕訳〉
(1) ７月１日：保険料の支払い（７月１日～次期６月30日分）

（保　険　料）12か月分　（現　金　等）12か月分

(2) ３月31日（期末）：決算整理（次期４月１日～６月30日分の前払処理）

（前払保険料）３か月分　（保　険　料）３か月分

〈当期の仕訳〉
(1) ４月１日（期首）：再振替仕訳

（保　険　料）３か月分　（前払保険料）３か月分

(2) ７月１日：保険料の支払い（７月１日～次期６月30日分）

（保　険　料）12か月分　（現　金　等）12か月分

以上より，試算表欄の保険料30,000円は，４月１日の再振替分の３か月分と７月１日に支払った１年分（12か月分）の合計15か月分の金額です。当期に支払った分のうち，７月１日～３月31日の決算日までの９か月分が当期分，４月１日～６月30日までの３か月分が次期分（前払分）です。

前払保険料：30,000円 × $\dfrac{3か月}{15か月}$ ＝ 6,000円

（前払保険料）　6,000　（保　険　料）　6,000

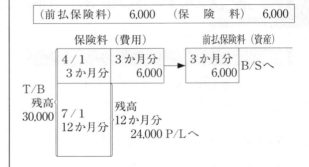

問題22-5

日付	借方科目	金額	貸方科目	金額
3/31	受取地代	10,000	前受地代	10,000

解答への道

決算において，受取地代の前受分（未経過分，次期分）を受取地代勘定（収益）から差し引いて前受地代勘定（負債）に振り替えます。前受分の収益は，次期にそのサービスを提供しなければならない義務（代金は受取済み）を意味する負債です。

問題22-6

イ　仕訳

	借方科目	金額	貸方科目	金額
(1)	現　　　金	18,000	受取家賃	18,000
(2)	受取家賃	9,000	前受家賃	9,000
(3)	前受家賃	9,000	受取家賃	9,000
(4)	現　　　金	18,000	受取家賃	18,000

ロ　決算整理後残高

a　受取家賃勘定残高　　　　9,000 円

b　前受家賃勘定残高　　　　9,000 円

解答への道

(1) 家賃を受け取ったときは，受取家賃勘定を用いて収益処理します。

(2) 決算において，家賃の前受分（未経過分，次期分）を受取家賃勘定（収益）から差し引いて前受家賃勘定（負債）に振り替えます。

10月1日に受け取った1年分（12か月分）の家賃のうち，10月1日～3月31日の決算日までの6か月分が当期分，4月1日～9月30日までの6か月が次期分（前受分）です。

前受家賃：$18,000 円 \times \dfrac{6 か月}{12 か月} = 9,000 円$

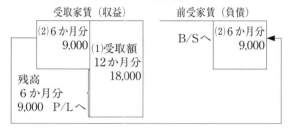

(3) 決算において，前受（負債として）処理した家賃は，翌期首において，当期の収益に計上するため，「前期末に行った決算整理仕訳の貸借逆仕訳」を行い，受取家賃勘定に振り替えます。これを「再振替仕訳」といいます。

(4) 賃貸借契約期間が経過したため，新規に契約または更新等により，新たに家賃を受け取ります。なお，このとき受け取る年間の家賃は，前年（上記1）の金額と同じとは限りません。

問題22-7

精　算　表

勘定科目	試算表 借方	試算表 貸方	修正記入 借方	修正記入 貸方	損益計算書 借方	損益計算書 貸方	貸借対照表 借方	貸借対照表 貸方
受取手数料		21,000	3,500			17,500		
（前受）手数料				3,500				3,500

解答への道

試算表欄の受取手数料21,000円は，6月1日に受け取った1年分（12か月分）の金額です。このうち，6月1日～3月31日の決算日までの10か月分が当期分，4月1日～5月31日までの2か月分が次期分（前受分）です。

前受手数料：$21,000 円 \times \dfrac{2 か月}{12 か月} = 3,500 円$

（受取手数料）　3,500　（前受手数料）　3,500

受取手数料（収益）
```
2か月分
3,500       受取額
残高        12か月分
10か月分    21,000
17,500 P/Lへ
```

前受手数料（負債）
```
            2か月分
B/Sへ       3,500
```

問題22-8

精　算　表

勘定科目	試算表 借方	試算表 貸方	修正記入 借方	修正記入 貸方	損益計算書 借方	損益計算書 貸方	貸借対照表 借方	貸借対照表 貸方
受取手数料		21,000	3,000			18,000		
（前受）手数料				3,000				3,000

解答への道

本問の試算表欄の受取手数料21,000円は1年分（12か月分）の金額ではありません。「毎年6月1日に向こう1年分を受け取っている」ことから，前期から当期にかけて，次のように記帳を行っていることを推定します。

〈前期の仕訳〉
(1) 6月1日：手数料の受け取り（6月1日～次期5月31日分）

（現　金　等）12か月分　（受取手数料）12か月分

(2) 3月31日（期末）：決算整理（次期4月1日～5月31日分の前受処理）

（受取手数料）2か月分　（前受手数料）2か月分

〈当期の仕訳〉
(1) 4月1日（期首）：再振替仕訳

（前受手数料）2か月分　（受取手数料）2か月分

(2) 6月1日：手数料の受け取り（6月1日～次期5月31日分）

（現　金　等）12か月分　（受取手数料）12か月分

以上より，試算表欄の受取手数料21,000円は，4月1日の再振替分の2か月分と6月1日に受け取った1年分（12か月分）の合計14か月分の金額です。当期に受け取った分のうち，6月1日〜3月31日の決算日までの10か月分が当期分，4月1日〜5月31日までの2か月分が次期分（前受分）です。

前受手数料：$21,000円 \times \dfrac{2か月}{14か月} = 3,000円$

| （受取手数料） | 3,000 | （前受手数料） | 3,000 |

受取手数料（収益）

| 2か月分 3,000 | 4/1 2か月分 |
| 残高 12か月分 18,000 P/Lへ | 6/1 12か月分 | T/B残高 21,000 |

前受手数料（負債）

B/Sへ ← 2か月分 3,000

問題22-9

日付	借方科目	金額	貸方科目	金額
3/31	支払家賃	5,000	未払家賃	5,000

解答への道

決算において，家賃の未払分（当期経過分の未計上額）を支払家賃勘定（費用）に加算計上して未払家賃勘定（負債）を計上します。未払分の費用は，当期にそのサービスを受けているが代金は支払われていない（支払わなければならない義務）を意味する負債です。

支払家賃（費用）

| | 当期分 |
| 未払分 5,000 | |

未払家賃（負債）

| | 未払分 5,000 |

問題22-10

イ　仕訳

	借方科目	金額	貸方科目	金額
(1)	当座預金	100,000	借入金	100,000
(2)	支払利息	2,000	未払利息	2,000
(3)	未払利息	2,000	支払利息	2,000
(4)	借入金 支払利息	100,000 6,000	当座預金	106,000

ロ　決算整理後残高

a　支払利息勘定残高　　2,000 円
b　未払利息勘定残高　　2,000 円

解答への道

(1) 金銭を借り入れた場合，金額・期間に応じた利息を支払います。本問は，元利一括返済（1年後に支払う）の契約です。

(2) 決算において，利息の未払分（当期経過期間分）を支払利息勘定（費用）に加算計上し，未払利息勘定（負債）を計上します。

　　12月1日〜3月31日の決算日までの4か月分が当期経過期間分であり，これを未払分として計上します（利息の支払いは8か月後の11月30日）。

　　未払利息：借入金100,000円×年利率6％
　　　　　　$\times \dfrac{4か月}{12か月} = 2,000円$

(3) 決算において，未払（負債として）処理した利息は，翌期首において，（11月30日に支払う予定の）当期の費用から差し引くため，「前期末に行った決算整理仕訳の貸借逆仕訳」を行い，支払利息勘定の貸方に振り替えます。これを「再振替仕訳」といいます。

(4) 返済期日には，元金と1年分の利息を合わせて支払います。

　　支払利息：借入金100,000円×年利率6％
　　　　　　＝6,000円

問題22-11

精算表

勘定科目	試算表 借方	試算表 貸方	修正記入 借方	修正記入 貸方	損益計算書 借方	損益計算書 貸方	貸借対照表 借方	貸借対照表 貸方
支払家賃	55,000		5,000		60,000			
（未払）家賃				5,000				5,000

解答への道

指示に従って，3月分（1か月分）の支払家賃を未払計上します。試算表欄の支払家賃55,000円が「11か月分」であることから，11で除して，1か月分の支払家賃5,000円を求めます。

| （支払家賃） | 5,000 | （未払家賃） | 5,000 |

問題22-12

精算表

勘定科目	試算表 借方	試算表 貸方	修正記入 借方	修正記入 貸方	損益計算書 借方	損益計算書 貸方	貸借対照表 借方	貸借対照表 貸方
支払利息			3,000		3,000			
（未払）利息				3,000				3,000

解答への道

決算において，利息の未払分（当期経過期間分）を支払利息勘定（費用）に加算計上し，未払利息勘定（負債）を計上します。

10月1日〜3月31日の決算日までの6か月分が当期経過期間分であり，これを未払分として計上します（利息の支払いは6か月後の9月30日）。

未払利息：借入金100,000円×年利率6％×$\frac{6か月}{12か月}$

$= 3,000$円

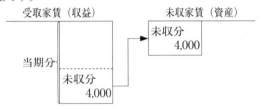

問題22-13

日付	借方科目	金額	貸方科目	金額
3/31	未収家賃	4,000	受取家賃	4,000

解答への道

決算において，家賃の未収分（当期経過分の未計上額）を受取家賃勘定（収益）に加算計上して未収家賃勘定（資産）を計上します。未収分の収益は，当期にそのサービスを提供済みであるが代金は受け取っていないこと（受け取ることができる権利）を意味する資産です。

問題22-14

イ　仕訳

	借方科目	金額	貸方科目	金額
(1)	貸　付　金	240,000	当座預金	240,000
(2)	未　収　利　息	3,200	受　取　利　息	3,200
(3)	受　取　利　息	3,200	未　収　利　息	3,200
(4)	当　座　預　金	249,600	貸　付　金	240,000
			受　取　利　息	9,600

ロ　決算整理後残高

a　受取利息勘定残高　　3,200 円

b　未収利息勘定残高　　3,200 円

解答への道

(1) 金銭を貸し付けた場合，金額・期間に応じた利息を受け取ります。本問は，元利一括返済（1年後に受け取る）の契約です。

(2) 決算において，利息の未収分（当期経過期間分）を受取利息勘定（収益）に加算計上し，未収利息勘定（資産）を計上します。

12月1日〜3月31日の決算日までの4か月分が当期経過期間分であり，これを未収分として計上します（利息の受け取りは8か月後の11月30日）。

未収利息：貸付金240,000円×年利率4％×$\frac{4か月}{12か月}$＝3,200円

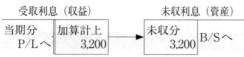

(3) 決算において，未収（資産として）処理した利息は，翌期首において，（11月30日に受け取る予定の）当期の収益から差し引くため，「前期末に行った決算整理仕訳の貸借逆仕訳」を行い，受取利息勘定の借方に振り替えます。これを「再振替仕訳」といいます。

(4) 返済期日には，元金と1年分の利息を合わせて受け取ります。

受取利息：貸付金240,000円×年利率4％
　　　　＝9,600円

問題22-15

精算表

勘定科目	試算表 借方	試算表 貸方	修正記入 借方	修正記入 貸方	損益計算書 借方	損益計算書 貸方	貸借対照表 借方	貸借対照表 貸方
受取手数料		10,000		2,000		12,000		
(未収)手数料			2,000				2,000	

解答への道

指示に従って2,000円の受取手数料を未収計上します。

| （未収手数料） | 2,000 | （受取手数料） | 2,000 |

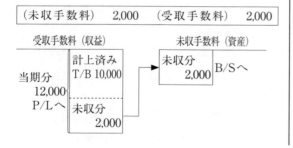

問題22-16

精算表

勘定科目	試算表 借方	試算表 貸方	修正記入 借方	修正記入 貸方	損益計算書 借方	損益計算書 貸方	貸借対照表 借方	貸借対照表 貸方
受取利息				7,500		7,500		
(未収)利息			7,500				7,500	

解答への道

決算において，利息の未収分（当期経過期間分）を受取利息勘定（収益）に加算計上し，未収利息勘定（資産）を計上します。

7月1日～3月31日の決算日までの9か月分が当期経過期間分であり，これを未収分として計上します（利息の受け取りは3か月後の6月30日）。

未収利息：貸付金200,000円×年利率5％×$\frac{9か月}{12か月}$
　　　　＝7,500円

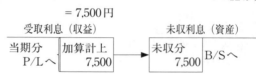

問題22-17

(1)の方法により処理した場合

保　険　料

7/1　現　　金　12,000 ｜ 3/31（前払保険料）（ 3,000）

前払保険料

3/31（保険料）（ 3,000）

(2)の方法により処理した場合

前払保険料

7/1　現　　金　12,000 ｜ 3/31（保険料）（ 9,000）

保　険　料

3/31（前払保険料）（ 9,000）

解答への道

保険料の会計処理にあたり、保険料支払時に(1)費用処理する方法と(2)資産処理する方法、それぞれの勘定記入を問う問題です。以下に、2つの方法を比較しながら仕訳を示しておきます。

(1) 費用処理する方法
　支払時（期中）　7/1（保険料）12,000（現　金）12,000
　決算時（期末）
　決算整理仕訳　3/31（前払保険料）3,000（保険料）3,000

(2) 資産処理する方法
　支払時（期中）　7/1（前払保険料）12,000（現　金）12,000
　決算時（期末）
　決算整理仕訳　3/31（保険料）9,000（前払保険料）9,000

〈参考〉

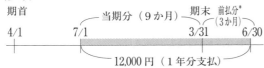

* 前払保険料：$12,000 円 \times \dfrac{3 か月}{12 か月} = 3,000 円$

問題22-18

精　算　表

勘定科目	試算表 借方	試算表 貸方	修正記入 借方	修正記入 貸方	損益計算書 借方	損益計算書 貸方	貸借対照表 借方	貸借対照表 貸方
受取利息		600	600			1,200		
受取地代		1,300	100			1,200		
保険料	1,200			400	800			
支払家賃	5,500		500		6,000			
（前払）保険料			400				400	
（未収）利息			600				600	
（未払）家賃				500				500
（前受）地代				100				100

解答への道

〈決算整理仕訳〉

(1) （前払保険料）400* （保　険　料）400　→次期分を前払処理

　* $1,200 円 \times \dfrac{4 か月}{12 か月} = 400 円$

(2) （未収利息）600　（受取利息）600　→当期分を未収処理

(3) （支払家賃）500　（未払家賃）500　→当期分を未払処理

(4) （受取地代）100　（前受地代）100　→次期分を前受処理

（注）損益計算書欄に、当期の収益と当期の費用が表示されるように仕訳します。

仕訳する金額は、前払いおよび前受けの場合には「次期分」となり、未収および未払いの場合には「当期の不足分」となります。

(参考)

資産 B/S	負債
前払費用（前払保険料）	前受収益（前受地代）
未収収益（未収利息）	未払費用（未払家賃）

Theme 23 決算整理後残高試算表

問題23-1

残高試算表		
	×2年3月31日	
借　方	勘定科目	貸　方
8,000	現　　　金	
3,000	当座預金	
188,000	受取手形	
125,000	売　掛　金	
8,000	繰越商品	
125,000	備　　　品	
	支払手形	147,500
	買　掛　金	124,500
	未　払　金	25,000
	借　入　金	70,000
	減価償却累計額	60,000
	資　本　金	110,000
	繰越利益剰余金	5,000
	売　　　上	483,000
418,500	仕　　　入	
113,000	給　　　料	
34,500	通　信　費	
800	支払利息	
1,200	(貸倒損失)	
1,025,000		1,025,000

解答への道

　1年間の取引を仕訳し，期末（3/31）の残高試算表を作成して決算手続を始めます。

〈残高試算表の作成〉

　(B)期中取引の仕訳を行い，その金額を(A)期首貸借対照表の金額に加減して残高を求め，借方欄または貸方欄に記入します。

　なお，ⓐ〜ⓗのそれぞれの仕訳は，期中に行われた取引について2つの帳簿に重複（1つの取引が2か所に記されている）があるので，集計の際に二重計上しないようにします。

Ⅰ　補助簿に記入されている期中取引高

1．現金出納帳

（収　入）

　ア．商品の売上高

　　ⓐ（現　　金）84,000　（売　　上）84,000

　イ．売掛金の回収高

　　（現　　金）62,500　（売　掛　金）62,500

　ウ．当座預金からの引出高

　　ⓑ（現　　金）35,500　（当座預金）35,500

（支　出）

　ア．給料の支払高

　　（給　　料）113,000　（現　　金）113,000

　イ．通信費の支払高

　　（通　信　費）34,500　（現　　金）34,500

　ウ．当座預金への預入高

　　ⓒ（当座預金）69,000　（現　　金）69,000

2．当座預金出納帳

（預　入）

　ア．売掛金の回収高

　　（当座預金）98,300　（売　掛　金）98,300

　イ．受取手形の決済高

　　ⓓ（当座預金）120,000　（受取手形）120,000

　ウ．現金の預入高

　　ⓒ（当座預金）69,000　（現　　金）69,000

（引　出）

　ア．買掛金の支払高

　　（買　掛　金）142,500　（当座預金）142,500

　イ．支払手形の決済高

　　ⓔ（支払手形）100,500　（当座預金）100,500

　ウ．未払金（前期購入備品代金）の支払高

　　（未　払　金）30,000　（当座預金）30,000

　エ．借入金の元利支払高

　　（借　入　金）20,000　（当座預金）20,800
　　（支払利息）　800

　オ．商品の仕入高

　　ⓕ（仕　　入）79,500　（当座預金）79,500

カ．現金の引出高

 ⓑ（現 金）35,500 （当座預金）35,500

3．仕入帳

 ア．小切手振出による仕入高

  ⓕ（仕 入）79,500 （当座預金）79,500

 イ．掛仕入高

   （仕 入）248,000 （買 掛 金）248,000

 ウ．手形仕入高

  ⓖ（仕 入）91,000 （支払手形）91,000

4．売上帳

 ア．現金売上高

  ⓐ（現 金）84,000 （売 上）84,000

 イ．掛売上高

   （売 掛 金）286,000 （売 上）286,000

 ウ．手形売上高

  ⓗ（受取手形）113,000 （売 上）113,000

5．支払手形記入帳

 ア．買掛金の支払高

   （買 掛 金）80,000 （支払手形）80,000

 イ．商品の仕入高

  ⓖ（仕 入）91,000 （支払手形）91,000

 ウ．当座引落しによる決済高

  ⓔ（支払手形）100,500 （当座預金）100,500

6．受取手形記入帳

 ア．売掛金の回収高

   （受取手形）102,000 （売 掛 金）102,000

 イ．商品の売上高

  ⓗ（受取手形）113,000 （売 上）113,000

 ウ．当座入金による決済高

  ⓓ（当座預金）120,000 （受取手形）120,000

Ⅱ　補助簿に記入されていないその他の取引高

1．備品の購入

   （備 品）25,000 （未 払 金）25,000

2．前期販売分売掛金の貸倒高

   （貸倒引当金）4,000 （売 掛 金）5,200
   （貸 倒 損 失）1,200

問題23-2

決算整理後残高試算表
×2年3月31日　　（単位：円）

借　方	勘定科目	貸　方
954,000	現　　　金	
1,090,000	当　座　預　金	
340,000	売　掛　金	
	貸　倒　引　当　金	6,800
211,000	繰　越　商　品	
1,500,000	備　　　品	
	備品減価償却累計額	562,500
	買　掛　金	314,000
	借　入　金	220,000
	資　本　金	2,000,000
	繰越利益剰余金	125,000
	売　　　上	4,920,000
	受　取　手　数　料	39,500
1,721,000	仕　　　入	
925,000	給　　　料	
120,600	通　信　費	
111,000	旅　費　交　通　費	
1,024,000	支　払　家　賃	
800	保　険　料	
1,000	雑　　　損	
6,500	貸倒引当金繰入	
187,500	減　価　償　却　費	
	前　受　手　数　料	6,200
1,600	前　払　保　険　料	
3,300	支　払　利　息	
	未　払　利　息	3,300
8,197,300		8,197,300

解答への道

〈決算整理後残高試算表の作成〉

 まず，(1)の決算整理前残高試算表と(2)決算整理事項等にもとづいて仕訳します。仕訳金額を決算整理前残高試算表の金額に加減し，決算整理後残高試算表に記入します。試算表作成の際，必要な科目（試算表にない科目を仕訳に使用した場合等）は追加しますが，本問では解答欄の試算表に記入済みです。

 以下，本問の仕訳を示します。

 決算時は，まず未処理事項（記入もれの追加や誤りの訂正）の仕訳を行い，修正後の金額を用いて決算整理を行います。

1．売掛金回収の未記帳（未処理事項）

（当 座 預 金）	20,000	（売 　掛 　金）	20,000

2．現金過不足の整理

　　現金の帳簿残高と実際手許有高に差額（不足）1,000円が生じています。現金は実際額である手許有高に修正しますが，発生原因が不明なため雑損勘定（費用）に振り替えます。

（雑 　　　　損）	1,000*	（現 　　　　金）	1,000

　＊　実際手許有高954,000円－前T/B現金955,000円＝
　　　△1,000円（不足→雑損へ）

3．貸倒引当金の設定

　　売上債権期末残高に対し2％の金額を貸倒引当金（貸倒見積額）とします。なお，売上債権残高は，受取手形および売掛金等を指しますが，本問では売掛金残高しかありません。また，差額補充法によるので，貸倒見積額から貸倒引当金勘定残高を差し引いた差額を当期の繰入額として費用計上します。

（貸倒引当金繰入）	6,500*	（貸倒引当金）	6,500

　＊　売上債権残高：前T/B売掛金360,000円－1．回収
　　　　　　　　　済み20,000円＝340,000円
　　　貸倒引当金の当期末設定額：340,000円×2％
　　　　　　　　　　　　　　　＝6,800円
　　　貸倒引当金繰入額：6,800円－前T/B貸倒引当金
　　　　　　　　　　　300円＝6,500円

4．売上原価の算定

　　商品売買取引の記帳を三分法で行っている場合は，決算において，売上原価の算定および期末商品計上の処理が必要です。

> 期首商品棚卸高178,000円＋当期商品仕入高1,754,000円
> －期末商品棚卸高211,000円＝売上原価1,721,000円

　　本問では仕入勘定を用いて，次の仕訳により売上原価を算定するとともに，繰越商品勘定の残高を期末商品棚卸高に修正します。

（仕 　　　　入）	178,000	（繰 越 商 品）	178,000*1
（繰 越 商 品）	211,000*2	（仕 　　　　入）	211,000

　＊1　期首商品棚卸高：前T/B繰越商品勘定残高
　＊2　期末商品棚卸高：決算整理事項より

5．固定資産の減価償却

　　備品について，定額法（残存価額ゼロ，耐用年数8年）により減価償却費を計算します。

（減価償却費）	187,500*	（備品減価償却累計額）	187,500

　＊　減価償却費：$\dfrac{前T/B備品1,500,000円}{耐用年数8年}$＝187,500円

6．受取手数料の前受処理

　　次期分6,200円を受取手数料勘定より差し引き，前受手数料勘定に振り替えます。

（受取手数料）	6,200	（前受手数料）	6,200*

　＊　前受手数料：決算整理事項より

7．保険料の前払処理

　　前T/Bの保険料は×1年12月1日に支払った向こう1年分であることから，×1年12月1日から×2年3月31日までの4か月分を当期分，×2年4月1日から11月30日の8か月分を次期分として計算し，次期分を保険料勘定より差し引き，前払保険料勘定に振り替えます。

（前払保険料）	1,600*	（保 　険 　料）	1,600

　＊　前払保険料：前T/B保険料2,400円×$\dfrac{8か月}{12か月}$＝1,600円

8．支払利息の未払処理

　　当期中に借入日の×1年10月1日から×2年3月31日まで6か月が経過していますが，利息の支払いは返済時なので未計上です。よって支払利息勘定に費用として計上し，未払利息勘定を計上します。

（支 払 利 息）	3,300*	（未 払 利 息）	3,300

　＊　未払利息：前T/B借入金220,000円×年3％×$\dfrac{6か月}{12か月}$＝3,300円

（参考）

決算整理後残高試算表の勘定科目および金額を分類し，この後の決算手続きに用います。

・資産，負債，資本（純資産），評価勘定は貸借対照表（財政状態を表す）に表示

・費用および収益の勘定は損益計算書（経営成績を表す）に表示

決算整理後残高試算表
×2年3月31日 （単位：円）

	借 方	勘 定 科 目	貸 方	
資産(B/S)	954,000	現　　　　金		
資産(B/S)	1,090,000	当 座 預 金		
資産(B/S)	340,000	売 掛 金		
		貸 倒 引 当 金	6,800	評価(B/S)
資産(B/S)	211,000	繰 越 商 品		
資産(B/S)	1,500,000	備　　　　品		
		備品減価償却累計額	562,500	評価(B/S)
		買 掛 金	314,000	負債(B/S)
		借 入 金	220,000	負債(B/S)
		資 本 金	2,000,000	資本(B/S)
		繰越利益剰余金	125,000	資本(B/S)
		売　　　　上	4,920,000	収益(P/L)
		受 取 手 数 料	39,500	収益(P/L)
費用(P/L)	1,721,000	仕　　　　入		
費用(P/L)	925,000	給　　　　料		
費用(P/L)	120,600	通 信 費		
費用(P/L)	111,000	旅 費 交 通 費		
費用(P/L)	1,024,000	支 払 家 賃		
費用(P/L)	800	保 険 料		
費用(P/L)	1,000	雑　　　　損		
費用(P/L)	6,500	貸倒引当金繰入		
費用(P/L)	187,500	減 価 償 却 費		
		前 受 手 数 料	6,200	負債(B/S)
資産(B/S)	1,600	前 払 保 険 料		
費用(P/L)	3,300	支 払 利 息		
		未 払 利 息	3,300	負債(B/S)
	8,197,300		8,197,300	

問題23-3

決算整理後残高試算表
×2年3月31日 （単位：円）

借　　　方	勘 定 科 目	貸　　　方
363,000	現　　　　金	
410,000	当座預金A銀行	
231,500	受 取 手 形	
143,500	売 掛 金	
	貸 倒 引 当 金	15,000
617,000	繰 越 商 品	
15,000	貯 蔵 品	
33,000	前 払 保 険 料	
300,000	備　　　　品	
	減価償却累計額	120,000
	支 払 手 形	173,500
	買 掛 金	107,500
	借 入 金	250,000
	当 座 借 越	25,000
	未 払 利 息	2,500
	資 本 金	1,300,000
	繰越利益剰余金	220,000
	売　　　　上	4,402,000
3,328,000	仕　　　　入	
454,500	給　　　　料	
7,000	通 信 費	
14,000	租 税 公 課	
520,000	支 払 家 賃	
132,000	保 険 料	
9,000	貸倒引当金繰入	
30,000	減 価 償 却 費	
7,500	支 払 利 息	
500	雑　　　　損	
6,615,500		6,615,500

〈59〉

解答への道

〈決算整理後残高試算表の作成〉

まず，(1)の決算整理前の各勘定残高と(2)決算整理事項等にもとづいて仕訳します。仕訳金額を各勘定残高に加減し，決算整理後残高試算表に記入します。試算表作成の際，科目の配列順に特別なきまりはありません（本問では解答欄にすべて記入済みです）。

以下，本問の仕訳を示します。

〈決算整理事項等〉

1．仮受金の精算（未処理事項）

売掛金の回収が判明したので売掛金の減少として処理します。なお，この処理は，貸倒引当金の設定に影響を与えることになります。

（仮 受 金）	14,000	（売 掛 金）	14,000

2．現金過不足の処理

実際有高と帳簿残高の差額を雑損勘定（費用）に振り替えます。

（雑 損）	500	（現 金）	500

実際有高363,000円－帳簿残高363,500円＝△500円（不足額）

3．当座預金の貸方残高

当座預金勘定の貸方残高は，当座預金残高を超えた引出額を表す負債となります。指示に従って当座借越勘定（負債）に振り替えます。

（当座預金B銀行）	25,000	（当 座 借 越）	25,000

4．貸倒引当金の設定

受取手形と売掛金の期末残高合計の4％が貸倒引当金の残高となるように差額を補充します。

貸倒引当金の当期設定額：

$$(231,500円 + 157,500円 - \underbrace{14,000円}_{上記1.}) \times 4\% = 15,000円$$

貸倒引当金の期末残高： △6,000円

差引・貸倒引当金繰入額： 9,000円

（貸倒引当金繰入）	9,000	（貸倒引当金）	9,000

5．売上原価の算定

仕入勘定の残高が売上原価になるように仕訳をします。

（仕 入）	345,000	（繰 越 商 品）	345,000
（繰 越 商 品）	617,000	（仕 入）	617,000

6．備品の減価償却費の計上

旧備品と新備品の耐用年数が異なるので別々に計算します。また，新備品は期中に取得しているので月割計算します（1月1日から3月31日までの3か月分）。

旧備品：$\dfrac{(300,000円 - 100,000円)}{8年} = 25,000円$ ⎫

新備品：$\dfrac{100,000円}{5年} \times \dfrac{3か月}{12か月} = 5,000円$ ⎬ 30,000円 ⎭

（減価償却費）	30,000	（減価償却累計額）	30,000

7．未使用の切手等の貯蔵品処理

期中において通信費勘定（費用）で処理した切手代や租税公課勘定（費用）で処理した収入印紙代は，期末の未使用分を貯蔵品勘定（資産）に振り替え，次期に繰り越します。

（貯 蔵 品）	15,000	（通 信 費）	5,000
		（租 税 公 課）	10,000

8．前払保険料の計上

保険料は毎年7月1日に1年分を支払っているため，前期から繰り越された前払分（3か月分）に関して当期首に再振替仕訳を行っています。また，当期の7月1日に向こう1年分（12か月分）を支払っているので，試算表上の保険料は3か月分＋12か月分＝15か月分になります。このうち3か月分（×2年4月～6月分）を次期の費用とするため前払分として処理します。

$$165,000円 \times \dfrac{3か月}{15か月} = 33,000円$$

（前払保険料）	33,000	（保 険 料）	33,000

9．未払利息の計上

借入金の利息は半年ごとの後払いなので，1月1日から3月31日までの3か月分を当期の費用とするため，未払計上します。

$$250,000円 \times 4\% \times \dfrac{3か月}{12か月} = 2,500円$$

（支 払 利 息）	2,500	（未 払 利 息）	2,500

問題23-4

決算整理後残高試算表
×2年3月31日 （単位：円）

借　　方	勘定科目	貸　　方
501,000	現　　　　　金	
316,000	当座預金神奈川Y銀行	
104,000	普通預金埼玉W銀行	
127,000	普通預金東京X銀行	
200,000	受　取　手　形	
295,000	売　　掛　　金	
120,000	繰　越　商　品	
9,000	貯　　蔵　　品	
4,000	前　払　保　険　料	
800,000	建　　　　　物	
400,000	備　　　　　品	
1,000,000	土　　　　　地	
	支　払　手　形	90,000
	買　　掛　　金	120,000
	借　　入　　金	150,000
	当　座　借　越	20,000
	前　受　地　代	2,500
	貸　倒　引　当　金	9,900
	建物減価償却累計額	72,000
	備品減価償却累計額	130,000
	資　　本　　金	2,850,000
	繰越利益剰余金	150,000
	売　　　　　上	2,000,000
	受　取　地　代	27,500
	雑　　　　　益	1,000
1,170,000	売　上　原　価	
369,000	給　　　　　料	
12,000	保　　険　　料	
70,000	消　耗　品　費	
15,000	租　税　公　課	
7,900	貸倒引当金繰入	
94,000	減　価　償　却　費	
9,000	支　払　利　息	
5,622,900		5,622,900

解答への道

〈決算整理後残高試算表の作成〉

　まず，［資料Ⅰ］の決算整理前残高試算表の金額と［資料Ⅱ］未処理事項および［資料Ⅲ］決算整理事項にもとづいて仕訳します。仕訳金額を各勘定残高に加減し，決算整理後残高試算表に記入します。

以下，本問の仕訳を示します。

Ⅰ．未処理事項

　1．売掛金の回収

（普通預金東京X銀行）	5,000	（売　掛　金）	5,000

　2．固定資産税の支払い

　　事業用の土地・建物などにかかる固定資産税は，租税公課勘定（費用）で処理します。

（租　税　公　課）	4,000	（当座預金神奈川Y銀行）	4,000

　3．仮払金

（備　　　　品）	100,000	（仮　払　金）	100,000

Ⅱ．決算整理事項

　1．現金過不足の処理

　　実際有高と帳簿残高の差額を雑益として処理します。

（現　　　　金）	1,000	（雑　　　　益）	1,000*

　＊　実際有高：476,000円〈紙幣・硬貨〉＋25,000円〈他社振出の小切手〉＝501,000円
　　　501,000円〈実際有高〉－500,000円〈前T/B現金〉＝1,000円（雑益）

　2．当座借越

　　指示にしたがい，当座預金栃木Z銀行勘定の貸方残高20,000円を，当座借越勘定の貸方に振り替えます。

（当座預金栃木Z銀行）	20,000	（当　座　借　越）	20,000

　3．貸倒引当金の設定

　　貸倒引当金勘定の残高が売上債権（受取手形と売掛金）期末残高の2％になるよう差額を補充します。

（貸倒引当金繰入）	7,900*	（貸倒引当金）	7,900

　＊　売上債権の残高：200,000円〈受取手形〉＋300,000円〈売掛金〉－5,000円〈上記Ⅰの1〉
　　　　　　　　　　＝495,000円
　　　貸倒引当金の当期末設定額：495,000円×2％
　　　　　　　　　　　　　　　　＝9,900円
　　　貸倒引当金繰入額：9,900円－2,000円〈試算表欄の貸倒引当金〉
　　　　　　　　　　　　＝7,900円

　4．売上原価の算定

　　売上原価勘定で売上原価を算定するとともに，繰越商品勘定の残高を期末商品棚卸高に修正します。

〈61〉

（売 上 原 価）	90,000	（繰 越 商 品）	90,000*1	
（売 上 原 価）	1,200,000	（仕　　　入）	1,200,000*2	
（繰 越 商 品）	120,000*3	（売 上 原 価）	120,000	

*1　期首商品棚卸高（試算表欄の繰越商品）

*2　当期商品仕入高（試算表欄の仕入）

*3　期末商品棚卸高（決算整理事項より）

5．固定資産の減価償却

（減価償却費）	94,000*3	（建物減価償却累計額）	24,000*1
		（備品減価償却累計額）	70,000*2

*1　建　物：$\dfrac{800,000 円 - 800,000 円 \times 10\%}{30 年} = 24,000 円$

*2　旧備品：$\dfrac{300,000 円 - 0 円}{5 年} = 60,000 円$

　　新備品：$\dfrac{100,000 円 - 0 円}{5 年} \times \dfrac{6 か月}{12 か月}$

　　　　　　$= 10,000 円$ $\Big\}$ 70,000 円

*3　減価償却費：24,000 円 + 70,000 円 = 94,000 円

6．収入印紙の貯蔵品振替

　収入印紙の未使用高を租税公課勘定（費用）から貯蔵品勘定（資産）へ振り替えます。

（貯　蔵　品）	9,000	（租 税 公 課）	9,000

7．受取地代の前受け

　当期最後の偶数月である2月末日に，向こう2か月分（×2年3月1日～4月30日）の地代を受け取っているので，次期に属する1か月分を前受処理します。

（受 取 地 代）	2,500*	（前 受 地 代）	2,500

*　$5,000 円 \times \dfrac{1 か月}{2 か月} = 2,500 円$

8．保険料の前払い

　当期2月1日に支払った半年分のうち次期に属する4か月分（×2年4月1日～7月31日）を前払処理します。なお，前期以前から継続的に前払いしていることから，前期の決算日にも4か月分（×1年4月1日～7月31日）を前払処理しています。そのため，試算表の保険料16,000円は，当期首に再振替仕訳した4か月分と，当期中の8月1日と2月1日の2回に分けて支払った12か月分の合計16か月分です。

（前払保険料）	4,000*	（保　険　料）	4,000

*　$16,000 円 \times \dfrac{4 か月}{16 か月} = 4,000 円$

Theme 24 精算表

問題24-1

精算表

勘定科目	試算表 借方	試算表 貸方	修正記入 借方	修正記入 貸方	損益計算書 借方	損益計算書 貸方	貸借対照表 借方	貸借対照表 貸方
現 金	955,000			1,000			954,000	
当 座 預 金	1,070,000		20,000				1,090,000	
売 掛 金	360,000			20,000			340,000	
貸 倒 引 当 金		300		6,500				6,800
繰 越 商 品	178,000		211,000	178,000			211,000	
備 品	1,500,000						1,500,000	
備品減価償却累計額		375,000		187,500				562,500
買 掛 金		314,000						314,000
借 入 金		220,000						220,000
資 本 金		2,000,000						2,000,000
繰 越 利 益 剰 余 金		125,000						125,000
売 上		4,920,000				4,920,000		
受 取 手 数 料		45,700	6,200			39,500		
仕 入	1,754,000		178,000	211,000	1,721,000			
給 料	925,000				925,000			
通 信 費	120,600				120,600			
旅 費 交 通 費	111,000				111,000			
支 払 家 賃	1,024,000				1,024,000			
保 険 料	2,400			1,600	800			
	8,000,000	8,000,000						
雑 損			1,000		1,000			
貸 倒 引 当 金 繰 入			6,500		6,500			
減 価 償 却 費			187,500		187,500			
前 受 手 数 料				6,200				6,200
前 払 保 険 料			1,600				1,600	
支 払 利 息			3,300		3,300			
未 払 利 息				3,300				3,300
当 期 純 利 益					858,800			858,800
			615,100	615,100	4,959,500	4,959,500	4,096,600	4,096,600

〈63〉

解答への道

〈精算表の作成〉

① 各勘定の決算整理前残高を試算表欄（前T/B）に記入します。本問では記入済みです。

② 決算整理事項等の仕訳を行い，金額を修正記入欄に記入します。

③ 勘定科目ごとに試算表欄と修正記入欄の金額を加減した残高を移記します。

    イ．資産の勘定

      …… 貸借対照表欄の借方

    〔現金，当座預金，売掛金，繰越商品，備品，前払保険料〕

    ロ．負債・資本・評価の勘定

      …… 貸借対照表欄の貸方

    〔負債：買掛金，借入金，前受手数料，未払利息〕

    〔資本：資本金，繰越利益剰余金〕

    〔評価：貸倒引当金，備品減価償却累計額〕

    ハ．収益の勘定

      …… 損益計算書欄の貸方

    〔売上，受取手数料〕

    ニ．費用の勘定

      …… 損益計算書欄の借方

    〔仕入（売上原価を表す），給料，通信費，旅費交通費，支払家賃，保険料，雑損，貸倒引当金繰入，減価償却費，支払利息〕

④ 損益計算書欄および貸借対照表欄それぞれで貸借差額を算定します。

    差額は当期純損益（当期純利益または当期純損失）を表します。勘定科目欄に利益または損失を記入し，それぞれ貸借差額の少ない側を埋める形式で金額を記入します。

⑤ 各欄の縦合計を一番下の行に記入し，一致を確認して締め切ります。

〈当期純損益の算定について〉

損益計算書欄および貸借対照表欄それぞれで貸借差額を算定します。

    損益計算書欄より：

      借方合計4,100,700円 ＜ 貸方合計4,959,500円

    貸借対照表欄より：

      借方合計4,096,600円 ＞ 貸方合計3,237,800円

    ∴ 差額858,800円（当期純利益）

問題24-2

精 算 表

勘定科目	試算表 借方	試算表 貸方	修正記入 借方	修正記入 貸方	損益計算書 借方	損益計算書 貸方	貸借対照表 借方	貸借対照表 貸方
現 金	955,000			1,000			954,000	
当 座 預 金	1,070,000		20,000				1,090,000	
売 掛 金	360,000			20,000			340,000	
貸 倒 引 当 金		300		6,500				6,800
繰 越 商 品	178,000		211,000	178,000			211,000	
備 品	1,500,000						1,500,000	
備品減価償却累計額		375,000		187,500				562,500
買 掛 金		314,000						314,000
借 入 金		220,000						220,000
資 本 金		2,000,000						2,000,000
繰 越 利 益 剰 余 金		125,000						125,000
売 上		4,920,000				4,920,000		
受 取 手 数 料		45,700	6,200			39,500		
仕 入	1,754,000		178,000	211,000	1,721,000			
給 料	925,000				925,000			
通 信 費	120,600				120,600			
旅 費 交 通 費	111,000				111,000			
支 払 家 賃	1,024,000				1,024,000			
保 険 料	2,400			1,600	800			
	8,000,000	8,000,000						
雑 （ 損 ）			1,000		1,000			
貸 倒 引 当 金 繰 入			6,500		6,500			
減 価 償 却 費			187,500		187,500			
（ 前 受 ） 手 数 料				6,200				6,200
（ 前 払 ） 保 険 料			1,600				1,600	
支 払 利 息			3,300		3,300			
未 払 利 息				3,300				3,300
当 期 純 （ 利 益 ）					858,800			858,800
			615,100	615,100	4,959,500	4,959,500	4,096,600	4,096,600

解答への道

本問は23-2（後T/B作成問題）を精算表作成にした問題です。決算整理事項等の仕訳・計算等については23-2の解説を参照してください。

〈当期純損益の算定・記入について〉

損益計算書欄および貸借対照表欄それぞれで貸借差額を算定します。

損益計算書欄より：

借方合計4,100,700円 ＜ 貸方合計4,959,500円

貸借対照表欄より：

借方合計4,096,600円 ＞ 貸方合計3,237,800円

∴ 差額858,800円（当期純利益）

勘定科目欄に「当期純（利益）」と記入し，損益計算書欄の借方と貸借対照表欄の貸方に，それぞれ858,800円を記入します。

問題24-3

精　算　表

勘定科目	試算表 借方	試算表 貸方	修正記入 借方	修正記入 貸方	損益計算書 借方	損益計算書 貸方	貸借対照表 借方	貸借対照表 貸方
現　　　　金	955,000			1,000			954,000	
当 座 預 金	1,070,000		20,000				1,090,000	
売 　掛　 金	360,000			20,000			340,000	
貸 倒 引 当 金		300		6,500				6,800
繰 越 商 品	178,000		211,000	178,000			211,000	
備 　　　品	1,500,000						1,500,000	
備品減価償却累計額		375,000		187,500				562,500
買 　掛　 金		314,000						314,000
借 　入　 金		220,000						220,000
資 　本　 金		3,000,000						3,000,000
繰 越 利 益 剰 余 金		125,000						125,000
売 　　　上		3,920,000				3,920,000		
受 取 手 数 料		45,700	6,200			39,500		
仕 　　　入	1,754,000		178,000	211,000	1,721,000			
給 　　　料	925,000				925,000			
通 　信　 費	120,600				120,600			
旅 費 交 通 費	111,000				111,000			
支 払 家 賃	1,024,000				1,024,000			
保 　険　 料	2,400			1,600	800			
	8,000,000	8,000,000						
雑 　（　損　）			1,000		1,000			
貸 倒 引 当 金 繰 入			6,500		6,500			
減 価 償 却 費			187,500		187,500			
（ 前 受 ） 手 数 料				6,200				6,200
（ 前 払 ） 保 険 料			1,600				1,600	
支 払 利 息			3,300		3,300			
未 払 利 息				3,300				3,300
当 期 純 （ 損 失 ）						141,200	141,200	
			615,100	615,100	4,100,700	4,100,700	4,237,800	4,237,800

解答への道

　本問の内容は，一部（資本金勘定および売上勘定の金額）を除いて23-2と同じです。仕訳・計算等は23-2の解説を参照してください。

〈当期純損益の算定・記入について〉

　損益計算書欄および貸借対照表欄それぞれで貸借差額を算定します。

損益計算書欄より：
　　借方合計4,100,700円 ＞ 貸方合計3,959,500円
貸借対照表欄より：
　　借方合計4,096,600円 ＜ 貸方合計4,237,800円
　　∴　差額141,200円（当期純損失）
　勘定科目欄に「当期純（損失）」と記入し，損益計算書欄の貸方と貸借対照表欄の借方に，それぞれ141,200円を記入します。

〈66〉

問題24-4

精 算 表

勘定科目	試算表 借方	試算表 貸方	修正記入 借方	修正記入 貸方	損益計算書 借方	損益計算書 貸方	貸借対照表 借方	貸借対照表 貸方
現　　　　金	363,500			500			363,000	
当座預金A銀行	410,000						410,000	
当座預金B銀行		25,000	25,000					
受　取　手　形	231,500						231,500	
売　　掛　　金	157,500			14,000			143,500	
繰　越　商　品	345,000		617,000	345,000			617,000	
備　　　　品	300,000						300,000	
支　払　手　形		173,500						173,500
買　　掛　　金		107,500						107,500
借　　入　　金		250,000						250,000
仮　　受　　金		14,000	14,000					
貸　倒　引　当　金		6,000		9,000				15,000
減価償却累計額		90,000		30,000				120,000
資　　本　　金		1,300,000						1,300,000
繰越利益剰余金		220,000						220,000
売　　　　上		4,402,000				4,402,000		
仕　　　　入	3,600,000		345,000	617,000	3,328,000			
給　　　　料	454,500				454,500			
通　　信　　費	12,000			5,000	7,000			
租　税　公　課	24,000			10,000	14,000			
支　払　家　賃	520,000				520,000			
保　　険　　料	165,000			33,000	132,000			
支　払　利　息	5,000		2,500		7,500			
	6,588,000	6,588,000						
雑　　　　損			500		500			
当　座　借　越				25,000				25,000
（貯　蔵　品）			15,000				15,000	
貸倒引当金繰入			9,000		9,000			
減　価　償　却　費			30,000		30,000			
（前　払）保険料			33,000				33,000	
（未　払）利　息				2,500				2,500
当期純（損　失）						100,500	100,500	
			1,091,000	1,091,000	4,502,500	4,502,500	2,213,500	2,213,500

解答への道

本問は23-3（後T/B作成問題）を精算表作成にした問題です。決算整理事項等の仕訳・計算等については23-3の解説を参照してください。

問題24-5

精 算 表

勘定科目	試算表 借方	試算表 貸方	修正記入 借方	修正記入 貸方	損益計算書 借方	損益計算書 貸方	貸借対照表 借方	貸借対照表 貸方
現　　　　　金	500,000		1,000				501,000	
当座預金神奈川Y銀行	320,000			4,000			316,000	
当座預金栃木Z銀行		20,000	20,000					
普通預金埼玉W銀行	104,000						104,000	
普通預金東京X銀行	122,000		5,000				127,000	
受　取　手　形	200,000						200,000	
売　　掛　　金	300,000			5,000			295,000	
繰　越　商　品	90,000		120,000	90,000			120,000	
仮　　払　　金	100,000			100,000				
建　　　　　物	800,000						800,000	
備　　　　　品	300,000		100,000				400,000	
土　　　　　地	1,000,000						1,000,000	
支　払　手　形		90,000						90,000
買　　掛　　金		120,000						120,000
借　　入　　金		150,000						150,000
当　座　借　越				20,000				20,000
貸　倒　引　当　金		2,000		7,900				9,900
建物減価償却累計額		48,000		24,000				72,000
備品減価償却累計額		60,000		70,000				130,000
資　　本　　金		2,850,000						2,850,000
繰越利益剰余金		150,000						150,000
売　　　　　上		2,000,000				2,000,000		
受　取　地　代		30,000	2,500			27,500		
仕　　　　　入	1,200,000			1,200,000				
給　　　　　料	369,000				369,000			
保　　険　　料	16,000			4,000	12,000			
消　耗　品　費	70,000				70,000			
租　税　公　課	20,000		4,000	9,000	15,000			
支　払　利　息	9,000				9,000			
	5,520,000	5,520,000						
雑　　（　益　）				1,000		1,000		
貸倒引当金繰入			7,900		7,900			
売　上　原　価			90,000	120,000	1,170,000			
			1,200,000					
減　価　償　却　費			94,000		94,000			
（貯　　蔵　　品）			9,000				9,000	
（前　受）地　代				2,500				2,500
（前　払）保険料			4,000				4,000	
当期純（利　益）					281,600			281,600
			1,657,400	1,657,400	2,028,500	2,028,500	3,876,000	3,876,000

解答への道

本問は23-4（後T/B作成問題）を精算表作成にし
た問題です。決算整理事項等の仕訳・計算等について
は23-4の解説を参照してください。

問題24-6

精 算 表

勘定科目	試 算 表 借 方	試 算 表 貸 方	修 正 記 入 借 方	修 正 記 入 貸 方	損益計算書 借 方	損益計算書 貸 方	貸借対照表 借 方	貸借対照表 貸 方
現　　　　　金	94,300			1,150			93,150	
当 座 預 金	517,100						517,100	
受 取 手 形	386,700						386,700	
売 　掛 　金	468,300						468,300	
繰 越 商 品	96,800		81,650	96,800			81,650	
建 　　　物	450,000						450,000	
備 　　　品	152,000						152,000	
支 払 手 形		259,600						259,600
買 　掛 　金		298,550						298,550
借 　入 　金		500,000						500,000
貸 倒 引 当 金		5,500		11,600				17,100
建物減価償却累計額		216,000		13,500				229,500
備品減価償却累計額		51,300		17,100				68,400
資 　本 　金		600,000						600,000
繰越利益剰余金		100,000						100,000
売 　　　上		1,340,600				1,340,600		
受 取 手 数 料		9,100		6,500		15,600		
仕 　　　入	836,050		96,800	81,650	851,200			
給 　　　料	230,000				230,000			
消 耗 品 費	22,400				22,400			
支 払 地 代	62,500		31,250		93,750			
保 　険 　料	42,000			8,400	33,600			
支 払 利 息	22,500		7,500		30,000			
	3,380,650	3,380,650						
雑 　　　損			1,150		1,150			
貸倒引当金繰入			11,600		11,600			
減 価 償 却 費			30,600		30,600			
（未 払）地 代				31,250				31,250
（前 払）保 険 料			8,400				8,400	
未 払 利 息				7,500				7,500
（未 収）手 数 料			6,500				6,500	
当 期 純 （利 益）					51,900			51,900
			275,450	275,450	1,356,200	1,356,200	2,163,800	2,163,800

〈69〉

解答への道

決算整理仕訳を推定します。

1. 現金・雑損

現金が貸借対照表欄に93,150円, 試算表欄に94,300円, 雑損が損益計算書欄に1,150円あります。

（雑　　　　損）	1,150	（現　　　　金）	1,150

勘定科目	試　算　表	修正記入	損益計算書	貸借対照表
現　　金	94,300	1,150		93,150
雑　　損		1,150 ← 1,150		

2. 仕入・繰越商品

三分法の決算整理として, 仕入勘定で売上原価を計算しています。次の計算により売上原価が判明します。

期首商品 96,800円	∴売上原価 851,200円
仕　入 836,050円	期末商品 81,650円

（仕　　　　入）	96,800	（繰　越　商　品）	96,800
（繰　越　商　品）	81,650	（仕　　　　入）	81,650

勘定科目	試　算　表	修正記入	損益計算書	貸借対照表
繰越商品	96,800	81,650　96,800		81,650
仕　入	836,050	96,800　81,650	851,200	

3. 貸倒引当金・貸倒引当金繰入

貸倒引当金が試算表欄に5,500円, 貸倒引当金繰入が修正記入欄に11,600円なので, 貸借対照表欄の貸倒引当金は5,500円 + 11,600円 = 17,100円です。

（貸倒引当金繰入）	11,600	（貸　倒　引　当　金）	11,600

勘定科目	試　算　表	修正記入	損益計算書	貸借対照表
貸倒引当金	5,500	⊕ 11,600		17,100
貸倒引当金繰入		11,600 → 11,600		

4. 減価償却費・減価償却累計額

備品：備品減価償却累計額が貸借対照表欄に68,400円, 試算表欄に51,300円なので, 備品の減価償却費は68,400円 − 51,300円 = 17,100円です。

建物：減価償却費（建物と備品の合計）が損益計算書欄に30,600円, 備品の減価償却費は17,100円なので, 建物の減価償却費は30,600円 − 17,100円 = 13,500円です。よって, 貸借対照表欄の建物減価償却累計額は216,000円 + 13,500円 = 229,500円です。

（減価償却費）	30,600	（建物減価償却累計額）	13,500
		（備品減価償却累計額）	17,100

勘定科目	試　算　表	修正記入	損益計算書	貸借対照表
建物減価償却累計額	216,000	⊕ 13,500		229,500
備品減価償却累計額	51,300	17,100		68,400
減価償却費		⊖ 30,600	30,600	

5. 受取手数料・（　　　）手数料

受取手数料が試算表欄に9,100円, （　　　）手数料が修正記入欄の借方に6,500円なので, 未収手数料となります。よって, 損益計算書欄の受取手数料は9,100円 + 6,500円 = 15,600円です。

（未収手数料）	6,500	（受取手数料）	6,500

勘定科目	試　算　表	修正記入	損益計算書	貸借対照表
受取手数料	9,100	⊕ 6,500	15,600	
（未収）手数料		6,500		6,500

6. 支払地代・（　　　）地代

支払地代が試算表欄に62,500円, 損益計算書欄に93,750円なので, （　　　）地代は未払地代で, 93,750円 − 62,500円 = 31,250円となります。

（支　払　地　代）	31,250	（未　払　地　代）	31,250

勘定科目	試　算　表	修正記入	損益計算書	貸借対照表
支払地代	62,500	⊖ 31,250	93,750	
（未払）地代		31,250		31,250

7．保険料・（　　）保険料

　　保険料が試算表欄に42,000円，（　　）保険料が貸借対照表欄の借方に8,400円なので前払保険料となります。よって，損益計算書欄の保険料は42,000円－8,400円＝33,600円です。

| （前払保険料） | 8,400 | （保　険　料） | 8,400 |

勘定科目	試　算　表		修正記入		損益計算書		貸借対照表	
保　険　料	42,000			8,400	33,600			
(前払)保険料			8,400				8,400	

8．支払利息・未払利息

　　支払利息が損益計算書欄に30,000円，未払利息が貸借対照表欄に7,500円なので，支払利息の試算表欄は30,000円－7,500円＝22,500円です。

| （支　払　利　息） | 7,500 | （未　払　利　息） | 7,500 |

勘定科目	試　算　表		修正記入		損益計算書		貸借対照表	
支払利息	22,500		7,500		30,000			
未払利息				7,500				7,500

9．当期純（　　）

　　損益計算書欄の貸借差額により当期純利益を51,900円と計算し，損益計算書欄の借方と貸借対照表欄の貸方に記入します。

Theme 25 帳簿の締め切り（英米式決算）

問題25-1

〈決算振替仕訳〉

① 収益の振り替え

日付	借方科目	金額	貸方科目	金額
3/31	売　上	220,000	損　益	225,000
	受取手数料	5,000		

② 費用の振り替え

日付	借方科目	金額	貸方科目	金額
3/31	損　益	200,000	仕　入	150,000
			給　料	48,000
			雑　費	2,000

③ 当期純利益の振り替え

日付	借方科目	金額	貸方科目	金額
3/31	損　益	25,000	繰越利益剰余金	25,000

```
            売          上
(3/31)(損　益)( 220,000)|              220,000
            受 取 手 数 料
(3/31)(損　益)(   5,000)|                5,000
            仕          入
          150,000 |(3/31)(損　益)( 150,000)
            給          料
           48,000 |(3/31)(損　益)(  48,000)
            雑          費
            2,000 |(3/31)(損　益)(   2,000)
            損          益
(3/31)(仕　入)( 150,000)|(3/31)(売　上)( 220,000)
( 〃 )(給　料)(  48,000)|( 〃 )(受取手数料)( 5,000)
( 〃 )(雑　費)(   2,000)|
( 〃 )(繰越利益剰余金)( 25,000)|
            資    本    金
                          |            850,000
            繰 越 利 益 剰 余 金
                          |            150,000
                          |(3/31)(損　益)(  25,000)
```

解答への道

①収益の諸勘定の貸方残高を損益勘定の貸方に振り替えます。

②費用の諸勘定の借方残高を損益勘定の借方に振り替えます。

③損益勘定で当期の収益と費用とを比べて計算した貸方残高25,000円（当期純利益）を繰越利益剰余金勘定の貸方に振り替えます。

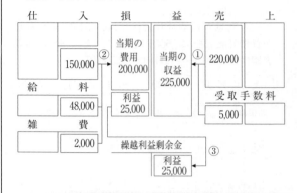

問題25-2

	借方科目	金額	貸方科目	金額
(1)	損　益	200,000	繰越利益剰余金	200,000
(2)	繰越利益剰余金	100,000	損　益	100,000

問題25-3

資産の勘定

	期中増加額合計	5,000,000	期中減少額合計	3,500,000
3/31	(—)	(—)	3/31 (次期繰越)	(1,500,000)
		(5,000,000)		(5,000,000)
4/1	(前期繰越)	(1,500,000)	4/1 (—)	(—)

負債の勘定

	期中減少額合計	1,700,000	期中増加額合計	2,000,000
3/31 (次期繰越)	(300,000)	3/31 (—)	(—)
	(2,000,000)		(2,000,000)
4/1 (—)	(—)	4/1 (前期繰越)	(300,000)

資本(純資産)の勘定

	期中減少額合計	200,000	期中増加額合計	400,000
3/31 (次期繰越)	(1,200,000)	3/31 損 益	1,000,000
	(1,400,000)		(1,400,000)
4/1 (—)	(—)	4/1 (前期繰越)	(1,200,000)

収益の勘定

	期中減少額合計	250,000	期中増加額合計	4,000,000
3/31 損 益	(3,750,000)	3/31 (—)	(—)
	(4,000,000)		(4,000,000)

費用の勘定

	期中増加額合計	3,200,000	期中減少額合計	450,000
3/31 (—)	(—)	3/31 損 益	(2,750,000)
	(3,200,000)		(3,200,000)

解答への道

決算振替仕訳がすでに行われているため、締切記入のみを行う問題です。

〈英米式による締切記入について〉

1. 資産、負債、資本（純資産）の各勘定は、貸借差額（残高）を求め、決算日の日付で、金額の少ない側の摘要欄に「次期繰越」と記入し、残高を書き込み、貸借合計の一致を確認して締め切ります。また、翌期首の日付で、次期繰越の反対側の摘要欄に「前期繰越」と記入し、金額を書き込みます（開始記入）。
2. 収益、費用の諸勘定は、貸借差額（残高）を求め、決算日の日付で決算振替仕訳を行い、収益の勘定残高（貸方残高）は損益勘定の貸方に、費用の勘定残高（借方残高）は損益勘定の借方に振り替えます。決算振替仕訳の転記後、貸借合計の一致を確認して締め切ります。

問題25-4

解答への道

決算整理前の残高試算表と決算整理仕訳から、損益勘定を作成する問題です。

以下、決算手続の流れを示します。

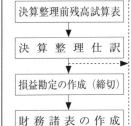

この流れで収益・費用に属する勘定の残高を損益勘定へ振り替え、損益勘定の差額で算定された当期純損益を繰越利益剰余金勘定へ振り替えます。また、資産・負債・資本（純資産）に属する勘定は繰越記入して締め切り、次期に繰り越します。

1. 損益勘定

残高試算表の金額に決算整理仕訳による金額を加減し、収益と費用に属する勘定の残高は、損益勘定に記入し、資産・負債・資本（純資産）に属する勘定の残高は、繰越記入を行います。

なお、損益勘定の貸借差額（当期純損益）は決算振替仕訳によって繰越利益剰余金勘定に振り替えるので、損益勘定への転記は、本問の場合、借方に繰越利益剰余金60,000円となります。金額は当期純利益ですが、相手科目の繰越利益剰余金と記入します。

以下に決算振替仕訳を示します。

(1) 収益・費用の各勘定残高の損益勘定への振り替え

(売　　　　上)	2,025,000	(損　　　　益)	2,130,800
(受取手数料)	102,800		
(雑　　　益)	3,000		
(損　　　益)	2,070,800	(仕　　　　入)	1,172,000
		(給　　　　料)	310,000
		(支 払 家 賃)	313,000
		(貸倒引当金繰入)	4,800
		(減 価 償 却 費)	171,000
		(消 耗 品 費)	43,000
		(支 払 利 息)	57,000

(2) 当期純利益の損益勘定から繰越利益剰余金勘定への振り替え

(損　　　益)	60,000	(繰越利益剰余金)	60,000

(参考)

　精算表は，決算整理前の試算表から損益計算書と貸借対照表を作る流れを１つの表にまとめたものです。

精算表

勘定科目	残高試算表		修正記入		損益計算書		貸借対照表	
	借方	貸方	借方	貸方	借方	貸方	借方	貸方
現　　　　　金	118,000						118,000	
現 金 過 不 足		3,000	3,000					
当 座 預 金	858,000						858,000	
売 　掛 　金	340,000						340,000	
繰 越 商 品	184,000		256,000	184,000			256,000	
建　　　　物	800,000						800,000	
備　　　　品	550,000						550,000	
買 　掛 　金		372,000						372,000
借 　入 　金		950,000						950,000
貸 倒 引 当 金		2,000		4,800				6,800
建物減価償却累計額		216,000		72,000				288,000
備品減価償却累計額		99,000		99,000				198,000
資 　本 　金		900,000						900,000
繰越利益剰余金		100,000						100,000
売　　　　　上		2,025,000				2,025,000		
受 取 手 数 料		124,000	21,200			102,800		
仕　　　　　入	1,244,000		184,000	256,000	1,172,000			
給　　　　　料	310,000				310,000			
支 払 家 賃	287,000		26,000		313,000			
消 耗 品 費	43,000				43,000			
支 払 利 息	57,000				57,000			
	4,791,000	4,791,000						
雑　　　　　益				3,000		3,000		
貸倒引当金繰入			4,800		4,800			
減 価 償 却 費			171,000		171,000			
前 受 手 数 料				21,200				21,200
未 払 家 賃				26,000				26,000
当 期 純 (利 益)					60,000			60,000
			666,000	666,000	2,130,800	2,130,800	2,922,000	2,922,000

決算整理前の残高試算表　　決算整理仕訳　　損益勘定

〈74〉

問題25-5

損　　益

日付	摘　　　要	金　　額	日付	摘　　　要	金　　額
3/31	仕　　　　　　入	1,721,000	3/31	売　　　　　　上	4,920,000
〃	給　　　　　料	925,000	〃	受　取　手　数　料	39,500
〃	通　信　費	120,600			
〃	旅　費　交　通　費	111,000			
〃	支　払　家　賃	1,024,000			
〃	保　険　料	800			
〃	雑　　　　　損	1,000			
〃	貸　倒　引　当　金　繰　入	6,500			
〃	減　価　償　却　費	187,500			
〃	支　払　利　息	3,300			
〃	（繰越利益剰余金）	858,800			
		4,959,500			4,959,500

資　本　金

日付	摘　　　要	金　　額	日付	摘　　　要	金　　額
3/31	次　期　繰　越	2,000,000	4/1	前　期　繰　越	2,000,000

繰越利益剰余金

日付	摘　　　要	金　　額	日付	摘　　　要	金　　額
3/31	次　期　繰　越	983,800	4/1	前　期　繰　越	125,000
			3/31	（損　　　　　益）	858,800
		983,800			983,800

解答への道

　本問の内容は問題23-2と同じです。仕訳・計算等は問題23-2の解説を参照してください。

1．損益勘定の借方は費用，貸方は収益の「決算整理後」の金額を記入し，貸借差額により当期純利益858,800円を求め，これを繰越利益剰余金勘定の貸方に記入します。損益勘定は，貸借一致を確認して締め切ります。

2．資本の勘定である資本金勘定および繰越利益剰余金勘定は，貸借差額を残高として書き込み（摘要欄は「次期繰越」），貸借一致を確認して締め切ります。

〈75〉

問題25-6

〈決算振替仕訳〉

① 収益の振り替え

日付	借方科目	金額	貸方科目	金額
3/31	売　　上	18,000	損　　益	18,000

② 費用の振り替え

日付	借方科目	金額	貸方科目	金額
3/31	損　　益	8,000	仕　　入	6,200
			減価償却費	1,000
			支払利息	800

③ 当期純利益の振り替え

日付	借方科目	金額	貸方科目	金額
3/31	損　　益	10,000	繰越利益剰余金	10,000

現　　金

4/1	前期繰越	8,600	6/3	仕　　入	7,000
7/3	売　　上	10,000	9/6	支払利息	800
10/7	売　　上	8,000	3/31	次期繰越	18,800
		26,600			26,600
4/1	前期繰越	18,800			

繰越商品

4/1	前期繰越	800	3/31	仕　　入	800
3/31	仕　　入	1,600	〃	次期繰越	1,600
		2,400			2,400
4/1	前期繰越	1,600			

備　　品

4/1	前期繰越	6,000	3/31	次期繰越	6,000
4/1	前期繰越	6,000			

借入金

3/31	次期繰越	7,400	4/1	前期繰越	7,400
			4/1	前期繰越	7,400

減価償却累計額

3/31	次期繰越	2,000	4/1	前期繰越	1,000
			3/31	減価償却費	1,000
		2,000			2,000
			4/1	前期繰越	2,000

資本金

3/31	次期繰越	5,000	4/1	前期繰越	5,000
			4/1	前期繰越	5,000

繰越利益剰余金

3/31	次期繰越	12,000	4/1	前期繰越	2,000
			3/31	損　　益	10,000
		12,000			12,000
			4/1	前期繰越	12,000

売　　上

3/31	損　　益	18,000	7/3	現　　金	10,000
			10/7	現　　金	8,000
		18,000			18,000

仕　　入

6/3	現　　金	7,000	3/31	繰越商品	1,600
3/31	繰越商品	800	〃	損　　益	6,200
		7,800			7,800

減価償却費

3/31	減価償却累計額	1,000	3/31	損　　益	1,000

支払利息

9/6	現　　金	800	3/31	損　　益	800

損　　益

3/31	仕　　入	6,200	3/31	売　　上	18,000
〃	減価償却費	1,000			
〃	支払利息	800			
〃	繰越利益剰余金	10,000			
		18,000			18,000

〈76〉

問題25-7

```
            繰 越 商 品
4/1 前期繰越  80,000 │ 3/31 (仕    入)( 80,000)
3/31 (仕  入)( 57,000)│  〃  次 期 繰 越 ( 57,000)
           (137,000)│           (137,000)
```

```
              仕       入
当期総仕入高  500,000 │ 当期仕入戻し    3,000
3/31 (繰越商品)( 80,000)│ 3/31 繰 越 商 品 ( 57,000)
                    │  〃 (損    益) 520,000
           (580,000)│           (580,000)
```

```
              売       上
当期売上戻り   16,000 │ 当期総売上高 (756,000)
3/31 (損   益)(740,000)│
           (756,000)│           (756,000)
```

```
              損       益
3/31 (仕   入)(520,000)│ 3/31 (売    上) 740,000
```

解答への道

仕入勘定で売上原価を算定し，売上高と売上原価を損益勘定に集計します。

1. 仕入勘定で売上原価を算定する仕訳（決算整理仕訳）

① (仕   入) 80,000　(繰 越 商 品) 80,000 〈期首商品棚卸高〉
② (繰 越 商 品) 57,000　(仕   入) 57,000 〈期末商品棚卸高〉

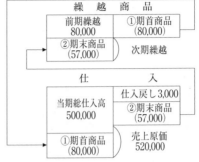

2. 売上高と売上原価を損益勘定に集計する仕訳（決算振替仕訳）

③ (売   上) 740,000　(損   益) 740,000 〈当期純売上高〉
④ (損   益) 520,000　(仕   入) 520,000 〈売上原価〉

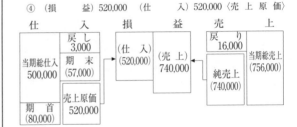

〈77〉

Theme 26 損益計算書と貸借対照表

問題26-1

貸借対照表
×2年(3)月(31)日

資産	金額	負債及び純資産	金額
現　　金		(62,400)	買　掛　金	(192,000)
当座預金		(420,400)	借　入　金	(280,000)
売　掛　金	(200,000)		(未払)費用	(36,000)
(貸倒引当金)	(△4,000)	(196,000)	(前受)収益	(2,000)
(商　品)		(54,200)	資　本　金	(220,000)
貯蔵品		(600)	(繰越利益剰余金)	(70,000)
(前払)費用		(1,400)		
備　　品	(200,000)			
(減価償却累計額)	(△135,000)	(65,000)		
		(800,000)		(800,000)

損益計算書
×1年(4)月(1)日から×2年(3)月(31)日まで

費用	金額	収益	金額
(売上原価)	(492,000)	売　上　高	(820,000)
給　　料	(180,600)	(受取)手数料	(5,000)
(支払)家賃	(72,000)		
貸倒引当金繰入	(2,600)		
保　険　料	(2,100)		
租税公課	(2,000)		
減価(償却費)	(22,500)		
(支払)利息	(1,200)		
(当期純利益)	(50,000)		
	(825,000)		(825,000)

解答への道

残高試算表の勘定科目を資産・負債・資本(純資産)，収益・費用に分類し，資産・負債・資本(純資産)は貸借対照表に，収益・費用は損益計算書に記載します。

損益計算書および貸借対照表の記載に関する注意点は，以下のとおりです。

1. 損益計算書
(1) 売上原価は仕入勘定で計算しているため，決算整理後残高試算表では「仕入」となっていますが，損益計算書上は「売上原価」と記載します。
(2) 損益計算書の貸借差額(50,000円)は「当期純利益」と記載します。

2. 貸借対照表
(1) 貸倒引当金は売掛金から控除する形で記載します。
(2) 「繰越商品」は貸借対照表上「商品」と記載します。
(3) 資産に記載している「前払費用」は，前払保険料と記載することもあります。また，負債に記載している「未払費用」「前受収益」は，未払家賃と前受手数料と記載することもあります。本問では，解答欄に印刷済みです。
(4) 減価償却累計額は備品から控除する形で記載します。
(5) 損益計算書で計算した当期純利益は貸借対照表上，繰越利益剰余金に加算して記載します。

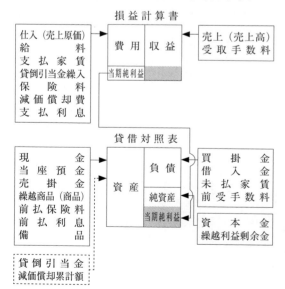

問題26-2

貸 借 対 照 表
×2 年（3）月（31）日　　（単位：円）

資　産	金　額	負債及び純資産	金　額
現　　金	（ 954,000)	買　掛　金	（ 314,000)
当座預金	（1,090,000)	借　入　金	（ 220,000)
売　掛　金 （ 340,000)		前　受　収　益	（ 6,200)
（貸倒引当金)（△6,800)	333,200)	（未払費用)	（ 3,300)
（商　　品)	（ 211,000)	資　本　金	（ 2,000,000)
前払費用	（ 1,600)	(繰越利益剰余金)	（ 983,800)
備　　品 （1,500,000)			
(減価償却累計額)(△562,500)	937,500)		
	（ 3,527,300)		（ 3,527,300)

損 益 計 算 書
×1 年（4）月（1）日～×2 年（3）月（31）日（単位：円）

費　用	金　額	収　益	金　額
（売上原価)	（1,721,000)	（売　上　高)	（4,920,000)
給　　料	（ 925,000)	受取手数料	（ 39,500)
通　信　費	（ 120,600)		
旅費交通費	（ 111,000)		
支払家賃	（1,024,000)		
保　険　料	（ 800)		
貸倒引当金繰入	（ 6,500)		
減価償却費	（ 187,500)		
支払利息	（ 3,300)		
雑　　損	（ 1,000)		
（当期純利益)	（ 858,800)		
	（4,959,500)		（4,959,500)

解答への道

〈財務諸表の記載について〉

(1)　貸借対照表

　※　資産，負債，純資産，貸倒引当金，減価償却累計額の勘定を記載して，一定時点の財政状態を表します。

　　①　表題下に「決算日（作成日）」を記載します。

　　②　繰越商品勘定は「商品」と記載します。

　　③　経過勘定（前払××，未収××，前受××，未払××）は，仕訳に用いた科目をそのまま記載する（本問では，資産として「前払保険料」，負債として「前受手数料」と「未払利息」）場合もありますが，通常本問（「前受収益」につき，解答欄に記入済み）のように，内容を一括して，「前払費用」「未収収益」「前受収益」「未払費用」と記載します。

　　④　貸倒引当金と減価償却累計額は，精算表のように貸方残高として「貸方に記載」する場合もありますが，原則は，該当する資産の科目から個別に控除する形式で記載します。本問では，解答欄から，原則どおりであることがわかります。なお，減価償却累計額を記載するときは，「減価償却累計額」と記載します（「建物」・「備品」などのような資産名は付しません）。

　　⑤　貸方の純資産「繰越利益剰余金」と記載する金額は，当期純損益を加減した後の金額です。損益計算書の貸借差額により「当期純利益858,800円」を算定し，繰越利益剰余金残高125,000円に加算します。

(2)　損益計算書

　※　収益，費用の勘定および当期純損益を記載して，一定期間の経営成績を表します。

　　①　表題下に「会計期間」を記載します。

　　②　売上勘定は「売上高」と記載します。

　　③　仕入勘定（または売上原価勘定）で算定した売上原価は「売上原価」と記載します。

　　④　貸借対照表または損益計算書（収益金額＝貸方合計と費用金額＝借方合計）の貸借差額を算定し，その差額を「当期純利益」は借方に，「当期純損失」は貸方に記載します。

〈貸借対照表・損益計算書の作成〉

　「精算表の貸借対照表欄」と「貸借対照表」，「精算表の損益計算書欄」と「損益計算書」はそれぞれ同じ内容を示しています。科目の使い方や記載形式等に注意が必要です。なお，表中の「△」は「減算する」意味で付してありますが，問題の指示（本問では記入済み）に従います。

　まず，(1)の決算整理前残高試算表と(2)決算整理事項等にもとづいて仕訳します。仕訳金額を決算整理前残高試算表の金額に加減し，決算整理後の金額を算定して，5要素分類等に従って貸借対照表および損益計算書に記載します。

　なお，本問は23-2（後T/B作成問題）を財務諸表作成にした問題です。決算整理事項等の仕訳・計算等については23-2の解説を参照してください。

〈79〉

問題26-3

貸借対照表
×2年(3)月(31)日　　　　(単位：円)

資　産	金　額	負債及び純資産	金　額
現　　　金	(954,000)	買 掛 金	(314,000)
当 座 預 金	(1,090,000)	借 入 金	(220,000)
売 掛 金 (340,000)		前 受 収 益	(6,200)
(貸倒引当金)(△6,800)	333,200	(未払費用)	(3,300)
(商　　品)	(211,000)	資 本 金	(3,000,000)
前 払 費 用	(1,600)	(繰越利益剰余金)	(△16,200)
備　　　品 (1,500,000)			
(減価償却累計額)(△562,500)	937,500		
	(3,527,300)		(3,527,300)

損 益 計 算 書
×1年(4)月(1)日～×2年(3)月(31)日 (単位：円)

費　　用	金　　額	収　　益	金　　額
(売 上 原 価)	(1,721,000)	(売　上　高)	(3,920,000)
給　　　料	(925,000)	受 取 手 数 料	(39,500)
通 信 費	(120,600)	(当期純損失)	(141,200)
旅 費 交 通 費	(111,000)		
支 払 家 賃	(1,024,000)		
保 険 料	(800)		
貸倒引当金繰入	(6,500)		
減 価 償 却 費	(187,500)		
支 払 利 息	(3,300)		
雑　　　損	(1,000)		
	(4,100,700)		(4,100,700)

解答への道

〈財務諸表の記載について〉

貸方の純資産に「繰越利益剰余金」と記載する金額は，当期純損益を加減した後の金額です。損益計算書の貸借差額により「当期純損失141,200円」を算定し，繰越利益剰余金の貸方残高125,000円から差し引きます。貸借対照表の記載は貸方に行うため，△印を付してマイナスを表します。

なお，本問は23-2（後T/B作成問題）を一部修正し，財務諸表作成にした問題です。決算整理事項等の仕訳・計算等については23-2の解説を参照してください。

問題26-4

貸 借 対 照 表
×2年(3)月(31)日　　　　(単位：円)

現　　金	(363,000)	支払手形	(173,500)
当座預金	(410,000)	買 掛 金	(107,500)
受取手形 (231,500)		借 入 金	(250,000)
貸倒引当金(△ 9,260)	(222,240)	当座借越	(25,000)
売 掛 金 (143,500)		未払費用	(2,500)
貸倒引当金(△ 5,740)	137,760	資 本 金	(1,300,000)
商　　品	(617,000)	繰越利益剰余金	119,500
貯 蔵 品	(15,000)		
前払費用	(33,000)		
備　品 (300,000)			
減価償却累計額(△120,000)	(180,000)		
	(1,978,000)		(1,978,000)

損 益 計 算 書
×1年(4)月(1)日から×2年(3)月(31)日まで (単位：円)

売上原価	(3,328,000)	売 上 高	(4,402,000)
給　　料	(454,500)	当期純損失	(100,500)
通 信 費	(7,000)		
租税公課	(14,000)		
支払家賃	(520,000)		
保 険 料	(132,000)		
貸倒引当金繰入	(9,000)		
減価償却費	(30,000)		
支払利息	(7,500)		
雑　　損	(500)		
	(4,502,500)		(4,502,500)

解答への道

本問は23-3（後T/B作成問題）を財務諸表作成にした問題です。決算整理事項等の仕訳・計算等については23-3の解説を参照してください。

問題26-5

貸借対照表
×2年(3)月(31)日　　　　　　　　　(単位：円)

現　　金	(501,000)	支払手形	(90,000)
当座預金	(316,000)	買掛金	(120,000)
普通預金	(231,000)	借入金	(150,000)
受取手形 (200,000)		当座借越	(20,000)
貸倒引当金 (△ 4,000)	(196,000)	前受収益	(2,500)
売掛金 (295,000)		資本金	(2,850,000)
貸倒引当金 (△ 5,900)	(289,100)	繰越利益剰余金	(431,600)
商　　品	(120,000)		
貯蔵品	(9,000)		
前払費用	(4,000)		
建　　物 (800,000)			
減価償却累計額 (△ 72,000)	(728,000)		
備　　品 (400,000)			
減価償却累計額 (△130,000)	(270,000)		
土　　地	(1,000,000)		
	(3,664,100)		(3,664,100)

損益計算書
×1年(4)月(1)日から×2年(3)月(31)日まで　(単位：円)

売上原価	(1,170,000)	売上高	(2,000,000)
給　料	(369,000)	受取地代	(27,500)
保険料	(12,000)	雑　益	(1,000)
消耗品費	(70,000)		
租税公課	(15,000)		
貸倒引当金繰入	(7,900)		
減価償却費	(94,000)		
支払利息	(9,000)		
当期純利益	(281,600)		
	(2,028,500)		(2,028,500)

解答への道

本問は23-4（後T/B作成問題）を財務諸表作成にした問題です。決算整理事項等の仕訳・計算等については23-4の解説を参照してください。

問題26-6

貸借対照表
×2年(3)月(31)日　　　　　　　　　(単位：円)

現金預金	(1,048,000)	支払手形	(90,000)
受取手形 (200,000)		買掛金	(120,000)
売掛金 (295,000)		借入金	(150,000)
貸倒引当金 (△ 9,900)	(485,100)	当座借越	(20,000)
商　品	(120,000)	前受(地代)	(2,500)
貯蔵品	(9,000)	資本金	(2,850,000)
前払保険料	(4,000)	繰越利益剰余金	(431,600)
建　物 (800,000)			
備　品 (400,000)			
減価償却累計額 (△202,000)	(998,000)		
土　地	(1,000,000)		
	(3,664,100)		(3,664,100)

解答への道

本問は26-5と同じ内容ですが，貸借対照表の表示形式を一部変えてあります。決算整理事項等の仕訳・計算等については23-4の解説を参照してください。

〈貸借対照表記載について〉

1. 現金，当座預金および普通預金を合計して「現金預金」と記載しています。

2. 貸倒引当金と減価償却累計額については，原則として，科目別間接控除形式（26-4～26-5参照）によりますが，本問のように「一括間接控除形式」による場合もあります。問題文の指示や解答欄の形式から判断します。

3. 前払保険料や前受地代を，勘定科目そのままで記載しています（前払保険料と借方に印刷済み）。

〈81〉

Theme 27 株式の発行

問題27-1

①	②	③	④
株 式	株 主	取締役	株主総会
⑤	⑥	⑦	⑧
資 産	負 債	純資産	株主資本
⑨	⑩		
会社法	資本金		

問題27-2

(1)	(2)	(3)	(4)	(5)	(6)
E	C	N	F	M	G
(7)	(8)				
B	D				

問題27-3

	借方科目	金　額	貸方科目	金　額
(1)	当 座 預 金	1,600,000	資　本　金	1,600,000
(2)	当 座 預 金	3,500,000	資　本　金	3,500,000
(3)	当 座 預 金	10,000,000	資　本　金	10,000,000

解答への道

　株式を発行したときは，原則として株式の発行にともなう払込金額を「資本金」とします。
(1)　払込金額：@80,000円／株×20株
　　　　　　　＝1,600,000円
(2)　払込金額：@70,000円／株×50株
　　　　　　　＝3,500,000円
(3)　払込金額：@100,000円／株×100株
　　　　　　　＝10,000,000円

問題27-4

	借方科目	金　額	貸方科目	金　額
(1)	当 座 預 金	24,000,000	資　本　金	24,000,000
(2)	当 座 預 金	2,100,000	資　本　金	2,100,000

解答への道

(1)　払込金額：@80,000円／株×300株
　　　　　　　＝24,000,000円
(2)　払込金額：@70,000円／株×30株
　　　　　　　＝2,100,000円

Theme 28 剰余金の配当と処分

問題28-1

	借方科目	金額	貸方科目	金額
(1)	損 益	250,000	繰越利益剰余金	250,000
(2)	損 益	240,000	繰越利益剰余金	240,000
(3)	損 益	160,000	繰越利益剰余金	160,000
(4)	損 益	65,000	繰越利益剰余金	65,000
(5)	繰越利益剰余金	140,000	損 益	140,000
(6)	繰越利益剰余金	140,000	損 益	140,000
(7)	繰越利益剰余金	222,000	損 益	222,000
(8)	繰越利益剰余金	45,000	損 益	45,000

解答への道

株式会社は当期純利益または当期純損失を損益勘定で計算し，当期純利益は繰越利益剰余金勘定（資本（純資産））の貸方に，当期純損失は繰越利益剰余金勘定の借方に振り替えます。繰越利益剰余金勘定の残高は次期に繰り越し，株主総会で処分等を決定します。

(1)

(2)

(3)

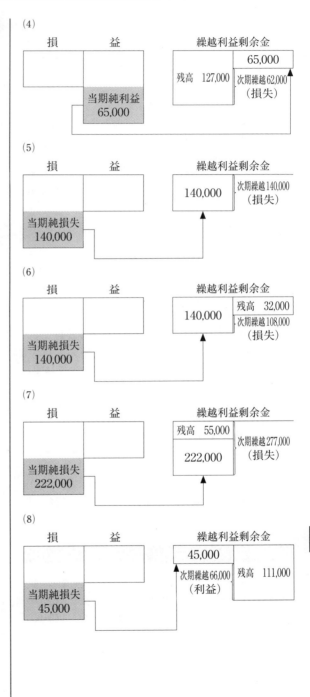

問題28-2

	借方科目	金額	貸方科目	金額
(1)	損　　益	200,000	繰越利益剰余金	200,000
(2)	繰越利益剰余金	110,000	利益準備金	10,000
			未払配当金	100,000
(3)	未払配当金	100,000	当座預金	100,000
(4)	損　　益	250,000	繰越利益剰余金	250,000

```
                    繰越利益剰余金
6/24 利益準備金    10,000 | 4/1 前期繰越   200,000
  〃  未払配当金  100,000 | 3/31 損   益   250,000
3/31 次期繰越    340,000 |
                 450,000 |               450,000
                         | 4/1 前期繰越   340,000
```

解答への道

(1) ×1年3月31日　当期純利益（第1期）の振り替え
　株式会社の利益は損益勘定で計算した後，繰越利益剰余金勘定（資本（純資産））に振り替えます。

(2) ×1年6月24日　繰越利益剰余金の処分が確定したとき（株主総会時）
　この仕訳を行うことによって，繰越利益剰余金の処分が決まります。ただし，残額の90,000円（200,000円－処分額計110,000円）についてはその処分を次期以降に行います。
　なお，利益準備金勘定は資本の勘定，未払配当金勘定は負債の勘定です。

(3) ×1年6月27日　株主配当金を支払ったとき
　未払配当金勘定（負債）を減少させる処理を行います。

(4) ×2年3月31日　当期純利益（第2期）の振り替え
　第2期の純利益を損益勘定から繰越利益剰余金勘定へ振り替えます。

問題28-3

借方科目	金額	貸方科目	金額
繰越利益剰余金	1,650,000	利益準備金	150,000
		未払配当金	1,500,000

問題28-4

	借方科目	金額	貸方科目	金額
(1)	繰越利益剰余金	100,000	損　　益	100,000
(2)	利益準備金	60,000	繰越利益剰余金	60,000
(3)	損　　益	55,000	繰越利益剰余金	55,000

```
                    繰越利益剰余金
4/1  前期繰越   100,000 | 6/25 利益準備金   60,000
3/31 次期繰越    15,000 | 3/31 損   益      55,000
               115,000 |                 115,000
                        | 4/1 前期繰越     15,000
```

解答への道

　決算において算定した当期純損失は，繰越利益剰余金勘定の借方に振り替えます。繰越利益剰余金勘定の借方残高（損失）は，株主総会において利益準備金などを取り崩すことにより補てんします。

(1) ×5年3月31日

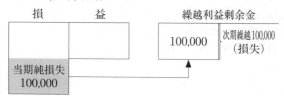

(2) ×5年6月25日

(3) ×6年3月31日

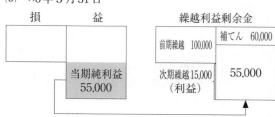

Theme 29 税　金

問題29-1

	借方科目	金　額	貸方科目	金　額
(1)	法人税, 住民税及び事業税	16,000	未払法人税等	16,000
(2)	未払法人税等	16,000	当 座 預 金	16,000
(3)	仮払法人税等	8,000	当 座 預 金	8,000
(4)	法人税, 住民税及び事業税	15,000	仮払法人税等	8,000
			未払法人税等	7,000
(5)	未払法人税等	7,000	当 座 預 金	7,000

解答への道

(1) 決算で確定した法人税等の金額は法人税, 住民税及び事業税勘定または法人税等勘定などを用いて処理します。

(2) 決算日後2か月以内に確定申告を行い, 申告書等を提出するとともに, 未払法人税等の金額を納付します。

(3) 決算日後6か月を経過した時点で, 中間決算処理を行うか, または前年度分の納付額を基礎として, 中間納付額を算定し, 納付します。納付額は仮払法人税等勘定などを用いて処理します。

(4) 決算で確定した法人税, 住民税及び事業税の金額について, 期中に中間納付を行っている場合は, これを差し引いた金額を未払法人税等とします。

問題29-2

	借方科目	金　額	貸方科目	金　額
11/15	仮払法人税等	270,000	当 座 預 金	270,000
3/31	法人税, 住民税及び事業税	620,000	仮払法人税等	270,000
			未払法人税等	350,000
5/20	未払法人税等	350,000	当 座 預 金	350,000

解答への道

11/15　中間申告によって納付した法人税額は, 税額が確定していないので, 仮払法人税等勘定などの仮の勘定で処理します。

3/31　税額が確定したので, 中間納付額を仮払法人税等勘定から法人税, 住民税及び事業税勘定 (または法人税等勘定) に振り替えます。また, 確定税額から中間納付額を差し引いた残額は未払法人税等勘定 (負債) で処理します。

5/20　確定申告を行い, 納付したときに未払法人税等勘定の借方に記入します。

問題29-3

借方科目	金　額	貸方科目	金　額
法人税, 住民税及び事業税	600,000	仮払法人税等	270,000
		未払法人税等	330,000

解答への道

中間納付額は仮払法人税等勘定で処理しています。

(仮払法人税等) 270,000 （当 座 預 金) 270,000

決算において, 法人税, 住民税及び事業税の金額が確定したので, 法人税, 住民税及び事業税勘定の借方に計上し, 中間納付額との差額は未払法人税等勘定 (負債) で処理します。

〈85〉

問題29-4

	借方科目	金 額	貸方科目	金 額
2/1	現　　金	39,600	売　　上	36,000
			仮受消費税	3,600
3/1	仕　　入	12,000	現　　金	13,200
	仮払消費税	1,200		
3/31	仮受消費税	3,600	仮払消費税	1,200
			未払消費税	2,400
5/10	未払消費税	2,400	当座預金	2,400

解答への道

① 消費税を支払ったとき

　　支払った消費税分を仮払消費税勘定で処理します。

② 消費税を受け取ったとき

　　受け取った消費税分を仮受消費税勘定で処理します。

③ 決算のとき

　　仮受消費税と仮払消費税を相殺し，差額を未払消費税勘定（負債）で処理します。

④ 確定申告のとき

　　決算日後2か月以内に未払消費税を納付します。

〈消費税（10%）の計算〉

2/1　$39,600円 \times \dfrac{10}{110} = 3,600円 \cdots$ 仮受消費税

3/1　$13,200円 \times \dfrac{10}{110} = 1,200円 \cdots$ 仮払消費税

〈未払消費税の計算〉

3/31　$\underset{\text{仮受消費税}}{3,600円} - \underset{\text{仮払消費税}}{1,200円} = 2,400円 \cdots$ 未払消費税

問題29-5

	借方科目	金 額	貸方科目	金 額
(1)	仮受消費税	35,000	仮払消費税	40,000
	未収還付消費税	5,000		
(2)	当座預金	5,000	未収還付消費税	5,000

解答への道

(1) 仮受消費税の金額より仮払消費税の金額が多くなり，差額分の還付を受ける場合は，所定の請求手続きを行ったうえで未収還付消費税勘定（資産）で処理します。

(2) 還付請求額は入金を確認し，未収還付消費税勘定（資産）の貸方に記入します。

問題29-6

	借方科目	金 額	貸方科目	金 額
3/31	仮受消費税	4,200,000	仮払消費税	2,680,000
			未払消費税	1,520,000

問題29-7

決算整理後残高試算表
×2年3月31日　　　（単位：円）

借　　方	勘 定 科 目	貸　　方
78,750	現　　　金	
333,150	当 座 預 金	
172,500	受 取 手 形	
32,000	クレジット売掛金	
205,500	売 　掛　 金	
44,000	繰 越 商 品	
100,000	貸 　付　 金	
90,000	備 　　　 品	
	買 　掛　 金	160,240
	借 　入　 金	180,000
	貸 倒 引 当 金	8,200
	減価償却累計額	53,000
	資 　本　 金	400,000
	繰越利益剰余金	100,000
	売 　　　 上	708,100
	受 取 手 数 料	32,300
	受 取 利 息	17,000
333,500	仕 　　　 入	
94,750	給 　　　 料	
1,500	支 払 手 数 料	
58,500	保 　険　 料	
141,900	旅 費 交 通 費	
11,000	消 耗 品 費	
5,250	租 税 公 課	
17,850	支 払 利 息	
1,450	貸倒引当金繰入	
8,000	減 価 償 却 費	
2,500	貯 　蔵　 品	
19,500	前 払 保 険 料	
	前 受 手 数 料	64,800
	未 払 利 息	3,600
5,000	未 収 利 息	
	未 払 消 費 税	37,360
	未 払 法 人 税 等	12,000
20,000	法人税, 住民税及び事業税	
1,776,600		1,776,600

〈86〉

解答への道

〈決算整理後残高試算表の作成〉

まず，(1)の決算整理前残高試算表と(2)決算整理事項等にもとづいて仕訳します。仕訳金額を決算整理前残高試算表の金額に加減し，決算整理後残高試算表に記入します。試算表作成の際，必要な科目（試算表にない科目を仕訳に使用した場合等）は追加しますが，本問では解答欄の試算表に記入済みです。

以下，本問の仕訳を示します。

〈決算整理事項等〉

1．仮払金の精算（未処理事項）

従業員の出張旅費前渡分のうち使用分を旅費交通費とし，返金分を現金の増加として処理します。

（旅費交通費）	59,000	（仮 払 金）	63,000
（現　　金）	4,000		

2．訂正仕訳（未処理事項）

貸方の前受金を取り消し，売掛金の減少に修正します。

（前 受 金）	20,000	（売 掛 金）	20,000

3．貸倒引当金の設定

受取手形とクレジット売掛金および売掛金の期末残高合計の2％が貸倒引当金の残高となるように補充します。

貸倒引当金の当期設定額：
（受取手形172,500円＋クレジット売掛金32,000円
＋売掛金225,500円−20,000円）×2％＝ 8,200円
貸倒引当金の期末残高： △6,750円
差引・貸倒引当金繰入額： 1,450円

（貸倒引当金繰入）	1,450	（貸倒引当金）	1,450

4．売上原価の算定

仕入勘定の残高が売上原価になるように仕訳をします。

（仕　　入）	43,000	（繰越商品）	43,000
（繰越商品）	44,000	（仕　　入）	44,000

5．備品の減価償却費の計上

旧備品と新備品とでは耐用年数が異なるので別々に計算します。また，新備品は期中取得しているので月割計算します（12月1日から3月31日までの4か月分）。

旧備品：$\dfrac{（90,000円－30,000円）}{10年}＝6,000円$

新備品：$\dfrac{30,000円}{5年}×\dfrac{4か月}{12か月}＝2,000円$

$\Big\}$ 8,000円

（減価償却費）	8,000	（減価償却累計額）	8,000

6．消費税（税抜方式）の処理

期中に支払った消費税（仮払消費税勘定）と預かった消費税（仮受消費税勘定）を相殺し，差額を未払消費税勘定（負債）として計上します。

（仮受消費税）	70,810	（仮払消費税）	33,450
		（未払消費税）	37,360

7．収入印紙の未使用分の整理

期中において租税公課勘定（費用の勘定）で処理しているので，未使用分を貯蔵品勘定（資産の勘定）に振り替え次期に繰り越します。

（貯 蔵 品）	2,500	（租 税 公 課）	2,500

8．前払保険料の計上

保険料のうち×2年4月1日から6月30日までの3か月分は前払分（翌期分）とします。

$78,000円×\dfrac{3か月}{12か月}＝19,500円$

（前払保険料）	19,500	（保 険 料）	19,500

9．前受手数料の計上

受取手数料のうち64,800円を前受分（翌期分）とします。

（受取手数料）	64,800	（前受手数料）	64,800

10．未払利息の計上

借入金の利息は半年ごとに支払っていますが，×1年12月1日から×2年3月31日までの4か月分を未払計上します。

$180,000円×6％×\dfrac{4か月}{12か月}＝3,600円$

（支 払 利 息）	3,600	（未 払 利 息）	3,600

11．未収利息の計上

貸付金に対する利息（受取利息）について未収分を計上します。

（未 収 利 息）	5,000	（受 取 利 息）	5,000

12．法人税，住民税及び事業税の計上

法人税，住民税及び事業税から仮払法人税等（法人税，住民税及び事業税の当期中間納付額）の金額を差し引き，差額を未払法人税等（負債）とします。未払法人税等は決算日後2か月以内に納付します。

（法人税, 住民税及び事業税）	20,000	（仮払法人税等）	8,000
		（未払法人税等）	12,000

未払法人税等：法人税，住民税及び事業税20,000
円－前T/B仮払法人税等8,000円
＝12,000円

〈87〉

問題29-8

精算表

勘定科目	試算表 借方	試算表 貸方	修正記入 借方	修正記入 貸方	損益計算書 借方	損益計算書 貸方	貸借対照表 借方	貸借対照表 貸方
現　　　　　金	74,750		4,000				78,750	
当　座　預　金	333,150						333,150	
受　取　手　形	172,500						172,500	
クレジット売掛金	32,000						32,000	
売　　掛　　金	225,500			20,000			205,500	
仮　払　消　費　税	33,450			33,450				
仮　払　法　人　税　等	8,000			8,000				
繰　越　商　品	43,000		44,000	43,000			44,000	
貸　　付　　金	100,000						100,000	
仮　　払　　金	63,000			63,000				
備　　　　　品	90,000						90,000	
買　　掛　　金		160,240						160,240
前　　受　　金		20,000	20,000					
仮　受　消　費　税		70,810	70,810					
借　　入　　金		180,000						180,000
貸　倒　引　当　金		6,750		1,450				8,200
減　価　償　却　累　計　額		45,000		8,000				53,000
資　　本　　金		400,000						400,000
繰　越　利　益　剰　余　金		100,000						100,000
売　　　　　上		708,100				708,100		
受　取　利　息		12,000		5,000		17,000		
受　取　手　数　料		97,100	64,800			32,300		
仕　　　　　入	334,500		43,000	44,000	333,500			
給　　　　　料	94,750				94,750			
支　払　手　数　料	1,500				1,500			
保　　険　　料	78,000			19,500	58,500			
旅　費　交　通　費	82,900		59,000		141,900			
消　耗　品　費	11,000				11,000			
租　税　公　課	7,750			2,500	5,250			
支　払　利　息	14,250		3,600		17,850			
	1,800,000	1,800,000						
貸　倒　引　当　金　繰　入			1,450		1,450			
減　価　償　却　費			8,000		8,000			
貯　　蔵　　品			2,500				2,500	
（前　払）保　険　料			19,500				19,500	
（前　受）手　数　料				64,800				64,800
未　払　利　息				3,600				3,600
未　収　利　息			5,000				5,000	
未　払　消　費　税				37,360				37,360
法人税, 住民税及び事業税			20,000		20,000			
未　払　法　人　税　等				12,000				12,000
当　期　純　（利　益）					63,700			63,700
			365,660	365,660	757,400	757,400	1,082,900	1,082,900

〈88〉

解答への道

本問は29-7（後T/B作成問題）を精算表作成にした問題です。決算整理事項等の仕訳，計算等については，29-7の解説を参照してください。

問題29-9

貸借対照表
×2年3月31日 （単位：円）

借方		貸方	
現　金	(78,750)	買 掛 金	(160,240)
当座預金	(333,150)	借 入 金	(180,000)
受取手形 (172,500)		未払消費税	(37,360)
貸倒引当金 (△ 3,450) (169,050)		未払法人税等	(12,000)
クレジット売掛金 (32,000)		前受収益	(64,800)
貸倒引当金 (△ 640) (31,360)		未払費用	(3,600)
売 掛 金 (205,500)		資 本 金	(400,000)
貸倒引当金 (△ 4,110) (201,390)		繰越利益剰余金	(163,700)
商　品	(44,000)		
貯 蔵 品	(2,500)		
前払費用	(19,500)		
未収収益	(5,000)		
貸 付 金	(100,000)		
備　品 (90,000)			
減価償却累計額 (△ 53,000)	(37,000)		
	(1,021,700)		(1,021,700)

損益計算書
×1年4月1日から×2年3月31日まで （単位：円）

借方		貸方	
売上原価	(333,500)	売 上 高	(708,100)
給　料	(94,750)	受取手数料	(32,300)
支払手数料	(1,500)	受取利息	(17,000)
保 険 料	(58,500)		
旅費交通費	(141,900)		
消耗品費	(11,000)		
租税公課	(5,250)		
貸倒引当金繰入	(1,450)		
減価償却費	(8,000)		
支払利息	(17,850)		
法人税，住民税及び事業税	(20,000)		
当期純利益	(63,700)		
	(757,400)		(757,400)

解答への道

本問は29-7（後T/B作成問題）を財務諸表作成にした問題です。決算整理事項等の仕訳・計算等については29-7の解説を参照してください。

〈貸倒引当金の貸借対照表表示について〉

原則として，本問のように科目別間接控除形式となります。なお貸倒見積りの仕訳は，受取手形とクレジット売掛金と売掛金の合計額に対してまとめて行っているため，貸借対照表の表示にあたっては分けて計算する必要があります。

〈89〉

Theme 30 証ひょうと伝票

問題30-1

(1)	(2)	(3)	(4)	(5)	(6)
K	A	J	F	E	H

(7)	(8)
B	G

解答への道

実務においてやりとりされる「取引の事実を証する資料」全体を指して「証ひょう」といいます。証ひょうの具体的な名称は，特別に定められているわけではありませんが，概ねの内容がわかるような名称を用いています。同じ内容を表す証ひょうでも，作成する側と受け取る側で名称が異なることもあります。

問題30-2

日付	借方科目	金　額	貸方科目	金　額
3/25	旅費交通費	25,000	普通預金	25,000

解答への道

旅費交通費の支払い（立替払い）は，領収書の日付から「3月20日」であることがわかりますが，株式会社長崎のルール（問題の指示）により，精算日「3月25日」に旅費交通費計上の仕訳を行います。

問題30-3

日付	借方科目	金　額	貸方科目	金　額
6/16	消耗品費	6,480	未払金	6,480

解答への道

事務用品等，商品以外の物品の代金後払いの義務は未払金勘定（負債）で処理します。

問題30-4

日付	借方科目	金　額	貸方科目	金　額
11/30	備　　品	763,000	仮払金	763,000

解答への道

パソコン（備品）の取得原価は，本体代金だけでなく付属品や送料，セッティング費用等の付随費用を含めた金額です。

領収証の日付は「11月20日」ですが，この日に支払った金額は仮払金で処理しています。

問題30-5

日付	借方科目	金　額	貸方科目	金　額
5/29	仕　　入	471,000	買　掛　金	518,100
	仮払消費税	47,100		

問題30-6

日付	借方科目	金　額	貸方科目	金　額
5/29	売　掛　金	518,100	売　　上	471,000
			仮受消費税	47,100

問題30-7

日付	借方科目	金　額	貸方科目	金　額
3/25	売　掛　金	186,200	売　　上	182,000
			現　　金	4,200
4/30	当座預金	186,200	売　掛　金	186,200

解答への道

3/25　支払った送料が請求書に記載されていることから，先方負担の立替払いであることがわかります。指示に従って，売掛金勘定に含めて処理します。

4/30　指定の口座は，請求書に記されている当座預金口座です。勘定科目として当座預金紀伊W銀行勘定を使用する場合もあります。

問題30-8

日付	借方科目	金 額	貸方科目	金 額
5/20	旅費交通費	16,200	仮 払 金	20,000
	現 金	3,800		

解答への道

出張前に20,000円を仮払い（前渡し）しているため，旅費交通費として支払った金額16,200円との差額を精算します。

問題30-9

日付	借方科目	金 額	貸方科目	金 額
10/25	仮払法人税等	620,000	普 通 預 金	620,000

解答への道

納付書に記されている「納期等の区分」から，中間申告納付であることがわかります。中間納付の場合は，支払額を仮払法人税等勘定を用いて処理します。

問題30-10

日付	借方科目	金 額	貸方科目	金 額
6/20	借 入 金	600,000	当 座 預 金	600,000
	支 払 利 息	2,000	当 座 預 金	2,000
6/24	当 座 預 金	540,000	売 掛 金	540,000
6/30	支 払 手 形	500,000	当 座 預 金	500,000

解答への道

6/20　「融資返済」は借入金の返済を意味します。同日に利息も支払っています。貸方をまとめて「当座預金　602,000」と書くこともあります。

6/24　「長野商店㈱よりの振込」は得意先からの入金であることから，売掛金の回収と推定します。

6/25　小切手を振り出したときに当座預金勘定の貸方に記入する仕訳をすでに行っているため仕訳しません。

6/30　「約束手形引落」は振り出した約束手形の決済を意味します。

問題30-11

	借方科目	金 額	貸方科目	金 額
(1)	現 金	500,000	売 掛 金	500,000
(2)	備 品	300,000	現 金	300,000
(3)	仕 入	400,000	支 払 手 形	400,000

解答への道

(1) 入金伝票は借方（現金）を示しているので，入金伝票に記入している勘定科目は貸方科目を意味します。

入金伝票	（現　金）　××	（○　○）　××

(2) 出金伝票は貸方（現金）を示しているので，出金伝票に記入している勘定科目は借方科目を意味します。

出金伝票	（○　○）　××	（現　金）　××

(3) 振替伝票は仕訳を示しています。

問題30-12

仕　訳　帳　　　10ページ

×1 年		摘　　要	元丁	借　方	貸　方
		前ページから		235,000	235,000
10	6	（現　金）		（450,000）	
		（売　掛　金）			（450,000）
	7	（支払家賃）		（200,000）	
		（現　金）			（200,000）

解答への道

仕訳帳は日付順に記入します。

問題30-13

	借方科目	金　額	貸方科目	金　額
(1)	仕 入	500,000	買 掛 金	300,000
			現 金	200,000
(2)	仕 入	500,000	買 掛 金	300,000
			現 金	200,000

〈91〉

解答への道

(1)と(2)は同じ取引で，一部現金取引です。一部現金取引については，伝票の起票方法が2つあります。

(1) 分割法

振替伝票：（仕 入）300,000　（買掛金）300,000
出金伝票：（仕 入）200,000　（現 金）200,000

合 計：（仕 入）500,000　（買掛金）300,000
　　　　　　　　　　　　　（現 金）200,000

取引を掛け仕入と現金仕入に分割して起票します。

(2) 擬制法

振替伝票：（仕 入）500,000　（買掛金）500,000
出金伝票：（買掛金）200,000　（現 金）200,000

合 計：（仕 入）500,000　（買掛金）300,000
　　　　　　　　　　　　　（現 金）200,000

いったん全部を掛けで仕入れて，ただちに掛けの一部を現金で支払ったと仮定して，起票します。

問題30-14

(1)

振　替　伝　票			
借方科目	金　額	貸方科目	金　額
仕　　　入	300,000	買　掛　金	300,000

(2)

振　替　伝　票			
借方科目	金　額	貸方科目	金　額
仕　　　入	500,000	買　掛　金	500,000

解答への道

取　引　（仕 入）500,000　（買掛金）300,000
　　　　　　　　　　　　　（現 金）200,000

分割法｛（仕 入）300,000（買掛金）300,000…振替伝票
　　　　（仕 入）200,000（現 金）200,000…出金伝票
　　　　➡ 出金伝票に「仕入」と記入があることから，(1)は分割法により振替伝票を起票します。

擬制法｛（仕 入）500,000（買掛金）500,000…振替伝票
　　　　（買掛金）200,000（現 金）200,000…出金伝票
　　　　➡ 出金伝票に「買掛金」と記入があることから，(2)は擬制法により振替伝票を起票します。

問題30-15

	借方科目	金　額	貸方科目	金　額
(1)	売　掛　金 現　　　金	400,000 200,000	売　　　上	600,000
(2)	売　掛　金 現　　　金	400,000 200,000	売　　　上	600,000

解答への道

(1)と(2)は同じ取引で，一部現金取引です。この一部現金取引については，伝票の起票方法が2つあります。

(1) 分割法

振替伝票：（売掛金）400,000　（売 上）400,000
入金伝票：（現 金）200,000　（売 上）200,000

合 計：（売掛金）400,000　（売 上）600,000
　　　　　（現 金）200,000

取引を掛け売上と現金売上に分割して起票します。

(2) 擬制法

振替伝票：（売掛金）600,000　（売 上）600,000
入金伝票：（現 金）200,000　（売掛金）200,000

合 計：（売掛金）400,000　（売 上）600,000
　　　　　（現 金）200,000

いったん全部掛けで売り上げて，ただちに掛けの一部を現金で受け取ったと仮定して，起票します。

問題30-16

(1)

振　替　伝　票			
借方科目	金　額	貸方科目	金　額
売　掛　金	400,000	売　　　上	400,000

(2)

振　替　伝　票			
借方科目	金　額	貸方科目	金　額
売　掛　金	600,000	売　　　上	600,000

解答への道

取　引 | (売掛金) 400,000　(売　上) 600,000
(現　金) 200,000

分割法 {
(売掛金) 400,000 (売　上) 400,000…振替伝票
(現　金) 200,000 (売　上) 200,000…入金伝票
┗━▶ 入金伝票に「売上」と記入があることから、(1)は分割法により振替伝票を起票します。

擬制法 {
(売掛金) 600,000 (売　上) 600,000…振替伝票
(現　金) 200,000 (売掛金) 200,000…入金伝票
┗━▶ 入金伝票に「売掛金」と記入があることから、(2)は擬制法により振替伝票を起票します。

問題30-17

(1)

	振　替　伝　票		
借方科目	金　額	貸方科目	金　額
売　掛　金	200,000	売　　上	200,000

(2)

	振　替　伝　票		
借方科目	金　額	貸方科目	金　額
仕　　入	400,000	買　掛　金	400,000

解答への道

(1)取　引 | (売掛金) 200,000　(売　上) 300,000
(現　金) 100,000

分割法 {
(売掛金) 200,000 (売　上) 200,000…振替伝票
(現　金) 100,000 (売　上) 100,000…入金伝票
┗━▶ 本問では入金伝票に「売上」と記入があることから、(1)は分割法により振替伝票を起票します。

擬制法 {
(売掛金) 300,000 (売　上) 300,000…振替伝票
(現　金) 100,000 (売掛金) 100,000…入金伝票
┗━▶ 擬制法の場合、入金伝票は「売掛金」と記入します。

(2)取　引 | (仕　入) 400,000　(買掛金) 100,000
(現　金) 300,000

擬制法 {
(仕　入) 400,000 (買掛金) 400,000…振替伝票
(買掛金) 300,000 (現　金) 300,000…出金伝票
┗━▶ 出金伝票に「買掛金」と記入があることから、擬制法により振替伝票を起票します。

分割法 {
(仕　入) 100,000 (買掛金) 100,000…振替伝票
(仕　入) 300,000 (現　金) 300,000…出金伝票
┗━▶ 分割法の場合、出金伝票には「仕入」と記入します。

問題30-18

ページ数 → 6

仕　訳　日　計　表
×年6月1日

借　方	元丁	勘　定　科　目	元丁	貸　方
17,000	1	現　　金	1	13,500
15,000		売　掛　金		6,500
4,000		買　掛　金		
1,500	12	売　　上	12	27,000
9,500		仕　　入		
47,000				47,000

勘定番号 → 1

総　勘　定　元　帳
現　　金

×年	摘　要	仕丁	借　方	×年	摘　要	仕丁	貸　方
6　1	前月繰越	✓	20,000	6　1	仕訳日計表	6	13,500
〃	仕訳日計表	6	17,000				

売　　上　　12

×年	摘　要	仕丁	借　方	×年	摘　要	仕丁	貸　方
6　1	仕訳日計表	6	1,500	6　1	仕訳日計表	6	27,000

〈93〉

解答への道

(1) 伝票から仕訳し，仕訳を集計して，勘定科目ごとの合計額を仕訳日計表に記入します。

入金伝票……（現　金）×××　　　（○○○）×××
No. 101（現　金）5,000　（売掛金）5,000
No. 102（現　金）12,000　（売　上）12,000

出金伝票……（○○○）×××　　　（現　金）×××
No. 201（買掛金）4,000　（現　金）4,000
No. 202（仕　入）9,500　（現　金）9,500

振替伝票……（○○○）×××　　　（○○○）×××
No. 301（売掛金）15,000　（売　上）15,000
No. 302（売　上）1,500　（売掛金）1,500

(2) 仕訳日計表の金額を，各勘定に転記します。転記の際，摘要欄には，相手科目のかわりに「仕訳日計表」と記入し，仕丁欄には仕訳日計表のページ数を記入します。

(3) 転記を終えた金額については，転記済みの印として，仕訳日計表の元丁欄に勘定番号を記入します。

問題30-19

(1)

仕 訳 日 計 表

×年9月1日　　　　　　　ページ数 91

借　方	元丁	勘 定 科 目	元丁	貸　方
430	1	現　　　金	1	310
100		受　取　手　形		
60		売　　掛　　金		250
110		買　　掛　　金		50
		売　　　　上	25	340
230		仕　　　入		50
70		支　払　家　賃		
1,000				1,000

(注) 仕訳日計表の元丁欄は，総勘定元帳のすべての勘定へ転記する際に記入しますが，本試験では与えられた勘定についてのみ勘定番号を記入します。

(2)

ページ数　　総 勘 定 元 帳　　　勘定番号

現　　金　　　　　　1

×年	摘　要	仕丁	借　方	貸　方	借/貸	残　高
9 1	前月繰越	✓	800		借	800
〃	仕訳日計表	91	430		〃	1,230
〃	仕訳日計表	91		310	〃	920

売　　上　　　　　　25

×年	摘　要	仕丁	借　方	貸　方	借/貸	残　高
9 1	前月繰越	✓		1,500	貸	1,500
〃	仕訳日計表	91		340	〃	1,840

解答への道

(1) 伝票から仕訳し，仕訳を集計して，勘定科目ごとの合計額を仕訳日計表に記入します。

入金伝票……（現　　金）×××　　（○○○）×××
No. 121（現　　金）50　（売掛金）50
No. 122（現　　金）200　（売　上）200
No. 123（現　　金）100　（売掛金）100
No. 124（現　　金）80　（売　上）80

出金伝票……（○○○）×××　　（現　　金）×××
No. 231（仕　　入）80　（現　　金）80
No. 232（買掛金）60　（現　　金）60
No. 233（仕　　入）100　（現　　金）100
No. 234（支払家賃）70　（現　　金）70

振替伝票……（○○○）×××　　（○○○）×××
No. 341（買掛金）50　（仕　入）50
No. 342（受取手形）100　（売掛金）100
No. 343（売掛金）60　（売　上）60
No. 344（仕　　入）50　（買掛金）50

(2) 現金勘定と売上勘定へ仕訳日計表から合計転記する際，次の点に注意してください。

① 仕訳日計表の元丁欄に総勘定元帳の勘定番号を記入します。

② 総勘定元帳の摘要欄には「仕訳日計表」と記入し，仕丁欄は仕訳日計表のページ数を記入します。

③ 「借／貸」の欄には，取引を記入した時点での残高が借方残高か貸方残高かを記入します。現金勘定は借方残高（∴「借」），売上勘定は貸方残高（∴「貸」）です。

問題30-20

(1)

仕 訳 日 計 表

×5年5月1日　　32

借 方	元丁	勘 定 科 目	元丁	貸 方
580,000	11	現　　　　金	11	350,000
60,000		当 座 預 金		230,000
200,000	15	売 掛 金	15	210,000
		未 収 入 金		40,000
		支 払 手 形		70,000
270,000		買 掛 金		310,000
20,000		未 払 金		
		売　　　　上		350,000
410,000		仕　　　　入		
20,000		旅 費 交 通 費		
1,560,000				1,560,000

(2)

総 勘 定 元 帳

現　　金　　11

×5年		摘 要	仕丁	借 方	貸 方	借/貸	残 高
5	1	前月繰越	✓	250,000		借	250,000
	〃	仕訳日計表	32	580,000		〃	830,000
	〃	仕訳日計表	32		350,000	〃	480,000

売　掛　金　　15

×5年		摘 要	仕丁	借 方	貸 方	借/貸	残 高
5	1	前月繰越	✓	300,000		借	300,000
	〃	仕訳日計表	32	200,000		〃	500,000
	〃	仕訳日計表	32		210,000	〃	290,000

仕 入 先 元 帳

群馬商店㈱　　仕3

×5年		摘 要	仕丁	借 方	貸 方	借/貸	残 高
5	1	前月繰越	✓		150,000	貸	150,000
	〃	出金伝票	222	80,000		〃	70,000
	〃	振替伝票	333	50,000		〃	20,000
	〃	振替伝票	335		150,000	〃	170,000

長野商店㈱　　仕6

×5年		摘 要	仕丁	借 方	貸 方	借/貸	残 高
5	1	前月繰越	✓		200,000	貸	200,000
	〃	出金伝票	225	70,000		〃	130,000
	〃	振替伝票	332		160,000	〃	290,000
	〃	振替伝票	334	70,000		〃	220,000

＊　仕入先元帳への各種伝票からの転記順はいずれでも正解です。

解答への道

伝票式会計（3伝票制）による仕訳日計表の作成および元帳への転記の問題で，解答手順は次のとおりです。

1．伝票を集計して，勘定科目ごとの合計額を仕訳日計表に記入します。

2．総勘定元帳（現金勘定，売掛金勘定）へ仕訳日計表から合計転記します。このとき，仕訳日計表の元丁欄に総勘定元帳の勘定番号を記入し，総勘定元帳の摘要欄は仕訳日計表とし，仕丁欄は仕訳日計表のページ数を記入します。

3．仕入先元帳（群馬商店㈱，長野商店㈱）へ直接伝票から個別転記します。このとき，仕入先元帳の摘要欄には伝票名を記入し，仕丁欄には伝票番号を記入します。

以下に，起票した取引について仕訳を示します。

（入金伝票）
No. 111（現　　金）　90,000　（売掛金-山形商店㈱）　90,000
No. 112（現　　金）　150,000　（売　　上）　150,000
No. 113（現　　金）　80,000　（当座預金）　80,000
No. 114（現　　金）　120,000　（売掛金-福島商店㈱）　120,000
No. 115（現　　金）　40,000　（未収入金）　40,000
No. 116（現　　金）　100,000　（当座預金）　100,000
（出金伝票）
No. 221（仕　　入）　100,000　（現　　金）　100,000
No. 222（買掛金-群馬商店㈱）　80,000　（現　　金）　80,000
No. 223（未払金）　20,000　（現　　金）　20,000
No. 224（当座預金）　60,000　（現　　金）　60,000
No. 225（買掛金-長野商店㈱）　70,000　（現　　金）　70,000
No. 226（旅費交通費）　20,000　（現　　金）　20,000
（振替伝票）
No. 331（売掛金-福島商店㈱）　200,000　（売　　上）　200,000
No. 332（仕　　入）　160,000　（買掛金-長野商店㈱）　160,000
No. 333（買掛金-群馬商店㈱）　50,000　（当座預金）　50,000
No. 334（買掛金-長野商店㈱）　70,000　（支払手形）　70,000
No. 335（仕　　入）　150,000　（買掛金-群馬商店㈱）　150,000
　　　　　　　　　　　　　1,560,000　　　　　1,560,000

　　　　　　　　　　仕訳日計表の合計額

問題30-21

(1)

仕 訳 日 計 表

×1年6月1日　　　　　　61

借　方	元丁	勘定科目	元丁	貸　方
157,300	11	現　　金	11	107,500
28,000		当座預金		65,000
133,200	15	売　掛　金	15	75,600
50,000		備　　品		
71,300	27	買　掛　金	27	107,900
		未　払　金		50,000
		売　　上	44	174,900
141,100		仕　　入		
580,900				580,900

(2)　総勘定元帳（一部）

現　　金　　　　　11

| 6/1 前月繰越 | 71,500 | 6/1 仕訳日計表 [61] | (107,500) |
| ″ 仕訳日計表 [61] | (157,300) | | |

売　掛　金　　　　15

| 6/1 前月繰越 | 51,100 | 6/1 仕訳日計表 [61] | (75,600) |
| ″ 仕訳日計表 [61] | (133,200) | | |

買　掛　金　　　　27

| 6/1 仕訳日計表 [61] | (71,300) | 6/1 前月繰越 | 42,400 |
| | | ″ 仕訳日計表 [61] | (107,900) |

売　　上　　　　　44

| | | 6/1 前月繰越 | 488,000 |
| | | ″ 仕訳日計表 [61] | (174,900) |

(3)　得意先元帳

富山商店㈱

| 6/1 前月繰越 | 25,000 | 6/1 入金伝票 [102] | (45,600) |
| ″ 振替伝票 [306] | (70,000) | | |

福井商店㈱

| 6/1 前月繰越 | 26,100 | 6/1 入金伝票 [104] | (30,000) |
| ″ 振替伝票 [303] | (63,200) | | |

(4)　仕入先元帳

秋田商店㈱

| 6/1 出金伝票 [202] | (10,000) | 6/1 前月繰越 | 27,400 |
| ″ 出金伝票 [205] | (12,800) | ″ 振替伝票 [301] | (58,500) |

山形商店㈱

| 6/1 出金伝票 [201] | (23,500) | 6/1 前月繰越 | 15,000 |
| ″ 振替伝票 [302] | (25,000) | ″ 振替伝票 [304] | (49,400) |

〈96〉

解答への道

起票した取引の仕訳を集計します。総勘定元帳へは仕訳日計表から合計転記するのに対して，得意先元帳および仕入先元帳へは伝票から個別転記します。総勘定元帳の摘要欄は「仕訳日計表」(№61)と記入し，また，仕入先元帳および得意先元帳の摘要欄は伝票の種類(伝票№)を記入します。

記帳体系の関係は次のようになります。

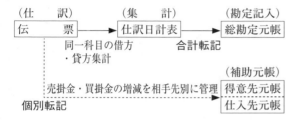

以下，起票した取引の仕訳を示します（売掛金および買掛金には相手先を付記します）。

1．入金伝票

№101	（現 金）	40,000	（当 座 預 金）	40,000
№102	（現 金）	45,600	（売掛金・富山商店㈱）	45,600
№103	（現 金）	26,700	（売 上）	26,700
№104	（現 金）	30,000	（売掛金・福井商店㈱）	30,000
№105	（現 金）	15,000	（売 上）	15,000

2．出金伝票

№201	（買掛金・山形商店㈱）	23,500	（現 金）	23,500
№202	（買掛金・秋田商店㈱）	10,000	（現 金）	10,000
№203	（仕 入）	33,200	（現 金）	33,200
№204	（当 座 預 金）	28,000	（現 金）	28,000
№205	（買掛金・秋田商店㈱）	12,800	（現 金）	12,800

3．振替伝票

№301	（仕 入）	58,500	（買掛金・秋田商店㈱）	58,500
№302	（買掛金・山形商店㈱）	25,000	（当 座 預 金）	25,000
№303	（売掛金・福井商店㈱）	63,200	（売 上）	63,200
№304	（仕 入）	49,400	（買掛金・山形商店㈱）	49,400
№305	（備 品）	50,000	（未 払 金）	50,000
№306	（売掛金・富山商店㈱）	70,000	（売 上）	70,000

問題30-22

仕 訳 日 計 表
×1年6月1日　　　　　　61

借　方	元丁	勘定科目	元丁	貸　方
157,300	11	現　　　金	11	107,500
28,000		当 座 預 金		65,000
133,200		売 掛 金		75,600
50,000		備　　　品		
71,300		買 掛 金		107,900
		未 払 金		50,000
		売　　　上	44	174,900
141,100		仕　　　入		
580,900				580,900

解答への道

本問は問題30-21の推定問題であり，伝票（仕訳）の内容等は同じです。

伝票の記入（取引の仕訳）を推定し，集計します。総勘定元帳へは仕訳日計表から合計転記するのに対して，得意先元帳および仕入先元帳へは伝票から個別転記します。よって，総勘定元帳の摘要欄は「仕訳日計表」(№61)と記入しており，また，仕入先元帳および得意先元帳の摘要欄は伝票の種類(伝票№)を記入しています。

記帳体系の関係は次のようになり，相互の関係から空欄の金額を推定します。

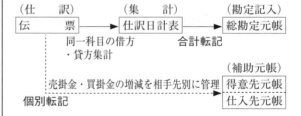

〈伝票推定箇所について〉

1．得意先元帳および仕入先元帳の記入からの判明事項

得意先元帳と仕入先元帳は，各伝票から個別転記しています。したがって，各元帳に記入している伝票名と番号から，伝票の金額が判明します。

（得意先元帳）

富山商店㈱勘定の貸方より入金伝票№102の45,600円

福井商店㈱勘定の借方より振替伝票№303の63,200円

福井商店㈱勘定の貸方より入金伝票No.104の
30,000円

（仕入先元帳）

秋田商店㈱勘定の借方より出金伝票No.202の
10,000円とNo.205の12,800円

秋田商店㈱勘定の貸方より振替伝票No.301の
58,500円

山形商店㈱勘定の借方より振替伝票No.302の
25,000円

山形商店㈱勘定の貸方より振替伝票No.304の
49,400円

2．総勘定元帳の記入から判明するもの

① 総勘定元帳の現金勘定の記入は，仕訳日計表か
ら合計転記したものです。借方金額は入金伝票の
合計額であることから，差額で入金伝票No.101の
金額を算定します。

　現金勘定借方「仕訳日計表」157,300円 − No.101
以外の入金伝票合計117,300円 = 40,000円

② 総勘定元帳の現金勘定の記入は，仕訳日計表か
ら合計転記したものです。貸方金額は出金伝票の
合計額であることから，差額で出金伝票No.204の
金額を算定します。

　現金勘定貸方「仕訳日計表」107,500円 − No.204
以外の出金伝票合計79,500円 = 28,000円

③ 総勘定元帳の売上勘定の記入は，仕訳日計表か
ら合計転記したものです。貸方金額はすべての伝
票の「貸方：売上」の合計額であることから，差
額で振替伝票No.306の金額を算定します。

　売上勘定貸方「仕訳日計表」174,900円 − No.306
以外の「貸方：売上」合計104,900円* = 70,000円

＊　26,700円 + 15,000円 + 63,200円 = 104,900円
　　入金伝票No.103　入金伝票No.105　振替伝票No.303